21世纪期货、期权及衍生品
— 新形态系列教材 —

Quantitative Investment Practice

量化投资实务

战雪丽　杨庆泉 ◎ 主编

清华大学出版社
北京

内 容 简 介

量化交易作为科学与机器结合的产物,正在改变着现代金融市场的格局。本书共分 7 章,从量化交易的基础讲起,分别介绍量化交易的种类、建模方法,量化交易模型的构成,量化交易的测评以及量化交易现阶段的风险来源,并附以相关案例。

本书可作为金融学、证券投资、期货投资专业的本科生、研究生教材,也适合业内人士参阅。

本书封面贴有清华大学出版社防伪标签,无标签者不得销售。
版权所有,侵权必究。举报: 010-62782989, beiqinquan@tup.tsinghua.edu.cn。

图书在版编目(CIP)数据

量化投资实务/战雪丽,杨庆泉主编. —北京: 清华大学出版社,2022.3
21 世纪期货、期权及衍生品新形态系列教材
ISBN 978-7-302-60167-8

Ⅰ. ①量⋯ Ⅱ. ①战⋯ ②杨⋯ Ⅲ. ①投资—教材 Ⅳ. ①F830.59

中国版本图书馆 CIP 数据核字(2022)第 030445 号

责任编辑: 张 伟
封面设计: 汉风唐韵
责任校对: 王荣静
责任印制: 曹婉颖

出版发行: 清华大学出版社
  网　　址: http://www.tup.com.cn, http://www.wqbook.com
  地　　址: 北京清华大学学研大厦 A 座　　邮　编: 100084
  社 总 机: 010-83470000　　邮　购: 010-62786544
  投稿与读者服务: 010-62776969, c-service@tup.tsinghua.edu.cn
  质量反馈: 010-62772015, zhiliang@tup.tsinghua.edu.cn
  课件下载: http://www.tup.com.cn, 010-83470332
印 装 者: 三河市铭诚印务有限公司
经　　销: 全国新华书店
开　　本: 185mm×260mm　　印 张: 11.5　　字 数: 260 千字
版　　次: 2022 年 5 月第 1 版　　印 次: 2022 年 5 月第 1 次印刷
定　　价: 49.00 元

产品编号: 092820-01

丛书专家委员会

主　　任：王文举

执行主任：张国胜

学术指导专家（以姓氏拼音排序）：

　　常　清：中国农业大学教授

　　胡海峰：北京师范大学教授

　　胡俞越：北京工商大学教授

　　李建军：中央财经大学教授

　　林　辉：南京大学教授

　　彭　龙：西南财经大学教授

　　史永东：东北财经大学教授

　　司　伟：中国农业大学教授

　　王文举：北京物资学院教授

　　王一鸣：北京大学教授

　　吴卫星：对外经济贸易大学教授

　　杨　宜：北京财贸职业学院教授

　　尹志超：首都经济贸易大学教授

　　张国胜：北京物资学院教授

　　张顺明：中国人民大学教授

　　赵锡军：中国人民大学教授

丛书序

经过30多年的探索发展,我国期货市场经历了从商品期货到金融期货,从股票期权到商品期权,从场内交易到场外交易,从境内市场到境外市场,从期货、期权到互换和信用衍生工具等其他衍生品的不断创新过程,多层次的衍生品市场体系已经形成。特别是党的十八大以来,我国期货市场规模持续扩大,市场效率和影响力不断提升,在促进国民经济相关产业良性发展、落实金融服务实体经济方面的成效日益显著。随着期货行业基本法——《期货和衍生品法》的即将推出,我国期货和衍生品市场会迎来更加规范的大发展。

目前,我国场内期货、期权品种达94种,市场资金总量已突破1.2万亿元,越来越多的产业客户和机构投资者利用期货市场管理风险、配置资产,投资者机构化趋势明显。随着新时代国内期货市场的创新与高速发展,对期货专业人才的需求也表现出不同以往的内涵:风险对冲、市场交易、资产配置等职业岗位,不仅需要扎实的经济理论功底、高超的操作技术,还需要良好的社会主义核心职业价值观、较强的创新能力和高标准的国际化视野。因此,探索有别于金融学专业通识教育的特色教材,是行业赋予金融学人的历史使命。

近年来,随着我国期货和衍生品市场的不断创新、数字教育技术的深入发展,期货教育理论发生了很多新变化。在国家一流课程建设和课程思政建设的新要求下,可融入教学的资料和内容亟待丰富,创新和推进教材建设成为重要任务。

本系列教材就是在这一背景下产生的。本系列教材是北京物资学院与北京兆泰源信息技术有限公司合作的教育部产学合作协同育人项目"期货、期权及衍生品新形态系列教材与教学资源开发"(项目编号:202101081007)的研究成果,也是北京物资学院的国家级一流专业建设点项目指定建设教材,它定位于应用型大学人才培养,顺应期货及衍生品时代发展的行业变化。本系列教材充分吸收校内外专家和行业骨干参与编写,强调理论性与实务性、前沿性与科学性、系统性与基础性的统一,具有如下特色。

(1)专业性特色:在国内首次开展期货专业新形态系列教材建设,通过现代化信息技术,配套完整的教学资源,使系列教材能够满足国家"金课"建设要求。

(2)双主编特色:采用高校专业教师与产业界知名人士双主编模式,确保系列教材顶天立地,实现理论性与实务性统一。

(3)全体系特色:覆盖了现代期货、期权及衍生品的主要教学内容,既可以实现基础性知识的学习,又强调了实务操作能力和知识面的拓展,可以实现全方位的专业知识覆盖。

(4)多层次教育兼容特色:教材知识点反映了期货、期权及衍生品的前沿发展,既自成体系,满足本、研专业教学需要,又与国内外从业资格考试接轨,可同时满足期货从业人员职业培训需要。

(5) 课程思政特色：以扫码阅读辅助资料的形式，增设国内相关案例和资料，引导学生认识我国经济发展的成就，增强职业道德和职业素养教育，帮助学生塑造正确的人生观和价值观。

本系列教材不仅适合高校财经专业本科生和研究生教学使用，也可作为证券、期货从业人员的培训教材，同时也适合有意从事期货交易的读者自学使用。

本系列教材在北京物资学院、清华大学出版社、北京兆泰源信息技术有限公司联合支持下完成。鉴于水平有限，教材中难免存在不当之处，敬请广大读者批评指正。

丛书编委会

2022 年 4 月

前言

量化交易是现代金融发展的必然产物,它的出现改变了当前全球的金融市场结构。量化交易在国外已经有 40 余年的发展历史,但在国内仍处于起步阶段。量化交易由于其综合性的特点,需要大量不仅懂得金融基础知识,了解数学、统计学、物理学公式,还掌握计算机编程技术的人才。

目前国内量化交易领域的教材凤毛麟角,已成为我国量化交易现阶段教育发展的痛点。本书的出版目的就是为高校提供一本量化交易知识体系相对完整的教材。本书定位是高校期货及衍生品专业的教材,主要面向经济和金融类专业的学生,可以说在量化交易教材领域是一次突破性的创新尝试。

本书具有以下几个特点:一是提出了量化交易领域的知识体系,涵盖量化交易的分类、交易算法建模、交易模型结构以及如何评估量化交易模型的绩效表现。二是针对性强,使用对象明确。主要的使用对象是高校经济学、金融学及相关专业的本科生和研究生,同时也适合从业人员在职培训和投资者自学。三是深入浅出,简单易懂。量化交易领域需要用到大量公式与编程代码,本书使用通俗易懂的方式进行讲解,确保没有相关领域知识的学习者可以看懂。

全书共有 7 章。第 1 章量化交易概述,讲述了量化交易的基本概念、特点以及国内外发展现状。第 2 章量化交易策略的种类,介绍了目前市场上常见的五种量化交易类型——统计套利、高频交易、阿尔法对冲策略、管理期货策略以及算法交易。第 3 章量化交易的建模方法,阐述了量化交易的基本建模类型,包括随机过程、机器学习、数据挖掘及其他建模方法。第 4 章量化交易平台,介绍了量化交易的几种平台类型及 Python 科学计算库。第 5 章量化交易策略开发流程,讲述了量化交易策略想法来源、样本内外测试、模型优化以及资金管理与投资组合构建。第 6 章经典量化策略,通过案例介绍了海龟交易策略、R-Breaker 策略及阿尔法对冲策略。第 7 章简单量化交易模型的风险与监管,简述了量化交易的风险、监管并对量化交易风险案例进行剖析。

本书由北京物资学院经济学院期货与证券系战雪丽、杨庆泉、单磊、张嘉宇,安联保险资产管理有限公司汪鹏,一德期货周倩共同编写,邱薇、闫嘉玮、卫承乾、白松岩、吴友钧、王政赢、也参与书稿整理。全书由战雪丽、张嘉宇、周倩总纂定稿。教材编写的过程中得到了北京物资学院领导的关心和大力支持。清华大学出版社张伟编辑对本书编写给予了具体指导,在此表示衷心感谢。希望本书的出版能为高等院校、实体企业、金融机构的专业人员以及广大投资者在学习研究金融衍生品(市场)知识、科学应对经济与金融风险等方面有所帮助。

在教材编写中,编者参阅了国内外金融衍生工具方面的研究成果与著作,并借用了部分资料,特此说明。鉴于编者的水平有限,教材中难免存在不当之处,敬请广大读者批评指正。

编 者

2021 年 11 月

目 录

第1章 量化交易概述 … 1
1.1 量化交易的基本概念 … 2
1.2 量化交易的特点 … 8
1.3 量化交易的发展 … 12
本章术语 … 20
思考题 … 20
即测即练 … 21

第2章 量化交易策略的种类 … 22
2.1 统计套利 … 23
2.2 高频交易 … 30
2.3 阿尔法对冲策略 … 40
2.4 管理期货策略 … 41
2.5 算法交易 … 44
本章术语 … 57
思考题 … 57
即测即练 … 57

第3章 量化交易的建模方法 … 58
3.1 随机过程 … 59
3.2 机器学习 … 61
3.3 数据挖掘 … 63
3.4 其他建模方法 … 66
本章术语 … 68
思考题 … 68
即测即练 … 68

第4章 量化交易平台 … 69
4.1 常用量化平台简介 … 70
4.2 掘金量化平台简介 … 75
4.3 Python科学计算库简介 … 101
本章术语 … 116

思考题 ………………………………………………………………… 116
　　即测即练 ……………………………………………………………… 117

第 5 章　量化交易策略开发流程 ………………………………………… 118
5.1　策略想法来源 …………………………………………………… 119
5.2　样本内测试 ……………………………………………………… 127
5.3　样本外测试 ……………………………………………………… 129
5.4　模型优化 ………………………………………………………… 131
5.5　资金管理与投资组合构建 ……………………………………… 136
　　本章术语 ……………………………………………………………… 137
　　思考题 ………………………………………………………………… 137
　　即测即练 ……………………………………………………………… 137

第 6 章　经典量化策略 …………………………………………………… 138
6.1　海龟交易策略 …………………………………………………… 139
6.2　R-Breaker 策略 …………………………………………………… 146
6.3　阿尔法对冲策略实现 …………………………………………… 151
　　本章术语 ……………………………………………………………… 157
　　思考题 ………………………………………………………………… 157
　　即测即练 ……………………………………………………………… 157

第 7 章　简单量化交易模型的风险与监管 …………………………… 158
7.1　量化交易的风险 ………………………………………………… 159
7.2　量化交易的监管 ………………………………………………… 161
7.3　量化交易风险案例剖析 ………………………………………… 164
　　本章术语 ……………………………………………………………… 170
　　思考题 ………………………………………………………………… 170
　　即测即练 ……………………………………………………………… 170

参考文献 …………………………………………………………………… 171

附录 ………………………………………………………………………… 173

第 1 章

量化交易概述

本章学习目标：
1. 了解量化交易的基本概念；
2. 熟悉量化交易的参与者；
3. 熟悉量化交易的特点；
4. 熟悉量化交易的发展。

本章导读

牛顿在遭遇南海泡沫危机后曾说，"我能计算出天体的运动，却难以预计人性的疯狂"。人性的疯狂还有金融市场价格波动的不确定性能否被准确地计算与预测，这一直是现代金融学上争论的热点。有人认为价格的变动符合布朗运动，是无序的随机行为。也有人认为价格的短期变动无法预测，长期走势可以预测。人们对于追逐价格有效预测的脚步从来没有停止，产生了针对随机过程的研究，试图找到混沌中的秩序。20世纪以来，涌现出大量数学家、物理学家、统计学家，他们尝试利用数学工具建模分析人类的交易行为以及对市场价格波动进行预测。他们当中的某些幸运者找到了预测的方法，并以此从市场中不断获取收益。他们所采用的方法就是量化交易，它改变了现代金融市场的格局。量化交易在带来技术革命的同时也埋下了风险的种子。对于普通投资者来讲，量化交易仍然披有一层神秘的面纱。实际上，量化交易就是在传统的基本分析和技术分析的基础上发展起来的一种数量化的交易方法。通过本章的学习，将了解量化交易的研究对象、主要参与者，掌握量化交易的特点，了解量化交易的发展背景。

知识结构图

1.1 量化交易的基本概念

1.1.1 认识量化交易

量,在新华字典中有以下意思:古代指斗、升一类测定物体体积的器具,度量衡;能容纳、禁受的限度,酒量、气量、胆量;数的多少,数量、质量、降雨量、限量供应;审度,量刑、量才录用。在数字信号处理领域,量化指将信号的连续取值(或者大量可能的离散取值)近似为有限多个(或较少的)离散值的过程。

而我们所说的量化,是指把抽象的逻辑事物,采用具体的数学描述。比如,小明吃了很多包子,已经吃不下去了,那么小明的饭量有多少呢? 10个包子,这是一个具体的数量表达。小明与同班同学比,饭量是大是小呢?同学们平均每人吃5个包子,小明吃10个,所以小明的饭量比别人大。

与量化分析相对应的是主观分析,主观分析多是通过分析者的经验判断,受分析者自身因素影响较大,不同分析者对于同一问题的分析结果各不相同。主观分析就像是中医看病,中医讲究望、闻、问、切,最后得出诊断结果,并根据病情开具不同的中草药配方,很大程度上依赖于医生的经验。而西医的看病方式大不相同,医生会先让病人去做化验,再做X光透视等,通过这些科学手段得出结论,对症下药,西医更像是量化分析。量化分析多是通过有科学依据的数学描述,从而得出相对客观的结论。

扩展阅读 1-1
怎样成为一个成功的交易者

量化介绍完了,下面来说交易。市场上每分每秒都有交易产生,只要存在供给侧(卖方)、需求侧(买方),供需双方就会进行配对,撮合成交,价格在每一次的成交中形成。基本面分析着重分析宏观经济走势、微观企业资产报表,从而找到最值得投资的标的。技术分析着重研究标的的价格,从历史价格变化中预测价格波动方向与趋势。

量化交易就是采用定量的方法对交易进行分析,从而得出结论,指导交易的进行。大多数量化交易通过构建数学模型对价格、风险进行科学的分析与预测,从而制定具体的交易决策指导投资交易行为。量化交易是一门交叉型学科,不单单包含金融知识,更多的还包含数学、物理、统计、计算机等学科知识。量化交易的优势也由此而来,它借助统计模型、计算机技术,可以同时处理海量数据,跟踪数量众多的投资标的。量化交易的涵盖范围广,几乎囊括了市场上所有交易品种。

1.1.2 量化交易的研究对象

基本面分析的研究对象是宏观经济政策、微观产业结构、公司财务报表。技术分析的研究对象是历史价格的变化。量化交易构建了一套输入输出模型。输入输出模型是以系统的输入和输出变量这种外部特征来描述系统特性的关系式。它可以是传递函数、频率特性、微分方程、差分方程等。我们把量化交易看作餐厅的流水线，数据是食品原材料，交易策略是加工原材料的厨师。量化交易的研究对象是数据和交易策略。

1. 数据

数据对于量化交易至关重要，它是量化交易模型的基础。作为输入输出模型的输入部分，某种意义上它决定着量化交易模型要使用哪种分析方法。数据的涵盖面很广泛，不局限为行情价格。像财经指标、财务报表，甚至新闻稿、突发事件都可以作为输入源提供给交易策略进行分析。

计算机网络的发展以及计算机运算能力的进步，使得量化交易对数据的获取效率不断提高、对数据的处理时间逐步缩短。之前信息技术不发达，整个市场能够提供关于上市公司信息的频率缓慢，需要一年半载去了解上市公司的基本情况。市场参与者受制于数据传递效率低下的问题，普遍采用长期持有的方法。后来才采用发布财务报表的方式，以季度、年度的方式公开发布财务报表，这时出现了基本面投资方法。随着信息以更快的速度进入市场，市场参与者在持股市场的交易频率开始变短，投资本身可以涉及的股票数增加，这是信息技术不断发展对市场的影响。

伴随着交易所自动化、计算机的发展，基本面信息、行情数据信息是以天为单位进入市场，而使用计算机系统可以帮助我们提高处理数据的效率，这时出现了各式各样的量化交易。可以认为是数据的革新推动了量化交易的产生。量化交易中的统计套利、高频交易又将市场带入秒、毫秒级时代，在这个领域中，个人无法完成交易操作，已经实现了机器代替人类交易员。

2. 交易策略

数据是量化交易的基础，交易策略则是整个量化交易的核心。就像厨师知道什么样的原材料适合什么样的烹调手段一样。量化交易策略也应该匹配输入数据的特征。市场上通常用"黑箱"来描述交易策略，形象地比喻了输入数据、输出交易信号，但是不知道其内部运行机制。对于交易策略，经常用"神秘"和"复杂"两个词语形容。其实它和人类决策的过程一致，很多内容是相通的。

说到交易策略，目前市场上有两种主流的投资理论，经过旷日持久的争论也未能分辨优劣。第一种理论是被动投资管理理论，它的基础是在有效市场中，无法获得超额收益，没有机会战胜市场。或许短期内可以获得超越市场的收益，但是长期来看很难战胜市场。所以最好的交易策略是买入指数持有，获取指数的收益。第二种理论是积极的投资管理理论，秉持这种理论的投资者认为有效市场假说不成立，市场中的参与者也不是完整意义上的理性人，对市场进行预测，选择恰当的时机调整自己的投资组合，达到风险最小而收益极大化。

量化交易的参与者大部分是第二种理论的拥护者，量化交易策略大致分为三种。第一种是直接交易策略，通常对股票、期货、外汇等投资标的使用基本面分析法、技术分析法，对分析方法进行量化，从而生成交易策略。第二种是套利交易策略，套利不仅仅局限在同品种的套利，也可以是跨品种的套利，甚至套利的对象并不是价格本身而是市场波动率。套利交易策略的核心思想是捕捉市场上暂时的异常交易现象。第三种是做市交易策略，这种交易策略在现代电子交易平台做市商中频繁使用，通过向市场提供流动性，赚取风险转移的差价。

针对量化交易的研究，绝大部分时间是在研究交易策略。大家都在寻找阿尔法，想尽办法获取超额收益。交易策略的类型多种多样，不同交易策略适用于不同的投资品种。比如对于期货交易期现套利策略适用，对于股票交易多因子模型适用。

1.1.3 量化交易的主要参与者

量化交易其交叉类学科的特性以及对计算机硬件设备的高需求使其准入门槛较高，目前普通投资者参与量化交易较少。市场上的量化交易参与者主要是机构，包括做市商、对冲基金、投资银行以及券商。

1. 做市商

做市商是由具备一定实力和信誉的证券经纪法人，在其原有的水平上不断向交易者报出某些特定证券的买入价和卖出价，并在所报价之上接受机构投资者或者其他交易商的买卖要求、保证及时成交的证券交易方式，起源于场外店头市场，是世界上最古老的证券交易制度。

远程通信技术的不断进步，导致互联网交易制度的出现以及成交量的激增，传统的场外市场逐步发展为现代的场外市场和规范的柜台市场，并向场外联网柜台市场演进，报价手段逐步从口语、旗语、电报电传、自动报价机器向电子报价、网上报价等演化，成交技术逐步从人工非自动交易过渡为电子自动交易。

做市商盈利的主要来源在于向市场提供流动性时所赚取的买卖差价。通过量化交易系统分析买单、卖单的情况，找到对市场冲击最小的成交价，有利于降低市场的波动性。

高频交易者可以利用自己的技术优势和信息优势成为电子交易网络中事实上的做市商。他们在电子交易网络中大量进行交易，获取买卖价差，但又不承担传统做市商的责任，也几乎不受监管机构的约束。因此，高频交易成为近年来量化交易的热点。

1) 骑士资本

骑士资本(Knight Capital)于1995年创立,起初的名字叫骑士集团,2000年时改成了骑士交易集团,2005年的时候又改成了骑士资本。其总部位于美国新泽西州,在英国、德国、中国和新加坡等地都设有办公室。骑士资本是一家从事做市、电子下单、机构销售以及交易的公司,是全美最大的做市商之一。骑士资本通过做市为19 000多只在美国上市股票提供顺畅的交易服务。2011年,骑士资本是全美在纽约证券交易所(以下称"纽交所")和纳斯达克证券交易所零售股票交易业务中排名第一的做市商,其交易量占纽交所的17.3%,占纳斯达克证券交易所的16.9%。

2012年8月1日,骑士资本的做市部门因技术故障发出大量错误指令,导致纽交所的140多只股票短时间内出现巨幅波动。由于主要证券交易所拒绝取消这些交易订单,该公司承受了4.4亿美元的巨额损失,其股价暴跌,甚至到了破产的边缘。随后骑士资本以14亿美元的价格将自己出售给高频交易公司巨头Getco。

2) BATS

美国并不仅仅只有纽交所和纳斯达克证券交易所两大证券交易所,早在1990年,美国政府就立法打破了最大交易所的支配控制权,允许其他交易所的存在并与上述两大交易所竞争。时至今日,全美的证券交易所已膨胀至50余家。这些交易所互相沟通信息,以在任何时点对任何股票找到全国最佳买卖报价。而BATS正是当下除上述两大最权威交易所之外,最有影响力的一个交易平台。

BATS于2005年8月成立于堪萨斯州的堪萨斯城,其名字来源于更好的多样化交易系统(better alternative trading system)的英文缩写,成立初期仅仅是一个二级现金股票交易中心。

经过6年多的发展,依靠技术的发展,它已经拥有美国10.8%的股票交易份额和2.1%的股票期权交易份额,在美国所占的市场份额仅次于纽交所和纳斯达克证券交易所。

正是美国电子网络交易系统(electronic communication network,ECN)的出现使BATS类似的高频做市公司迎来了发展的春天。ECN是在一定的价格下可自动对买卖单进行配对的电子交易系统,机构投资者、做市商等ECN的用户在注册之后便可以直接在系统中交易。在美国通过ECN交易,不仅可以减少投资者的交易成本,也可以使投资者更快地获得证券交易的价格信息。

在交易过程中,延迟时间是衡量一个交易所竞争力的重要指标,而BATS最大的优势则是拥有一套自主知识产权的ECN,其研发的ENC交易平台的报价延迟时间从2007年的0.93毫秒降到了目前的0.13毫秒,这逼近光速的报价反应时间对投资者有着巨大的吸引力。除此之外,BATS还保持着非常好的流动性。数据显示,BATS平均每秒就可以处理22 000份订单。

2. 对冲基金

对冲基金是量化交易的主要参与者。规模在200亿美元以上的7家对冲基金机构中,JP摩根、高盛等这些基金普遍采用量化交易方式,而且有越来越多的大型投资银行和对冲

扩展阅读1-2 对冲基金的发展历史

基金正在采用这一交易方式。

美国证券交易委员会(SEC)没有对对冲基金有法律上的定义。对冲基金是一种非常活跃并且另类的私募投资基金,无论是在熊市还是在牛市,它都在寻求能够产生非常有吸引力的正收益。对冲基金为了获得正收益,会用各种不同的策略和金融工具,所用策略既有激进的,也有保守的。对冲基金的核心资产其实就是它的基金经理,它的客户主要针对有限的高净值人士或者大型机构。对冲基金通过业绩来对基金经理进行考核,并且给予基金经理一定比例的提成,这是对冲基金区别于公募基金的主要因素之一,高比例的提成也鼓励基金经理努力工作并且为客户产生最大的回报。和公募基金不同的另一点是:对冲基金产品里含有对冲基金经理人自己的资产,这可以避免利益冲突,同时可以给予客户足够的信任,并且使客户认为经理人和自己的利益是捆绑在一起的,经理人会尽最大努力为客户理财。

1) 大奖章基金

大奖章基金(Medallion Fund)成立于1988年3月,是美国私募基金公司文艺复兴科技公司(Renaissance Technologies Corporation)的第一只基金产品,产品的基金经理是两位美国著名的数学家:西蒙斯和埃克斯,他们分别于1967年和1976年获得学界最高荣誉——美国数学学会5年一度的伟布伦奖,这是大奖章基金名称的由来。

值得一提的是西蒙斯在中国有两位好友,分别是数学界和物理界的泰斗——陈省身和杨振宁。西蒙斯与陈省身合作的"陈-西蒙斯定理"成为微分拓扑学的基础理论。在西蒙斯前往 Stony Brook University 掌舵数学的时候,杨振宁也正好在 Stony Brook University 掌舵物理。当时杨振宁已经通过"宇称不守恒"拿到了诺贝尔奖,正试图建立一个更加强大的规范场理论,但在纤维丛等数学细节上遇到了困难。西蒙斯引入和乐群帮他扫清了数学障碍,从而建立了近代物理的基础——"杨-米尔斯理论"。今天 Stony Brook 的物理学机构,名叫"杨振宁理论物理研究所";而几何学机构,名叫"西蒙斯几何物理中心"。

文艺复兴科技公司旗下有三个基金公司,分别是 Medallion Fund、Nova Fund 和 The Renaissance Institutional Equities Fund,与后两者侧重投资纳斯达克股票市场以及面向机构投资者不同,大奖章基金只采用非股票工具,并且面对全球市场。其在美国国内的交易工具包括商品期货(能源、玉米、小麦、大豆等)和美国国债券,境外交易包括汇率期货、商品期货和外国债券。大奖章基金拥有自己的内部交易席位,由大约20名交易员组成。其每周的交易从周一早上澳大利亚开市到周五美国市场闭市。

20年来,西蒙斯的复兴科技对冲基金在全球市场进行交易,并且使用复杂的数学模型去分析并执行交易,其中很多过程已经完全自动化了。文艺复兴科技公司使用了程序模型来预测那些易于交易的金融工具价格。这些程序模型的建立是在大量数据收集之后,通过寻找那些非随机行为来进行预测。其主要通过对历史数据的统计,找出金融产品价格、宏观经济、市场指标、技术指标等各种指标间变化的数学关系,发现市场目前存在的微小获利机会,并通过杠杆比率进行快速而大规模的交易获利。现在大奖章基金的投资组合包含全球上千种股票以及其他市场的投资标的,模型对国债、期货、货币、股票等主要投资标的的价格进行不间断的监控,并作出买入或卖出的指令。

为了建立这些程序模型,文艺复兴科技公司雇用了大量的非金融背景的专业人士,包括数学家、物理学家、社会学家和统计学家。在公司位于东锡托基特的办公室里,有1/3的雇员都拥有博士学位。

2)德邵集团

德劭集团(D. E. Shaw & Co)和文艺复兴科技公司、城堡投资集团(Citadel Investment Group)一样都是量化投资的代表。

大卫·肖曾经是摩根士丹利统计套利交易组的成员之一,并于1980年获得斯坦福大学计算机博士学位,后成为哥伦比亚大学计算机生物与生物技术中心高级研究员。肖在1986年加入摩根士丹利后负责该组的技术部门,两年之后从摩根士丹利离职,他以2 800万美元在纽约创立德劭集团。德劭集团的资产管理规模顶峰时曾达400亿美元,但肖自始至终都将德劭集团看成自己的一个实验室,把自己看成一名科学家而非投资家。

扩展阅读1-3 黑盒群体

基金成立后,他建立了一套旨在找出隐藏的市场趋势或定价异常的数量模型,并在此基础上进行投资。可以说在美国对冲基金界,肖是将计算机技术应用到收集股票价格变化中的少数几个先行者之一。

当然,对于肖的模型内容,外界知之甚少。就如同可口可乐"严防死守"它的饮料秘方一样,肖对他设计出来的投资模型的保密工作做到了极致。尤其是在基金成立初期,一些公司的员工甚至都不能把他们的工作地址透露给自己的家人。

德劭集团的发展过程并不是一帆风顺,尤其是发生在1998年的俄罗斯债务危机一度给它带来重创。与其他众多对冲基金一样,德劭集团在固定收益类投资上蒙受了巨额亏损,此后几年也一直没有缓过劲来。肖大幅裁员,缩减开支,并获得了一批新投资者的青睐。基金的业绩随后开始复苏。

在科学技术不断进步的支持下,定量投资逐渐盛行起来,肖能攀上投资生涯的顶峰似乎是行业发展之下的必然。20年中,基金的资产管理规模迅速膨胀,年均回报率达20%左右,其最高峰时的交易量可以占到整个纽交所的5%,肖也因此有了"定量之王"的美誉。

3. 投资银行、券商

投资银行和券商参与量化交易可以分为两个阶段,主要是以多德-弗兰克法案来划分时间点的。在这之前,投资银行、券商主要是以自营交易的形式参与到量化交易中来,这与对冲基金的模式十分类似,如摩根士丹利的 PDT(process driven trading)和高盛的 Global Alpha Fund(全球阿尔法基金)。

多德-弗兰克法案被认为是"大萧条"以来最全面、最严厉的金融改革法案,成为与"格拉斯-斯蒂格尔法案"(《1933年银行法案》)比肩的金融监管基石。其核心内容就是在金融系统当中保护消费者。法案中限制了银行自营交易及高风险的衍生品交易。在自营交易方面,允许银行投资对冲基金和私募股权,但资金规模不得高于自身一级资本的3%。在衍生品交易方面,要求金融机构将农产品掉期、能源掉期、多数金属掉期等风险最大的衍生品交易业务拆分到附属公司，但自身可保留利率掉期、外汇掉期以及金银掉期等业务。

投资银行与券商作为金融市场的卖方，为客户提供更好的订单执行服务和市场接入服务。瑞士信贷在该领域一直处于领先地位，其次是高盛和摩根士丹利，花旗集团、摩根大通和当时的雷曼兄弟也都在2004年前后退出自己的平台和算法。

美国证券交易委员会允许暗池（dark pool）交易系统，极大程度上促进了以此为交易策略的量化交易。暗池是一种为买卖双方匿名配对大宗股票交易的平台，参与者主要为机构投资者，其运作方式并不透明，不但不会展示买卖盘价及报价人士的身份，也不会向公众披露已执行交易的详情。美国目前最大的两个"暗池"是瑞信（Credit Suisse）集团的Crossfinder和高盛公司的Sigma X。

1.2 量化交易的特点

1.1节我们介绍了量化交易的基本概念，大家对量化交易有了初步的认识。本节我们将深入学习量化交易的特点，包括量化交易自身的优势与局限性；了解与传统交易相比，量化交易有哪些不同；了解量化交易对当前金融市场的影响，以及量化交易饱受市场争议的原因所在。

1.2.1 量化交易的优势

我们之前介绍过量化交易是通过构建数学模型对价格、风险进行科学的分析与预测，从而制定具体的交易决策指导投资行为的方法。量化交易借助统计模型、计算机技术，可以同时处理海量数据，跟踪数量众多的投资标的。它具有三大方面的优势。

1. 方法科学

量化交易系统所产生的决策是有理论支撑的，通常为数学模型或者统计模型；具有数据支持并且经过大量实验反复验证的，并不是随意产生。量化交易模型多层次、多角度进行分析，并将结论建立在海量数据证实的基础上。

多层次模型包括资产配置模型、行业选择模型等。多角度观察包括对宏观周期、市场结构、市场舆情等的观察。量化交易模型并不是建立在形而上学的理论之上，任何的假设都经过海量数据的检验，去伪存真后再进入市场进行使用。

2. 纪律性强

量化交易投资模型产生的买卖决策，不随投资者情绪的变化而临时更改，克服了人在进行决策时所产生的贪婪、恐惧以及侥幸心理。而量化交易中的自动化交易环节又确保了交易执行的一致性，从而减少了人在交易执行时因心理压力等因素导致的执行不到位等情况。

量化交易可以降低交易中的错误概率，程序按照正确的方式进行设置，将不会出现运行错误的情况。但是如果程序设置错误，将会导致量化交易模型的执行风险。

3．响应迅速

量化交易模型响应迅速包括两方面内容。第一，快速发现交易机会。量化交易通过计算机与网络技术，可以对全球金融市场的交易品种进行 24 小时不间断的监控，快速地跟踪市场变化，不断进行运算，发现投资机会。第二，第一时间执行交易。发现交易机会后，由量化交易模型中的执行策略进行交易信号的处理。部分量化交易模型是直接连接交易所柜台的，将处理过的交易信号发送到交易所，瞬时完成下单指令。

1.2.2 量化交易的局限性

很多量化交易的模型是基于历史数据设计的，但如果市场上出现了以往历史没有出现过的情况，数学模型将难以适应。如 2008 年金融危机出现，很多量化交易的机构亏损巨大。

量化交易模型需要通过经纪公司实现向场内交易所申报，所以经纪公司理论上可以看到量化交易模型的每一笔交易明细。这对于保密度要求极高的量化交易模型来说是潜在的风险。经纪公司可以采用跟随交易策略，这样会造成抢单，提高量化交易的成本。大奖章基金曾多次更换合作的银行。

另外，量化交易之所以成功，是基于对客观的市场特性有一些基本假设，但当极端市场出现时，这些假设的基础会改变，这时候量化交易的表现会非常差，如市场流动性，特别是当市场失去流动性时，量化交易不具有控制损失的优势。非常典型的例子是：1998年，美国长期资本管理公司(LTCM)管理的长期资本基金拥有非常优秀的衍生品定价、风险度量和交易系统，但是面对没有足够流动性支撑的证券资产，还是损失惨重。

从市场监管者的角度讲，一方面希望市场活跃；另一方面又希望市场有良好的交易秩序和有效性，希望价格平稳而透明。量化交易确实大幅提高了交易量，但同时可能给市场带来更大波动。甚至部分量化的交易策略完全是利用市场规则的漏洞达到盈利的目的，制造人为的价格，使得价格没有反映出真实的市场情况。比如幌骗交易就是一个以制造混乱从中获取利润的策略，在股票市场或者期货市场交易中虚假报价再撤单的一种行为，即先下单，随后再取消订单，借此影响股价。之前提到的多德-弗兰克法案已经明令禁止在美国进行幌骗交易。

1.2.3 量化交易与传统交易的比较

传统交易策略可以按照管理风格分为两类：主动型投资策略和被动型投资策略。被动型投资策略即为指数化投资，主动型投资分为基本面投资与技术面投资。

量化交易与传统交易中的主动投资一样，都是试图获得超过市场基准的阿尔法收益。在交易决策分析方面，传统的交易是通过人工进行分析判断，而量化交易是通过数学模型进行投资决策分析。在交易执行方面，传统的交易一般由人进行手工下单，而量化交易大多数通过计算机程序自动完成下单。

传统交易很容易受到决策者自身情绪的影响，使得最终的投资结果偏离客观分析结果。而量化投资利用程序分析现有的数据，根据程序化投资策略完成判断，避免了分析与决策在情感方面的负面影响。因此,量化投资相对于传统的投资,可以更客观、稳定、可靠,避免情感因素。

由人主导的传统交易方式受制于人的精力与能力的影响,实时跟踪投资标的数量有限,实时决策分析的参考依据有限,造成投资决策的范围狭窄;而量化交易通常借助计算机程序监控市场的变化、执行交易策略进行定量的分析和判断,通过升级计算机运算速度、优化程序,监控的市场和策略分析的依据可以不断增加。

量化交易通常使用既定的交易模型,需要不断更新优化才可以适应市场不断的变化,若遇到突发事件,只能按照原有的策略执行。而传统交易,参与交易的人员可以根据市场行情的变化,随时调整交易策略。

传统交易更强调投资收益而不是风险控制;而量化交易将风险控制作为一个重要环节,追求风险和回报之间的权衡。量化交易可以有效地避免投资者偏离潜在的性能基准,过度追求利润而忽视风险。

综上所述,量化交易与传统交易相比的优势在于它可以避免人为负面影响,通过计算机实现策略来管理人的情感和认知,更大、更快、更准确地针对投资对象进行判断及分析,可以平衡风险与回报;而传统交易的优势在于通过深层次的人为决策来选取投资策略。

1.2.4 量化交易对市场的影响

量化交易推动投资交易进入新的时代,就像电子交易平台的建立改变了传统交易所电话人工委托的模式。小到市场的微观层面,大到市场宏观层面,量化交易改变着投资交易的游戏规则,对金融市场的影响意义重大且深远。

1. 提高市场效率

市场流动性、套利交易、交易成本、市场对消息的消化速度是影响市场效率的主要因素。量化交易凭借计算机的运算能力和相应速度,在套利交易时有明显的优势,使得参与套利交易的资金流入增加。许多机构使用量化交易从事高频做市业务,使得市场流动性大幅提高,买卖价差逐步缩小。市场上时刻发生着信息的流动,量化交易凭借IT(信息技术)优势可以及时地发现信息,挖掘信息背后的价值,通过计算机对信息进行定量分析,制定交易决策,及时地进行应对处理。程序化组合交易的执行,对于机构投资人而言,可以在不同的市场中大量交易不同的组合,降低交易成本。并且许多机构凭借高频交易提供类似做市商的业务,大幅增加了流动性,实际上已经推动美国的交易所给出更小的价格微调范围。

从理论上来说,价格波动是市场对信息的反映,那么,由于市场上随时发生着信息的流动,交易频率很低的话就无法及时地将信息整合到价格中去,反而形成更大程度上的价格背离,构成投机的条件。量化交易凭借IT优势,可以及时地发现信息,以及信息背后所蕴含的价值,并通过高频交易及时响应信息,由于其的存在,很多市场信息能够在很短的时间内整合到市场价格中。

芝加哥交易所通过自己常年收集的数据对程序化交易对不同市场产生的影响做了总结。其基本结论是随着程序化交易量的增加,市场的波动性有所降低。另外市场的深度有所增加、做市商给出的双边报价变窄，这两点说明了市场的流动性变得更好。

2．参与者机构化

量化交易的发展有利于建设以机构投资者为主的市场。量化交易对于普通投资者来说进入门槛较高，大部分个人投资者难以使用，但不排除各位专业化个人投资者能够熟练使用量化交易在市场中赚取阿尔法收益。量化交易的发展也将会改变机构投资者的竞争格局，加速机构投资者进行整合。

对于金融市场的卖方来讲，量化交易是技术密集型行业，发展要求技术、资金、人才的大量投入。因此在量化交易快速发展的"军备竞赛"中，卖方将形成两极分化的趋势。有实力的龙头经纪商将主导量化交易的发展，而实力弱小的经纪商只能在夹缝中寻求生存空间。

经纪商作为市场的卖方需要建设复杂的IT系统来处理数据、不断提高交易执行速度、接入更多的交易市场，这需要巨大的人力、物力、财力投入。因此只有优势经纪商才能在这场永无止境的"军备竞赛"中获胜。量化交易具有规模化效应，已经占据量化交易优势的经纪商将能够在更短的时间以更低的成本推出新产品、新服务，拓展新的盈利渠道。

对于金融市场的卖方来讲，量化交易时代，二级市场上不再是交易员与交易员之间的博弈，而是人与算法之间的博弈以及算法与算法之间的博弈。

（1）买方机构的人员组成将向数理逻辑、金融工程、技术人员方向倾斜。

（2）超级计算机支持下的算法将加快市场获利模式的发现，当大量参与者使用相似模式进行交易时，市场会迅速趋向均衡，从而使该算法获利。

（3）量化交易将加速交易执行的角色从卖方向买方转移。量化交易使得二级市场投资进入集约化竞争阶段，交易执行的成本控制过程将变成投资获利不可缺少的重要组成部分，买方不会满足于卖方提供的通用执行算法，必定会自行研发适合自己的更精细的执行算法。

3．使得交易所IT系统不断升级

为了降低对市场的冲击成本，交易员会使用量化交易策略将他们的大量交易指令拆分，这直接导致交易的次数飞速增多，从而市场交易数据出现爆炸性增长。而随即美国期货市场出现的小合约电子化也必然助长市场上交易数量的膨胀。同时，高频率自动化交易系统的发展有助于增加成交的概率。这一切都导致对各交易所的IT系统提出了更高的要求。

1）吞吐量与速度升级

量化交易让交易所的交易量大幅提升，由于量化交易的影响，欧洲期货交易所(Eurex)的每日平均订单数大幅增长；而欧洲证券交易所(Euronext)的订单及成交数也因为量化交易每年呈现两位数的增长。各交易所系统升级后，系统的吞吐量和响应速度大幅提升，Eurex目前每日最高可处理10亿笔订单，端到端响应时间约10毫秒。

2）数据服务升级

高频交易商需要实时地获取市场信息，以便迅速捕捉转瞬即逝的利润，因此量化交易对交易所的数据服务提出了更高的要求。Eurex升级后的市场行情数据与分析系统为量化交易提供了实时的数据接口,交易所的实时订单和成交信息可以在1毫秒之内到达投资者的量化交易系统中。

3) 接入服务升级

升级后的交易所系统为量化交易预留了多种接入方式。软件上,交易所同时提供了标准的协议[如FIX(金融信息交换协议)]和速度更加快捷的私有协议接口;硬件上,很多交易所为量化交易提供了联位(co-location)服务。

4. 市场瞬时波动率增加

虽然量化交易中的套利机制会迅速将偏离正常的股票价格拉回到正常价格附近,这种行为减小了市场的总体波动率,提高了市场的效率,但是量化交易却在某种意义上放大了市场瞬时波动率,导致市场在短时间内出现巨幅的波动。市场上的量化交易策略越来越多,不可避免地会出现量化交易策略趋同的现象,使得部分交易信号同时出现。这种现象在设置量化交易止损策略时时常出现,大部分量化交易策略在设置止损依据时参考持仓盈亏。所以当市场出现"黑天鹅"事件时,不可避免地出现大面积量化交易策略触及止损,从而引发一系列止损单融入市场,导致市场在瞬间极度缺乏对手盘,造成单边巨幅变动。例如,2010年5月6日美国市场发生的"闪电崩盘",道琼斯指数瞬间暴跌1 000点。

1.3 量化交易的发展

自从1613年成立荷兰阿姆斯特丹证券交易所以来,技术的进步推进着金融市场的改革。今天的金融市场与百年前的金融市场相比有着翻天覆地的变化。科学技术改变了信息的传播方式,从最早的信件传递到今天的互联网,大幅加快了市场中参与者的沟通速度等,提高了金融数据分析的质量和效率,这些使得金融更加高效和有效,市场更加透明,同时,也为投资者提供了全新的交易方式。

1.3.1 量化交易与现代金融理论

量化投资起源于20世纪70年代初期,巴克莱国际投资管理公司发布了世界上第一只被动管理的指数基金,后来被世人称作量化投资的鼻祖。

美国数量经济学教授巴尔·罗森伯格,作为量化投资的先行者,创建了投资组合业绩管理模型,并和3位合作伙伴创立了罗森伯格机构股权管理公司,利用计算机管理股票投资组合。此后,他开发出了多种量化分析模型,并创造出著名的"综合阿尔法"模型。罗森伯格机构股权管理公司到1990年时,资产管理规模已突破了100亿美元。

程序化交易在20世纪80年代得到了迅猛发展,交易量飞速增加。这个时期被视为程序化交易的高速发展期,证券资产组合保险程序化交易和股指期货套利型程序化交易也正是在这个时期出现的。同时凭借着计算机软硬件技术的突飞猛进,软件的高速并行算法都获得了飞跃式的进步,金融工程学的发展也使得不同的交易策略迅速地编成计算机可以理解的数学模型并执行。在这段时间,量化交易渐渐地超出了程序化交易的范畴,演变出更多的模式,变得更加精细和实用。在这一时期,大量的对冲基金使用程序化的套利交易系统,大量的养老金使用程序化的组合保险策略。

到了20世纪90年代后期,量化交易在资产管理和经纪业务领域获得了长足的发展,在金融创新的变革和推进中,投资经理使用各种新的金融计量化工具,比如ETF(交易型开放式指数基金)的管理,大量通过程序化交易来实现一篮子股票交易,通过被动化投资的控制跟踪误差,实现指数的股票化交易。在经纪业务领域,越来越多的经纪公司推出了依赖程序化交易的股票组合池,程序化交易的主要优势是可以帮助投资者通过程序化交易实现低成本的交易股票组合,经纪商通过大量推介程序化交易,实现增加交易量的目的。

1.3.2 量化交易的发展背景

金融市场的下单指令流计算机化始于20世纪70年代早期,其标志是纽交所引入订单转送及成交回报系统(designated order turnaround,DOT,以及后来的Super DOT)以及开盘自动报告服务系统(opening automated reporting system,OARS)。DOT直接把交易所会员单位的盘房与交易席位联系起来,通过电子方式将订单传至交易席位,然后由人工执行。而OARS可以辅助专家决定开盘结算价。

1975年以前,世界各国的证券市场交易基本上都采用固定佣金(fixed commission on transaction)制度。当时美国实施的证券交易固定佣金制度的规定是:其一,所有的经纪公司按照全国统一的标准费率收费。其二,佣金费率不因交易量的大小而变化,证券买卖的大户和散户所需支付的佣金相同。其三,这种制度还规定所有经纪公司不得给客户任何形式的回扣或补贴。纽交所也规定:交易所会员之间不准许开展价格竞争,非会员之间不准许开展批发业务,而且会员和非会员之间也不准许进行交易佣金的分割。当时实行这种制度的初衷是希望通过限制经纪人在价格上的竞争来维护市场的稳定。固定佣金制度限制竞争的做法在一定程度上也限制了证券市场的发展创新。1975年,美国证券交易委员会颁令禁止固定交易佣金,使证券交易从奢侈品进入寻常百姓家。电子信息网络(electronic communication networks,ECNs)在20世纪70年代迅速兴起。1978年,美国证券交易委员会又一纸法令,催生了ITS(inter-market trading system,跨市场交易系统)。ITS以电子网络为基础,让证券交易下单在全美各个交易市场之间互联,使各交易所每种股票的价格和成交量在荧屏上显示,经纪人和投资者可在任何一个证券市场上直接进行证券买卖。美国全国证券交易商协会自动报价系统(National Association of Securities Dealers Automated Quotations,NASDAQ)立即响应,为ITS提供与美国全国证券交易商协会自动报价系统互联的计算机辅助执行系统(computer assisted execution system,CAES)。这样,ITS/CAES以及已经形成气候的各个ECNs,组成了全美国的电子交易网络平台。

进入20世纪80年代,计算机已经被广泛应用于股票与期货的跨市场指数套利交易中。纽交所的交易程序会被预先录入计算机,当期货价格和股票指数直接价差大得足以盈利时,计算机会自动向纽交所的电子买卖盘传递系统发送交易指令。也是在20世纪80年代,计算机辅助交易被应用于投资组合保险中。

20世纪80年代后期及90年代,随着电信网络的发展,美国证券市场的全面电子化成交和电子撮合市场ECN开始发展。纽交所在1997年批准了从分数制报价方式改为十进制小数点报价的小电子合约方案,但整个推行用了3~4年。最后美国全国证券交易商协会自动报价系统也在美国证券交易委员会的压力下跟进这个改革方案。股票报价的最小变动单位由1/16美元或者1/32美元,最终调低到了1美分。买卖之间的最小变动差价得到了大幅缩小,遏制了做市商的交易优势,相比较而言高频交易的供应商可以提供更好的流动性和更低的差价。电子合约的缩小最终改变了证券市场的微观结构。市场流动性的降低导致机构投资者使用计算机来分割交易指令,用以执行到更优越的均价,算法交易得到初步发展。这一时期的算法有交易量加权平均价格(VWAP)、交易时间加权平均价格(TWAP)、交易量参与度(VP)、限价交易(limit trading)。

从2004年至今是量化交易的快速发展期,其动力一方面来自通信标准,另一方面来自新的政府法规的引导。量化交易的通信标准:与传统市场的限价订单相比,量化交易需要的通信参数要多得多。买方交易员所使用的交易系统[通常称为"指令管理系统"(order management system)或"执行管理系统"(execution management system)]必须能够适应与日俱增的新型算法指令。新型复杂算法需要花费巨额的研发及其他费用,如基础设施、市场推广等。卖方需要做的是让新型算法电子指令直达买方交易员,并且让后者无须每次都再编码就能直接下单交易。FIX组织是一家非营利性交易协会,专门免费发布为电子证券交易设立的公开的通信标准。其会员包括几乎所有的大中型经纪商、货币市场银行、机构投资者及共同基金等。此组织在证券交易的盘前交易及交易领域的标准设定方面占有垄断地位。2006—2007年,几家会员联合发布了描述算法交易指令类型的XML(可扩展标记语言)标准草案。这个标准被称作FIX算法交易定义语言(FIXatdl)。该语言使得新型算法的开发更方便快捷。

除去金融系统电子化,量化投资发展与现代金融理论相辅相成。量化交易离不开现代金融理论的支撑。现代金融理论的显著特点是在金融经济学中引入数量化的理论和方法,用它们来研究金融风险与控制、资本市场运营、资本资产结构与定价。在20世纪50年代以前,金融学几乎全部集中于对事物单调重复的描述,金融理论仅仅是实际工作经验和对会计数据的处理,直到"有效市场假说"的建立,标志着以数量化为基础的现代金融的建立。自此金融学运用各种数理工具,建立起逐渐完善的理论体系。

20世纪五六十年代是现代金融理论的开端。马科维兹(Markowitz)于1952年建立均值-方差模型,第一次把数理工具引入金融研究。在马科维兹工作的基础上,夏普(Sharpe)、林特尔(Litner)、特里诺(Treynor)、莫辛(Mossin)等人研究了资产价格的均衡结构,得到了资本资产定价模型(CAPM),它研究证券市场中资产的预期收益率与风险资产之间的关系,以及均衡价格是如何形成的。这也成为度量证券风险价格的基本数量模型。20世纪60年代,法玛(Fama)提出有效市场假说。这一假说主要包括理性投资者、有效市场和随机游走三个方面。该假说意味着,在健全的资本市场中资产价格的动态规律可以用随机运动来描述,任何使用历史价格以及其他信息来预测证券价格的行为都是徒劳的。这也构成现代金融理论的基石。

之后,在20世纪70年代,金融创新有了长足的进步,主要表现为将数学方法引入金融定价模型中。1973年，布莱克(Black)和斯克尔斯(Scholes)使用伊藤(Ito)积分，建立了期权定价模型，实现了金融定价的突破。该模型迅速用于实物，使得金融创新工具的品种和数量迅速增加。此后，1976年，罗斯(Ross)建立套利定价理论(arbitrage pricing theory, APT)。

20世纪80年代，现代金融创新进入鼎盛时期。在此期间诞生了所谓的80年代国际金融市场四大发明，即票据发行便利(NIFs)、互换交易、期权交易和远期利率协议。金融理论的一个新概念——"金融工程"也诞生了。金融工程作为一个新的学科从金融学独立出来。

20世纪八九十年代，对期权定价理论的进一步研究刺激了对倒向随机微分方程求解的发展，从而对期权定价理论的研究开启了新的动力。同时，对倒向随机微分方程的理论和数值计算的研究又会促使期权定价理论数学模型的新研究。

其次，20世纪90年代，金融学家更加注重金融风险的管理。可以说，风险管理是20世纪90年代以来对金融机构管理的中心论题。在风险管理的诸多模型中，最著名的风险管理数学模型是VaR(value at risk)模型。目前，这种方法已被全球各主要银行、公司及金融监管机构所接受，并成为最重要的金融风险管理方法之一。

在该时间内，金融市场中长期存在异常现象受到学者关注，如股票溢价之链、股利之谜、赢者输者效应、日历效应、规模效应等。经济学家试图在不动摇市场有效性的假设前提下对这些异象作出解释，但结果并不令人满意。面对这一系列金融市场的异常现象，一些研究学者开始从传统金融理论的最基本假设入手，放松关于投资者是完全理性的严格假设，吸收心理学的研究成果，研究股票市场投资者行为、价格形成机制与价格表现特征，取得了一系列有影响的研究成果，形成了具有重要影响力的学术流派——行为金融学。

20世纪末，非线性科学的研究方法和理论在金融理论及其实践上的运用，极大地丰富了金融科学量化手段和方法论的研究。无疑，这将开辟金融科学量化非线性的新范式的研究领域。

非线性科学的研究方法和理论，不仅在金融理论研究方面开辟了崭新的非线性范式的研究领域，而且在金融实践和金融经验上也取得累累硕果。其中最为著名的是桑塔费(Santa Fe)于1991年创立的预测公司，它是使用非线性技术最有名的投资公司之一。其名声远扬主要应归功于其创始人Doyne Farmer博士和Norman Packard博士。他们在系统地阐述李雅普诺夫指数对于混沌分类的重要性方面和重构相空间的延迟方面都有着重要贡献，而且使用一些不同的方法，如遗传算法、决策树、神经网络和其他非线性回归方法等建立模型。令人遗憾的是，根据专有合同，他们的技术属于瑞士银行集团。因此，他们投资过程的细节和业绩记录都是专有财产。

总之，非线性科学的研究方法和理论，为人们进一步探索金融科学数量化的发展，提供了最有力的研究武器。目前研究表明，发展一种将人们所能看到的非线性结构并入金融理论和金融经验的研究与应用的过程才刚刚起步，这里有许多工作需要人们去开创、丰富和发展。

1.3.3 国外量化交易的发展

1. 电子化交易方式的广泛运用

进入 20 世纪 80 年代后期及 90 年代,随着通信网络的大发展,金融市场逐步得以实现电子化。电子化的交易方式是量化交易的前提基础,尤其是针对交易所交易的标准产品。并且,场外交易(OTC)市场上交易的金融工具,如国债等,也在金融电子化的浪潮下逐步规范化,逐渐走向类似交易所的标准化交易方式。这为量化交易的发展提供必要的前提。

2. 传统交易方式下利润空间大幅度减小

电子化交易方式的广泛运用使得市场更加透明、高效。随着市场参与者的增多,买卖价差逐渐缩小,做市商的传统利润空间大幅度减小甚至消失。在美国,百分位报价改革把每股的最小变动价位从 1/16 美元变成 1 美分。这改变了市场的微观游戏规则,让买卖竞价价差变得更小,做市商的交易优势大幅缩小。在这种情况下,投资银行开始利用先进的技术手段进行大量交易来弥补损失。

利润的减少使得投资银行更加关注成本控制,并且通过降低交易成本和人力成本两个方面来进行控制。而算法交易可以很好地降低交易成本,并代替大量成本高昂的交易员。

3. 对冲基金行业的兴起

当大多数投资银行不得不忍受利润减少的痛苦时,对冲基金行业却凭借 IT 技术和金融模型获得高速发展(如文艺复兴科技公司的大奖章基金)。这使得投资银行开始关注可以产生大量利润的量化交易领域,并且积极地运用量化交易捕捉市场的机会。投资银行和对冲基金的竞争也推动了量化交易的进一步发展。

4. 政府监管法规的施行

2004 年 3 月生效的美国国家市场系统管理规则规定,当客户委托订单时,均需要按照当时的最优价格将客户订单传递到证券交易所。该规则的推行结果必然是推动纽交所、费城、波士顿和其他地区的坚持采用人工交易方式的股票及期货交易所最终实现电子化,为算法交易的广泛应用扫清障碍。

5. 量化交易自身优势

量化交易可以使复杂理论和实际交易有机结合变为现实。当今的金融市场,简单的技术分析和指标计算已经不能满足交易决策的需要。大量历史(时序)数据分析和复杂模型被引入以发现市场的规律和交易机会。人们通过计算机程序监测市场情况,对数据进行实时分析,然后由各种统计和量化算法帮助交易决策。人们通过历史数据或随机模拟的市场情况来测试交易策略效果。最终测试好的策略以程序的形式植入交易者自行开发或者是由软件提供商所提供的交易平台中进行交易。

高频交易策略通过计算机程序在短时间内对金融产品进行反复买/卖,对速度和精度要求很高。通过高频交易,投资者可以把握到更多通过人工无法把握的投资机会。

交易指令优化执行。券商为了赢取更多的客户订单,已经开发出大量交易执行算法。这些算法很大程度优化了交易指令的执行,相比直接下单不仅可以获得更好的成交价格、更快的成交速度,还可以尽量少地影响市场。另外随着交易策略的复杂化,比如某些套利策略涉及一篮子股票的同时买/卖,手工完成的风险很大,而算法则可以很轻松完成,而且保证准确性。

1.3.4 国内量化交易的发展

1. 发展现状

我国的量化交易发展较晚,处于发展初期,参与群体还不多,但近一两年发展势头很快。随着从华尔街回来的华人金融工程师越来越多,量化交易越来越多,ETF、股指期货套利等量化交易逐步兴起。

量化交易在期货市场已初具规模,国内的专业软件公司推出的自动化交易软件使短线交易者更加快捷地下单,自动化交易模型已经慢慢地在期货投资者中流行,并且逐步被一些专业的投资机构和咨询机构采用。相对应的一些交易所也推出了更加快捷深度的行情系统,满足量化交易投资者对行情的差异化需求。

随着股指期货的推出和股指期货套利的兴起,越来越多的机构投资者有通过程序化交易实现套利、通过算法交易降低冲击成本的需求,算法交易和程序化交易开始被一些投资机构尝试。

证券市场量化交易逐步兴起,量化基金从2009年开始逐步成为热点,量化基金是用量化的研究方法去替代经验和主观判断进行投资的基金,主要策略包括量化择时/定量资产配置、多因子选行业/选股;主要产品结构包括纯股票多头、指数增强、市场中性。

早期的公募量化基金以多因子量化选股为主要策略,以指数增强和主动管理股票型为产品形式。后来随着数据的积累以及国内投资工具的丰富,尤其是监管的适度放松和创新,公募量化策略和产品设计也得以进步和发展,新出现了引入对冲机制追求绝对收益的市场中性基金,后来又出现引入大数据源构建策略组合的大数据基金。

从设立活跃度来看,如图1-1所示,剔除传统指数基金,截至2016年3月31日,共有133只典型的量化基金发起成立,近两年来量化基金的发展速度较快。

从发展规模上来看(图1-2),量化基金发展趋缓,截至2015年底资产规模达1 227.18亿元,占股票型基金的4.24%,造成规模较小的主要原因:一是产品设计相对较新,投资者的认知需要一定的时间;二是在基金设立时市场环境欠佳,致使其业绩表现不佳。但是可以看出近两年来新型量化基金开始发展,虽然指数增强基金规模缩水明显,但是主动量化基金的发展势头良好。

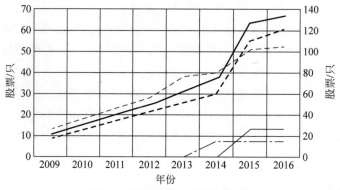

图 1-1 公募量化基金按类型设立发展状况

资料来源:量邦科技公募基金数据库。

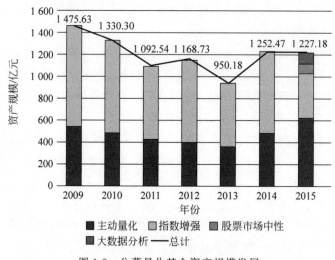

图 1-2 公募量化基金资产规模发展

资料来源:量邦科技公募基金数据库。

截止到 2016 年 3 月 28 日,年化收益率超越当期沪深 300 指数收益的指数增强基金有 35 只,占比高达 67%,可见在增强效果上公募基金表现还是较好的,当然不排除指数所标的指数表现好于沪深 300 指数。对于 58 只主动量化基金,有 42 只基金自设立以来战胜沪深 300 指数涨幅,剔除 7 只股票市场中性的基金,有 41 只基金战胜同期沪深 300 指数涨幅,占比高达 80% 以上。而根据统计,在全市场所有指数基金中长期以来战胜沪深 300 指数的指数基金仅达 50%。可见通过数量化的方法,从长期来看,量化基金相较于传统主观基金具有一定的优势。

国内的量化交易最早是从证券市场开始,近几年在期货市场迅速发展起来。特别是国内的一些软件公司推出了具备量化交易功能的软件,渐渐被业界认可并采用,为期货的短线交易者提供了快捷的下单方式。初期期货市场的量化交易模型主要是由个人投资者自己编写,但渐渐地一些投资咨询机构和金融机构也开始推出专业的模型。目前"单兵作战"的个人投资者和初具规模的专业团队形成了国内量化交易模型的供给主体。其中,个人投资者占了七成左右的比例。交易模型已经覆盖了波段交易、日内交易和长线交易的国内商品期货的所有品种,并且交易模型以短线为主(日内交易模型占 50% 左右,波段交易模型占 40% 左右)。适合机构操作的长线交易模型还较少。除个别极有实力的机构在做内外盘套利外,绝大部分的交易模型只针对国内期货交易所的商品期货,涉及外盘的交易模型并不多见。总的来看,国内量化交易供给主体还处于混沌状态,存在着无序、杂乱、缺乏组织的特点,但已经初具规模并迅速壮大。随着对量化交易前景的看好,专业化程序编制团队正在迅速地进入这个市场,目前的混沌局面必将被打破,3～5 年内,专业化的期货量化交易公司将不断涌现,并成为市场上的主力军。

许多软件公司已经开始推出比较成熟稳定的程序化交易平台,并且国外的一些程序化交易软件供应商也开始在国内推广。随着人们对量化交易认知度的提高,评价一个量化交易系统的好坏已经不是简单地看是否盈利。大家越来越看重其是否通过足够长的周期测试,用来测试的历史数据质量如何,并且对于测试指标的认识也越来越客观和专业。

大部分的投资者特别是机构投资者对量化交易越来越重视。中国加入 WTO(世界贸易组织)以后,中国和国际市场联系得越来越紧密,中国的大宗商品价格越来越明显地受国际价格影响,而错综复杂的国际环境令国内的机构很是头痛。随着中国的国力增强,越来越多的大型金融机构、投资机构涌现,它们非常需要量化交易工具帮它们获得稳定的收益,并且随着股指期货的上市,对量化交易的需求呈现爆发式的增长。

国内正在量化飞速发展的黄金时代,为了抑制股指期货的过度投资与炒作,中金所公布一系列股指期货严格管控措施,旨在进一步抑制市场过度投机,促进股指期货市场规范平稳运行。其中将沪深 300、上证 50、中证 500 股指期货客户在单个产品、单日开仓交易量超过 10 手的构成"日内开仓交易量较大"的异常交易行为。日内开仓交易量是指客户单日在单个产品所有合约上的买开仓数量与卖开仓数量之和。这一举措出台后,大量量化交易策略撤离股指期货市场。

2. 市场环境

国内证券市场只有 20 多年的历史,相比欧美以及亚太其他发达地区市场成熟度还有很大差距。不仅如此,国内市场的一些特性也使程序化交易在国内发展受到限制。

国内的交易场所比较单一,股票只在上海和深圳两个证券交易所进行交易,期货在上海、郑州、大连三个商品期货交易所和一个上海金融期货交易所进行交易。而欧美的情况则是大量的流动性存在于交易所以外,如大大小小的暗池、ECN 等。即使同一只股票也会在多个交易所交易,目前纽交所股票只有 25% 左右的交易量是通过纽交所执行的。国外很多执行算法就是为这种条件量身定做的,比如各种智能路由算法,而在国内这些算法都没了用武之地。也正是由于欧美的交易场所太多,市场受到一些轻微的扰动就可能出现大的波动。例如,2010 年 5 月 6 日美国主要股票市场盘中大跌,监管部门至今仍在寻找明确的引发原因。而国内的证券和期货交易都是在指定的几个交易所进行,因此,国际市场上的有些交易方式在国内市场并无多大的用武之地,因为国内交易场所比较少,整个市场系统的稳定性也相对较好。

国内证券市场的 T+1 交割制度使得大量日内交易策略不能实施,并且股票市场的交易成本非常高,高频交易策略更是无从谈起。除此以外,股票市场不允许卖空、缺乏做市商制度、可供交易的产品简单等,都不利于量化交易策略在证券市场的开展。国内券商对执行算法的服务很少。目前国内的股票市场,机构投资者都是通过券商提供的市场直连通道(direct market access)直接下单交易,而券商并没有提供规模化的算法附加服务,未来还有广阔的发展空间。

期货市场采用的是 T+0 的机制,手续费相对较低,且允许双向交易,相对证券市场更加适合程序化交易。但监管层出于金融安全考虑,对程序化交易特别是高频交易做了很多限制。我国的交易指令比较单一,投资者大多数情况下只能选择套保和投机两种交易策略,虽然已有郑州商品交易所和大连商品交易所推出的跨期套利交易指令和跨品种套利交易指令,但依然缺乏与量化交易相对应的更多交易指令。而在国外成熟市场,几乎都有专门用于量化交易的指令,如 NASDAQ Level 系列报价系统。国内期货市场整体步伐显然落后,这对于量化交易的推广不利。

国内监管机构对量化交易非常警惕,并且监管非常严格。如《中国金融期货交易所交易细则》第四十四条规定:"会员、客户使用或者会员向客户提供可以通过计算机程序实现自动批量下单或者快速下单等功能的交易软件的,会员应当事先报交易所备案。会员、客户采取可能影响交易所系统安全或者正常交易程序的方式下达交易指令的,交易所可以采取相关措施。"

国内的相关技术和服务还无法满足量化交易的发展需求,我国股票市场、期货市场行情的分发是以快照的形式进行,并不是严格意义上的分笔成交数据。

在国际成熟期货市场,机构投资者是量化交易的主体。目前,我国期货市场投资者结构不尽合理,个人占了绝大多数,法人机构和企业参与量较少,专业从事量化交易的法人机构更是十分缺乏。在这样的情况下,市场整体的交易效率发挥存在一定障碍。量化交易对于市场环境要求较高,越是成熟的市场,其发挥的效率越高。

尽管目前国内的量化交易发展遇到瓶颈与困难,但是量化交易作为具有跨时代意义的产物,未来必定会在国内绽放光彩。

本章术语

量化交易,做市商,对冲基金,柜台市场,暗池交易,均值-方差模型

思考题

1. 简要阐述量化交易的研究对象。
2. 简述市场上量化交易的参与者及它们的特点。
3. 量化交易与传统交易相比有哪些优缺点?

4. 简述量化交易对金融市场的影响。
5. 如何看待量化交易的发展轨迹？

即测即练

第 2 章

量化交易策略的种类

本章学习目标：
1. 了解量化交易的分类方式；
2. 了解量化交易的种类；
3. 掌握五类常见量化交易的理论基础、特点和应用领域。

本章导读

虽然目前量化交易分类的界定在学术界还没有标准答案，但是我们可以通过交易动机、交易频率、实现方式等进行简单的区分。量化交易按照交易动机可以分为投机策略与统计套利策略；按照交易频率还可以分为中低频交易策略与高频交易策略；按照实现方式又可以分为程序化交易与半自动交易。以上的分类并不存在非此即彼的情况。假设我们有一个量化交易策略，它关注两个金融标的价差，在价差偏离常态后进行建仓，在价差回归常态后了结平仓，它关注 1 分钟以内的价差变动，同时它使用计算机程序生成买卖信号并且自动执行买卖。那么这个策略既属于统计套利，又属于高频交易和程序化交易。在这一章中重点学习五类常见的量化交易：统计套利、高频交易、阿尔法对冲策略、管理期货策略、算法交易，了解它们的特点，掌握它们的理论基础和应用领域。

知识结构图

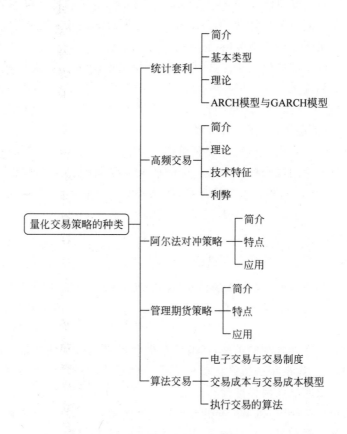

2.1 统 计 套 利

套利也称价差交易,一般指某种资产在一个或多个市场存在不同的价格时,在低价格市场买进,在高价格市场卖出。套利可以纠正资产对市场正常价格水平的偏离,减少价格的大幅波动,使资产的价格维持在其真实价值水平附近。套利对市场具有一定的积极作用,它可以促进不同市场之间的商品和资产的交流,从而增强整个市场的流动性,有利于市场资源的合理配置。

套利分为有风险套利和无风险套利,统计套利就是有风险套利的一种。无风险套利是利用资产在不同市场的价差,而统计套利是根据相同或相似资产价差的统计规律来套利。只要市场出现无风险套利的机会,就一定能通过低买高卖获利,而统计套利则需要冒一定的风险才有可能获利。在现实市场中,无风险套利出现的机会较小,而统计套利的机会则大量存在。

2.1.1 统计套利简介

1985年,在天体物理学家努齐奥·塔塔里亚的指导下,一小群擅长定量研究的科研人员创造了一个用匹配组合方式买卖股票的程序。摩根士丹利的黑盒算法诞生,这是统计套利的前身。实际上"统计套利"一词被广泛使用是在 20 世纪 90 年代早期。统计套利的方法从最初的匹配交易机制发展到今天的非线性模型,应用的技术包括神经网络、小波分析、分型分析,几乎涵盖了统计学、物理学和数学上所有的模式匹配技术。

统计套利策略属于市场中性策略,它通过对相关证券进行对冲获得与市场相独立的稳定性收益。统计套利是根据统计学的原理,利用选取的两个或多个资产的统计规律建立量化模型的套利方法。它可以在脱离市场基本趋势的情形下,运用量化手段构建资产组合,根据量化模型所预测的价格与资产的实际价格的比较,构建资产组合的空头和多头,以规避整个市场的系统性风险,获得较为稳定的利润。

Bondarekno(2003)首次提出统计套利策略收益公式,该定义不需要资产定价模型,可以回避资本市场效率的联合检验问题。Bondarekno 定义的统计套利如下。

回报为 $Z_T = Z(I_T)$ 的零成本交易策略,如果满足下列条件:
$$E[Z_T \mid I_0] > 0$$
对于所有 ξ_t,$E[Z_T \mid I_t^{\xi_T}] \geq 0$
那么该交易策略就称为统计套利机会。

定义中,$I_t = (\xi_0, \cdots, \xi_t)$ 表示市场信息集,ξ_t 表示经济系统时间扩大的状态,$I_t^{\xi_T} = (I_t; \xi_T) = (\xi_1, \cdots, \xi_t; \xi_T)$ 代表扩展信息集,除了包含时间、市场信息外,还包括经济系统的最终状态信息。

上述统计套利是标准套利的扩展,标准套利机会提供正的预期回报而没有任何损失可能性,而统计套利在满足每一最终状态 ξ_t 的平均回报为非负条件下,在某些状态 I_T 下可以存在负回报。很明显任何标准套利都是统计套利,而反之则不成立。

2004 年,Hogan、Jarrow 和 Warachka 定义了统计套利,即为可以生成无风险收益的长期交易策略。统计套利是一种自融资、零初始成本的交易策略。记 $v(t)$ 时刻累积收益率经无风险利率贴现后的现值,$v(t)$ 应满足如下条件:
$$v(0) = 0$$
$$\lim_{t \to \infty} E[v(t)] > 0$$
$$\lim_{t \to \infty} P[v(t) < 0] = 0$$
如果 $\forall t < \infty$,$P[v(t) < 0] > 0$,则有 $\lim_{t \to \infty} \dfrac{\text{var}[v(t)]}{t} = 0$。

该定义给出了统计套利的四个基本条件,其含义解释如下。

(1) 表示初始成本为零。定义中的自融资策略是指在整个交易时间内,投资人在决定投资策略以后,不再加入新的资金,也没有资金抽走的策略。

(2) 经无风险利率贴现后的期望收益为正,即统计套利的收益率不能低于无风险收益率。

(3) 亏损的概率收敛于零。从长远来看,统计套利发生亏损是小概率事件,只要给予一定的时间,最终都会盈利,至少不会亏损。

(4) 如果在某个时刻的损失概率大于零,则方差与时间的比值极限为零,即收益 $v(t)$ 的方差是随时间的推延而收敛的。这个条件说明统计套利存在一定的风险,在某个时间内可能亏损。而无风险套利的条件是,若存在某一时刻 T,对 $t \geq T$,有 $P[v(t)<0]=0$,这正是无风险套利与统计套利的最大区别。它意味着一个统计套利机会最终产生无风险的收益,其夏普比率随时间单调增加。

2.1.2　套利的基本类型

根据交易对象之间关系的不同,套利可以分为跨期套利、跨市场套利和跨品种套利。

1. 跨期套利

跨期套利主要是针对期货而言,是指利用具有相同标的资产的不同到期月份的期货合约之间出现异常价差时,做空价格高估的合约,同时做多价格低估的合约,等价差回归到正常水平时平仓,从而获得一定的收益。跨期套利的一个最大前提条件是,近月合约与远月合约之间的价差具有一定的波动性。跨期套利可以是金融期货,也可以是商品期货。

2. 跨市场套利

跨市场套利是在不同市场之间进行的具有相同的标的资产之间套利。当相似或相同资产在两个或多个市场进行交易时,由于距离、供求、汇率等因素,相似或相同资产之间会存在一定的均衡差价。一旦由于某种因素导致相似或相同资产在不同市场的价格发生较大波动,它们的价差会偏离均衡水平,此时可以通过买入相对低价的资产,卖出相对高价的资产进行套利。

3. 跨品种套利

跨品种套利是指利用同一市场的两种具有高度相关性的资产之间的差价进行套利。跨品种套利的思路是先寻找具有高度相关性的两种或多种资产,确定它们之间的长期均衡关系,在它们的差价偏离均衡水平时建仓,待差价回归正常时,反向平仓操作获取利润。跨品种套利既适用于股票市场,也适用于期货市场。本书所研究的股票配对交易就是典型的跨品种套利。

2.1.3　统计套利的理论

统计套利策略的核心思想是配对交易。配对交易策略是指从市场上找出历史股价走势相近的股票进行配对,即通过相关性筛选配对股票进行套利。它是一种市场中性策略,能够对冲市场的系统性风险,利用不同的资产之间的价差波动来获取收益。

当配对股票价差偏离历史均值时,则做空股价较高的股票,同时买进股价较低的股票,等待价差回归到长期均衡关系,由此赚取价差收敛的收益。个股间的配对交易可扩展到个股组合之间的配对交易。配对交易的理论有很多,在这里我们介绍两个最重要的理论:多因素模型套利与协整套利。

1. 多因素模型套利

多因素模型是先选择几个对股票价格具有较大影响的因素,然后基于这些因素制定相应的交易策略。这个策略的关键是找到影响股票价格的重要因素,股票收益可以使用这些因素通过多元回归得到,通过统计分析确定各个因子对上市公司股价影响显著性和灵敏度,建立多因子模型,即根据基本面、技术面因子建模筛选个股,同时采取对冲其他股票、股指期货的手段锁定预期超额收益率。

1) 套利定价理论

罗斯的套利定价模型就是典型的多因素模型。罗斯在1976年发表了《收益、风险和套利》《资产定价的套利理论》等论文,系统地提出了套利定价理论。APT也是一个市场均衡定价模型,但是套利定价理论用套利概念定义均衡,不需要市场组合的存在性,而且所需的假设比资本资产定价模型理论更少、更合理,从而将现代资产组合理论研究推向一个新的阶段。

该理论认为套利定价模型存在于这样一种环境中:资本市场是完全和无摩擦的,并且不存在任何套利机会。所有投资者都是风险回避的,并且具有单调递增的效用函数。所有投资者具有同质预期,都认为资产的随机收益率是由一个多因素模型决定的,它包括三个部分:资产的期望收益率、系统因子的风险收益率、非系统风险的收益率。系统风险因素之间是随机的、相互独立的,在很大程度上是非预期的,并且它们对收益率的影响正是源于这种非预期的突发事件,所以非系统风险的均值为零。每个资产的非系统风险是独一无二的,并且非系统风险与系统因素之间不存在任何关系。投资组合中证券的个数远远大于因素的个数。可见,APT是基于收益率的因素模型而讨论当市场不存在套利机会时的资产的均衡价格。

2) 因素模型套利

在因素模型中,任意资产 i 的收益率的表达式为

$$r_i = a_i + b_{i1}F_1 + b_{i2}F_2 + \cdots + b_{ik}F_k + \varepsilon_i \tag{2-1}$$

其中,$F_1, F_2, \cdots, F_k$ 为 k 个因素值;$b_{i1}, b_{i2}, \cdots, b_{ik}$ 为证券 i 的收益率对 k 个因素的敏感度;ε_i 为随机误差项。

当一个投资者发现存在这样一个投资组合,他的投入资金为零,没有风险,而且它的收益率大于零时,那么这个组合即为套利组合。一个套利组合 $X_p = \{x_1, x_2, x_3, \cdots, x_n\}$ 所要满足的条件如下:

(1) 套利组合的投入资金为零:

$$\sum_{i=1}^{n} x_i = 0$$

(2) 套利组合的因素风险(系统风险)为零:

$$因素风险 = \sum_{j=1}^{k}\sum_{l=1}^{k} b_{ni}b_{pl}\sigma_{jl}(F_j, F_l)$$

因素风险为零的充分条件为

$$b_{pj} = \sum_{i=1}^{n} x_i b_{ij} = 0, \quad \forall j = 1, \cdots, k$$

(3) 套利组合的非系统风险为零：

$$\text{非系统风险} = \sigma^2(\varepsilon_p)$$

非系统风险为零的充分条件为

$$\varepsilon_p = \sum_{i=1}^{n} x_i \varepsilon_i = 0$$

(4) 套利组合的收益率大于零：

$$r_p = \sum_{i=1}^{n} x_i r_i > 0$$

(1)、(2)、(3)三个条件保证了套利组合的无风险，条件(4)则保证了套利组合的有利可图。

3) APT 模型套利

APT 的基本原则就是市场达到均衡时不存在套利机会，则不存在套利组合。从前面的套利组合的条件看，意味着对于任意一个组合 $X_p = \{x_1, x_2, x_3, \cdots, x_n\}$，若其投入的资金为零，因素风险为零，非因素风险也为零，那么这个组合的收益率必定为零。因为如果收益率大于零，那么它为套利组合；如果收益率小于零，那么组合 $-X_p = \{-x_1, -x_2, -x_3, \cdots, -x_n\}$，也满足投入的资金为零，因素风险为零，非因素风险为零，而 $-X_p$ 的收益率却大于零，也为套利组合。

上述的无套利定价原则的数学表达式如下：

任意一个组合 $X_p = \{x_1, x_2, x_3, \cdots, x_n\}$，满足下面三个条件：

(1) $\sum_{t=1}^{n} x_t = 0$

(2) $\sum_{i=1}^{n} x_i b_{ij} = 0, \forall j = 1, \cdots, k$

(3) $\sum_{i=1}^{n} x_i \varepsilon_i = 0$

$\Rightarrow$ (4) $\sum_{i=1}^{n} x_i r_i = 0$

为了推导 APT，我们先引进一个代数引理：

引理：若一个向量和 $n-1$ 个向量正交蕴含着它和第 n 个向量正交，则第 n 个向量正交可以表示为前面的 $n-1$ 个向量的线性组合。

条件(1)表示：向量 $\boldsymbol{X}_p$ 与 $(1, 1, 1, \cdots, 1)$ 正交。

条件(2)表示：向量 $\boldsymbol{X}_p$ 与 $(b_{1j}, b_{2j}, b_{3j}, \cdots, b_{nj})$ 正交，$\forall j = 1, \cdots, k$。

条件(3)表示：向量 $\boldsymbol{X}_p$ 与 $(\varepsilon_1, \varepsilon_2, \varepsilon_3, \cdots, \varepsilon_n)$ 正交。

而前面的三个条件推出结论(4)。向量 $\boldsymbol{X}_p$ 与 $(r_1, r_2, r_3, \cdots, r_n)$ 正交。应用引理，向量 $(r_1, r_2, r_3, \cdots, r_n)$ 可以用 $(1, 1, 1, \cdots, 1)$、$(b_{1j}, b_{2j}, b_{3j}, \cdots, b_{nj})$、$(\varepsilon_1, \varepsilon_2, \varepsilon_3, \cdots, \varepsilon_n)$ 线性组合而成：

$$r_i = \lambda_0 + b_{i1}\lambda_1 + b_{i2}\lambda_2 + \cdots + b_{ik}\lambda_k + \lambda_{k+1}\varepsilon_i, \quad \forall i$$

$$E(r_i)=\lambda_0+b_{i1}E(\lambda_1)+b_{i2}E(\lambda_2)+\cdots+b_{ik}E(\lambda_k), \quad \forall i$$

上式就是 ATP 的基本模型,其中,X_p 为完全不受因素风险影响的资产的预期收益,即无风险利率;$\lambda_1,\lambda_2,\cdots,\lambda_k$ 为 k 个因素值;$b_{i1},b_{i2},\cdots,b_{ik}$ 为资产 i 的收益率对各个因素的敏感度系数。

APT 与因素模型的差别在于:因素模型中的 a,在 APT 中对各个资产都一样,均为 X_p,即市场达到均衡时,各个资产的预期收益率只与它们对各个因素的敏感度系数有关,而与截距项无关。

2. 协整套利

时间序列分析已成为金融市场研究中不可或缺的部分,人们通过长期研究各类时间序列数据,发现大量金融时间序列数据存在单位根过程及明显的非稳定性特征。为了研究这些时间序列之间的关系,研究人员用一般的线性回归方法进行回归分析往往得出"伪回归"的错误结论。Granger 和 Newbold(1974)曾通过理论推导相继证明了不相关单位根变量之间可能存在"伪回归"。

扩展阅读 2-1
时间序列的平稳性和单位根过程

为了避免"伪回归"现象的出现,在对非平稳时间序列分析时,人们通常在分析数据之前先对数据进行差分,之后再研究差分的时间序列数据间的关系。但是此做法的弊端是经过差分后的数据不能够完全充分地包含原始数据的意义,这个问题最终被 Granger 和 Engle 解决。

1987 年,Engle 和 Granger 提出了协整理论及其方法,为非平稳时间序列的建模提供了一种新的思路。该理论认为,虽然经济运行中的一组时间序列是非平稳过程,但是它们的线性组合却可能是平稳的,我们也称这组变量间存在协整关系。变量间存在协整关系的原因是这组变量受到了共同的因素影响,表现出一定的相似性。当我们对这组变量建立协整方程之后,剩下的残差序列就会变成一个平稳序列,这样我们就可以用很多成熟的平稳时间序列的方法进行处理。

协整套利策略是指利用协整分析寻找到价格或收益率序列长期存在显著协整关系的不同资产,即根据协整分析筛选配对股票进行套利。当短期内不同资产的价格或收益率偏离长期均衡关系时,就可以通过买入低估值资产而卖空高估值资产来进行统计套利。在股票市场上,大多数股票的股价走势都表现出了非平稳性,但是很多同行业的股票走势呈现很强的联动性。拿银行业来说,我国的四大国有银行工商银行、建设银行、中国银行、农业银行在股东背景、资产负债状况、盈利能力、未来的发展前景方面都非常类似,所以它们的股价走势相关程度非常高。

协整过程的提出是针对具有单位根的非平稳时间序列,协整的具体定义为:

n 维向量时间序列 $\{X_t\}$ 若满足以下条件:

(1) $\{X_t\}$ 的分量序列为 $I(d)$ 序列。其中,$I(d)$ 表示时间序列 $\{X_t\}$ 经过 d 阶差分后变成平稳序列。

(2) 存在向量 $\boldsymbol{\alpha} \neq 0$,使得 $\boldsymbol{\alpha}^T X_t \sim I(d,b)$,$b>0$,则说明 n 维向量时间序列 $\{X_t\}$ 的分量序列之间存在 (d,b) 阶协整关系,数学表示记为:$X_t \sim CI(d,b)$ 在以上协整的定义中,当 $n=2$ 时,协整向量 $\boldsymbol{\alpha}$ 是唯一的;当 $n>2$ 时,向量时间序列 $\{X_t\}$ 中可能存在多个协整

关系。对于时间序列 X_t 和 Y_t，若满足 $\{X_t\}$ 和 $\{Y_t\}$ 都是 $I(1)$ 序列，且 $\{X_t\}$ 和 $\{Y_t\}$ 之间存在关系 $y_t = \alpha x_t + \varepsilon_t, \varepsilon_t \sim I(0)$，则可用 $y_t = \alpha x_t$，表示序列 $\{X_t\}$ 和 $\{Y_t\}$ 间的长期均衡关系，为协整向量。即说明 $\{X_t\}$ 和 $\{Y_t\}$ 存在协整关系 $CI(1,1)$。

Engle 和 Granger 同时提出了两步法检验二维向量时间序列的协整关系，后称之为 E-G 检验法。其具体步骤如下：

设有两个变量 X_t 和 Y_t。

步骤一：进行协整回归。用最小二乘（OLS）法估计 X_t 和 Y_t 的长期均衡关系式 $Y_t = \alpha_0 + \alpha_1 X_t + u_t$，并计算非均衡误差。即为

$$Y_t = \hat{\alpha}_0 + \hat{\alpha}_1 X_t$$
$$\hat{e}_t = Y - Y_t$$

步骤二：检验残差序列 $\hat{e}_t$ 的平稳性。可用方法 DF 检验或 ADF 检验。若残差序列存在单位根则说明不具有协整关系，若残差序列不存在单位根则说明具有协整关系。当残差序列存在单位根时，可进行差分。若 $\hat{e}_t$ 经过一阶差分后不存在单位根，则 $\hat{e}_t$ 为 1 阶单整，变量 X_t 和 Y_t 为 $(2,1)$ 阶协整；若 $\hat{e}_t$ 经过一阶差分后仍存在单位根，则可对 $\hat{e}_t$ 继续进行二阶差分，以此类推即可。

在各种统计套利策略中，协整套利无疑是理论基础最坚实、应用最广泛的一种策略。协整方法的主要特征有：均值回复跟踪误差、提高投资比例的稳定性和更好地运用资产价格所反映的信息，可以用从指数和增强型指数追踪到多头空头市场中性和阿尔法转移等技术来灵活设计多种交易策略。许多套利交易策略都能够通过使用协整关系来建立。

2.1.4 ARCH 模型与 GARCH 模型

1. ARCH 模型

Robert Engle 在 1982 年提出自回归条件异方差（ARCH）模型，ARCH（m）模型假定为

$$\mu_t = \sigma_t \varepsilon_t, \sigma_t^2 = \alpha_0 + \alpha_1 \mu_{t-1}^2 + \cdots + \alpha_m \mu_{t-m}^2 \tag{2-2}$$

其中，$\{\varepsilon_t\}$ 是独立同分布（i.i.d.）的随机变量序列，均值为 0，方差为 1；$\alpha_0 > 0$，对 $i > 0$ 有 $\alpha_i > 0$，系数 α_i 必须满足一些正则性条件保证 μ_t 的无条件标准差是有限的。实际中，通常假定 ε_t 服从标准正态分布或标准化的学生分布。

为了确保其是一个稳定过程，需要假设 ARCH（m）的特征方程

$$1 - \alpha_1 \lambda - \cdots - \alpha_m \lambda^m = 0$$

的所有根都在单位圆外，这也就等价于

$$\alpha_1 + \alpha_2 + \cdots + \alpha_q < 1$$

因此，ARCH 模型的参数除了必须满足：$\alpha_0 > 0$，$\alpha_i \geq 0$（$i = 1, 2, \cdots, m$），参数的约束为：$\alpha_1 + \alpha_2 + \cdots + \alpha_q < 1$。

这也就意味着模型估计后要对参数做合理性检验。

2. GARCH 模型

扩展阅读 2-2
基于 GARCH 模型的股指期货套利策略研究

ARCH 模型构造思想简单,但是在实践中为了较为准确地模拟金融时间序列的波动过程,可能会需要滞后很多阶的参数,参数个数的增多会导致 ARCH 模型估计的不准确,因此需要寻求其他的模型来克服 ARCH 模型的这个缺点。

Bollerslev 在 1986 年提出了一个有用的推广形式,称为 GARCH(Generalized ARCH)。如果干扰序列 $\{\mu_t\}$ 具有

$$\mu_t = \sigma_t \varepsilon_t, \varepsilon_t \sim \text{i.i.d.} N(0,1)$$

$$\sigma_t^2 = a_0 + \sum_{i=1}^{q} \alpha_i \mu_{t-i}^2 + \sum_{j=1}^{p} \beta_j \sigma_{t-j}^2 \tag{2-3}$$

其中,$a_0 > 0, a_i \geqslant 0, \beta_j \geqslant 0, \sum_{i=1}^{\max(p,q)}(\alpha_i + \beta_i) < 1, (i > q, \alpha_i = 0, j > p, \beta_j = 0)$,就称 m 服从 GARCH(p,q) 模型。

2.2 高频交易

2.2.1 高频交易简介

高频交易(high frequency trading,HFT)是在非常短暂的市场变化中寻找利益的自动化程序交易,这种变化人们很难发现。高频交易是自动化交易的一种形式,以速度见长。比如,某个证券在买入价格和卖出价格上的细微差别,或某只股票在不同交易场所的细微差价。总结起来,高频交易的核心就是,积少成多。

现代计算机技术和互联网科技的发展是促成高频交易的必要条件。在计算机技术的帮助之下,高频交易才得以实现。高频交易能够对变化的市场迅速作出反应,实现资金快速流动。速度的竞争是最主要的竞争,谁的数量模型运作得最快,谁就能以最快的速度发现并利用市场无效率的瞬间,获取最高收益。

高频交易主要可以分为两种量化模型。

1. 自动做市商高频交易

自动做市商系统不断地买卖股票,在自有资金的帮助下,从买入价格和卖出价格的差异中获利。从特点上来说,做市商的风险低、资金低,回报也较低。因此,做市商需要数量巨大的交易,才能有机会获取利润。从策略上来看,做市商是一种被动的方式,主要是为市场提供一定程度的流动性,可以从交易场所取得手续费折扣。做市商可能有两种公司,一种是正式注册的具有报价义务的公司,另一种是不具有报价义务的以赚取利润为目的的独立公司。

2. 量化阿尔法高频交易

阿尔法高频交易主要是分析历史数据,从历史数据中发现规律,并实时分析市场数据。历史数据包括资产和不同资产的组合序列,目的是从短暂的市场非理性中获利。阿

尔法高频交易系统运用的策略很多，主要包括统计套利、配对交易和动态模型等。这些策略不仅可以在不同的资产类别中使用，也可以在不同的市场中使用，使用的范围较为广泛。

2.2.2 高频交易的理论

高频交易策略的理论基础是概率统计中的大数定律，这和其他量化交易策略是一样的。大数定律的概念其实较为简单，是指在每次随机实验中出现的结果可能不同，但是经过大量反复的实验，结果的平均值趋近于总体的均值。这是因为在大量反复的实验中，个别少量的差异将会相互抵消，使得结果呈现出一定的必然性和规律性。比如抛硬币实验，每次可能出现正面或反面，没有一定的规律性，但经过大量的实验就可以发现，出现正面和反面的比例均会接近于50%。

在概率统计中，大数定律对于样本的要求是独立同分布的。样本的分布越相近，大数定律出现的概率就越大。因此，在具体实施高频交易策略的时候，我们需要对数据进行处理，去除噪声，尽可能使数据实现独立同分布。相比于其他市场，在高频交易中，样本相对干净，这样就使得高频交易在可靠性方面更胜一筹。寻找大概率事件，发现投资机会。量化投资简单地说，就是先通过计算机程序来计算时间、价格、经济指标、市场消息等，当它们达到模型要求时，就自动买卖。

高频交易的理论模型基础是各种能够反映相互关系的计量经济学模型。先介绍一些基本的收益统计量，然后介绍线性判别方法、波动率建模技术和非线性方法。

1. 收益率的统计特征

高频数据自身的特征，主要包括收益率的均值、方差、偏度峰度、自相关性。收益率是分析金融数据的主要方法，是指时间上相邻的两个价格的差值用前一报价进行调整时的值。收益率适合用来对不同金融工具的表现进行比较，其计算公式为

$$R_t = \frac{P_t - P_{t-1}}{P_{t-1}} = \frac{P_t}{P_{t-1}} - 1 \qquad (2-4)$$

其中，R_t 表示时间段 t 的收益率；P_t 是 t 时刻的价格；P_{t-1} 是 $t-1$ 时刻的价格。有时测算高频数据的价格并不那么容易，报价到达的时间间隔是随机的，而上述分析需要等间隔取得价格数据。

虽然简单收益率比较简单直观，但是对数形式的收益率使用得更多：

$$r_t = \ln(R_t) = \ln(P_t) - \ln(P_{t-1}) \qquad (2-5)$$

不论是简单收益率还是对数收益率，都可以通过对时间进行平均来估计较低频率下的收益率。算术平均值公式为

$$E[R] = \frac{1}{T} \sum_{t=1}^{T} R_r$$

$$\mu = \frac{1}{T} \sum_{t=1}^{r} r \qquad (2-6)$$

顺序收益率之间的变动程度称为波动率。波动率的计算方法很多，最简单的方式是利用简单或对数收益率的方差，计算方法为

$$\text{var}[R] = \frac{1}{T-1}\sum_{t=1}^{T}(R_t - E[R])^2$$

$$\sigma^2 = \frac{1}{T-1}\sum_{t=1}^{r}(r_t - \mu)^2 \tag{2-7}$$

还有一种描述收益率特征的是自相关性,衡量按照某一频率抽样的收益率序列之间的相关程度。P 阶自相关系数计算方法如下:

$$\rho(p) = \frac{\sum_{t=p+1}^{r}[(R_t - E[R])(R_{t-p} - E[R])]}{(\sum_{t=p+1}^{r}(R_t - E[R]))^{1/2}(\sum_{t=p+1}^{r}(R_{t-p} - E[R]))^{1/2}} \tag{2-8}$$

2. 线性计量经济学模型

线性计量经济学模型利用其他当期的和滞后的随机变量的线性组合对未来的随机变量进行预测,主要有两种模型,分别是自回归估计模型和滑动平均模型。

自回归估计模型是在滞后的因变量基础上进行回归:

$$y_i = \alpha + \sum_{i=0}^{\infty}\beta_i y_{t-i} + \varepsilon_i \tag{2-9}$$

自回归过程所得系数显示了数据的趋势或反转模式。

滑动平均模型是用来预测未来发展趋势的另一种方法。滑动平均模型,区别于自回归模型之处在于,自回归是预测未来可能出现的时间序列的具体数值,而滑动平均主要是针对未来的数据可能出现的变化进行的建模。也就是说,单单用自回归,难以完全地或者说准确地对未来作出反应。滑动平均模型的数学表达式,是以当期收益率为因变量,以在过去几期滞后期下的自回归预测中,未能预测到的收益部分为自变量构成的,如下所示:

$$r_1 = c_0 + a_1 - \theta_1 a_{t-1} - \cdots - \theta_q a_{t-q} \tag{2-10}$$

其中,c_0 是截距;θ_1 是在滞后期 1 下的系数;a_1 是滞后期 1 下收益的未预期部分。

3. 波动率模型

在金融市场中,波动率定义为金融标的资产收益离差的统计测度,一般表示为金融收益序列的二阶矩。通常波动率越高,资产的风险就越大。对波动率进行建模主要有以下四种类型:①随机波动率模型;②由日内高频数据产生的已实现波动率;③ARCH 模型及其推广的一系列条件异方差模型;④隐含波动率。近 30 年来,对波动率的研究已然成为金融工程与计量分析中最为活跃的一部分,并取得了很多有意义的成果。

4. 波动率的特性

1) 波动率具有持续性(长期记忆性)

自 1994 年以来,波动率的长记忆性开始为人所知,并在理论界和业界引起了广泛的关注。金融资产的波动有聚类现象,即一个大的波动后,常常跟着一个大波动。同样地,一个小的波动后也会紧跟着一个小的波动。该种成簇性波动的一个经济学解释就是当下的波动冲击可以持续地影响到未来相当一段时间的波动期望值。

2）波动率具有回归性

波动率的聚集性反映了金融资产波动的起起伏伏。因此一段时间的较大波动最终会让步于趋于正常的波动。均值回复性通常描述为波动率的一个正常水平，在该正常水平下，无论波动走势如何，最终都会趋于该正常水平。在此性质下，波动率模型的长期预测应该回复到一个相同的正常水平。

3）波动率具有非对称性

很多模型，如 GARCH 模型，假设利好消息和利空消息可以对条件波动率产生对称的影响，但是其与实际情况是不符合的。非对称性，又称风险溢价效应（risk premium effect）或杠杆效应（leverage effect），分别对应非对称性机制的两种理论。前者认为当"利好"消息连续出现时，会增大股票价格的未来波动，因此相应地将提高投资者对股票的预期回报，会降低股票价格，削弱"利好"消息对股票波动的积极效应。相反，"利空"消息出现时，引起股票价格回落，由于市场投资风险厌恶情绪，产生负面效应叠加，增加了"利空"消息对股价波动的负面效应。在后者理论中，当"利好"消息出现时，超额报酬使企业价值增加，财务杠杆比率降低，股票收益率的波动性随之减小。相反，当股票价格下降时，企业负债与股权比率提高，财务杠杆比率提高，投资风险增大，导致了股票价格的波动性增强。这两种理论都认为，"利空"消息比"利好"消息对市场波动性的作用更大。

波动率的非对称性不仅会造成价格预测的有偏性，也会造成期权隐含波动率的偏度。因此，在虚值看跌期权中，其隐含波动率常常高于平价期权和实值期权的隐含波动率。

4）波动率会被外生变量影响

众所周知，金融资产收益率的无条件分布呈现尖峰厚尾现象，峰度检测在 4～50 之间，呈现出非正态性，波动率模型也应有此性质。用条件概率密度和非条件概率密度的关系可以解释厚尾性：当收益的条件分布服从高斯分布时，则几个波动率的高斯分布的混合可以导致收益的非条件概率密度呈现尖峰性。当然，除了假设波动率服从高斯分布之外，还可以假设波动率服从一些具有厚尾特性的分布，如学生 t-分布等。

5）波动率会被外生变量影响

波动率并不是单一地只受该时间序列的影响，相反地，资产价格具有相关性，波动率可以被其他时间序列影响。除此之外，某些确定性事件也会对波动率产生影响，如公司业绩报告、国家宏观经济报告等。Andersen 和 Bollerslev 就发现，在美国财政部公布就业报告、GDP（国内生产总值）等宏观经济数据报告的前后几天，德国马克兑美元的汇率波动幅度显著增加。

5. 对波动率建模

随机过程就是一族随机变量$\{X(t),t\in T\}$，其中 t 是参数，它属于某个指标集 T，T 称为参数集。

一般地，t 代表时间。当$\{T=0,1,2\cdots\}$时称随机过程为随机时间序列，对 $X(t)$ 可以这样看：随机变量是定义在空间 Ω 上的，所以 X 是随 t 与 $\omega\in\Omega$ 的取值而变化的，于是可以记为 $X(t,\omega)$。当固定一次随机试验，即取定 $\omega_0\in\Omega$ 时，$X(t,\omega_0)$ 就是一条样本路径，它是 t 的函数，可能是连续的，也可能是间断的，这是我们通常所观测到的过程。另外，当 t

固定时,即若 $t=t_0$,$X(t_0,\omega)$ 就是一个随机变量,其取值随着随机试验的结果而变化,取值的分布称为概率分布,随机过程在时刻 t 的取值称为过程所处的状态,状态的全体称为状态空间,根据 T 及状态空间的不同可以对随机过程进行分类。依照状态空间,其可以分为连续状态和离散状态;依照参数集 T,其可以分为离散时间过程和连续时间过程。

1) 马尔可夫过程

马尔可夫(Markov)过程是一种随机过程。它的原始模型为马尔可夫链,是指数学中具有马尔可夫性质的离散事件随机过程。该过程中,在给定当前知识或信息的情况下,过去(即当前以前的历史状态)对于预测将来(即当前以后的未来状态)是无关的。一个随机过程如果给定了当前时刻 t 的值 X_t,未来的值 $X_s(s>t)$ 不受过去的值 $X_u(u<t)$ 的影响,就称为有马尔可夫性。马尔可夫性与市场弱有效的假设一致,即当前的股票价格包括所有的信息,股票未来的价格与过去的价格无关。

2) 平稳过程

平稳过程 $\{X=X(t),t\in T\}$ 是其概率性质在时间平移下不变的随机过程。对于某一随机过程,描述其统计特征的指标主要有以下几个。

期望值:一个时间序列的第 t 期的观察值的期望记为

$$E[X_t]=\mu_t$$

方差:

$$\mathrm{Var}[X_t]=E[(X_t-u_t)^2]$$

协方差:任何两个时期之间的协方差为

$$\mathrm{Cov}[X_t,X_{t+k}]=E[(X_t-\mu_t)(X_{t+k}-\mu_{t+k})]$$

平稳随机过程必须满足下述三个条件:

(1) 期望值在所有时刻都是一个常数,即

$$E[X_t]=\mu$$

(2) 方差在所有时刻都是一个常数,即

$$\mathrm{Var}[X_t]=E[(X_t-u_t)^2]=\sigma_x^2$$

(3) 任何两个时期之间的协方差仅依赖于两个时期之间的距离,即

$$\mathrm{Cov}[X_t,X_{t+k}]=E[(X_t-\mu)(X_{t+k}-\mu)]=\gamma(k)$$

平稳过程的重要特征是时间轨迹围绕着固定均值上下波动,且即使短时期内有较大幅度的波动,也应迅速衰减,使得这种波动不具有持久性。

3) ARMA 过程

时间序列预测方法的基本思想是:通过时间序列的历史数据揭示现象随时间变化的规律,将这种规律延伸到未来,从而对该现象的未来作出预测。时间序列就是一个变量在一定时间段内不同时间点上观测值的集合,如 $Y:\{y_1,y_2,\cdots,y_n\}$,这些观测值是按时间顺序排列的,时间点之间的间隔是相等的。

ARMA 模型是描述平稳随机序列的最常用的一种模型,有三种基本形式:自回归模型(auto-re-gressive,AR);移动平均模型(moving-average,MA);混合模型(auto-regressive moving-average,ARMA)。也可以这样认为:ARMA=AR+MA。

(1) AR 模型。

如果时间序列 $\{y_t\}$ 满足 $y_t=\sum_{i=1}^{p}\alpha_i y_{t-i}+\varepsilon_t$,其中 $\{\varepsilon_t\}$ 是独立同分布的随机变量序

列,且满足: $E(\varepsilon_t)=0$, $\mathrm{Var}(\varepsilon_t)=\sigma_\varepsilon^2>0$,则称时间序列$\{y_t\}$服从$p$阶自回归模型。其平稳条件为:滞后算子多项式$\alpha(B)=1-\sum_{i=1}^{p}\alpha_i B^p$的根均在单位圆外,即$\alpha(B)=0$的根大于1。

(2) MA 模型。

如果时间序列$\{y_t\}$满足$y_t=\varepsilon_t-\sum_{i=1}^{q}\beta_i\varepsilon_{t-i}$则称时间序列$\{y_t\}$服从$q$阶移动平均模型,且在任何条件下都平稳。

(3) ARMA 模型。

如果时间序列$\{y_t\}$满足$y_t=\varepsilon_t+\sum_{i=1}^{p}\alpha_i y_{t-i}+\sum_{i=1}^{q}\beta_i\varepsilon_{t-i}$则称时间序列$\{y_t\}$服从$(p,q)$阶自回归移动平均模型,或者记为:$\alpha(B)y_t=\beta(B)\varepsilon_t$。

显然,$q=0$,ARMA(p,q)模型即为AR(p);$p=0$,模型即为MA(q)。

4) 维纳过程(布朗运动)

布朗运动指的是一种无相关的随机游走,将布朗运动与股票价格行为联系在一起,进而建立起的数学模型是20世纪的一项具有重要意义的金融创新,在现代金融数学中占有重要地位。到目前为止,主流观点仍然认为,股票市场是随机波动的,是有随机性的,这是股票市场最根本的特性,也是股票市场的一种常态。布朗运动、随机波动假设是现代资本市场理论的核心假设。

控制论的发明人维纳在1923年指出,布朗运动在数学上是一个随机过程,提出了用"随机微分方程"来对其进行描述,因此人们也把布朗运动称为维纳过程。如果某随机变量z的分布满足下列条件:

条件1: Δt时间内z的变化Δz满足等式:

$$\Delta z=\varepsilon\sqrt{\Delta t}, \varepsilon: N(0,1)$$

条件2:不同时间间隔内的Δt相互独立

则称该变量服从标准维纳过程(也称为布朗运动),其中条件2表明了该过程的马尔可夫属性。

标准维纳过程是一般维纳过程的特例,如果随机变量x满足下述条件:

$$dx=a\,dt+b\,dz$$

其中z为标准维纳过程,则称x为一般维纳过程。其中a为期望漂移率(expected drift rate),b为方差率(variance rate),a和b都为常数。

5) 伊藤过程

日本著名的数学家Ito发展并创立了这样一种随机微分方程,是带有布朗运动干扰项的,该方程描述的过程我们后来称为伊藤过程,其形式如下所示:

$$dX_t=\mu(t,X_t)dt+\sigma(t,X_t)dB_t \tag{2-11}$$

式中,$\{B_t,t\geqslant 0\}$是布朗运动,$\mu(t,X_t)$称为漂移率,$\sigma(t,X_t)$称为干扰强度,我们也经常

说方差率是 σ^2。伊藤过程可以看作维纳过程的一般化形式,它赋予了布朗运动(维纳过程)最一般的意义,因为它是直接把布朗运动理解成随机干扰的。

根据上述定义,我们可以知道,伊藤扩散过程由简单到难,可以分为如下几种。

(1) $dX_t = dB_t = \varepsilon\sqrt{dt}$,这是最简单形式的伊藤过程,也就是我们常说的布朗运动。

(2) $dX_t = \mu dt + \sigma dB_t$,其中 μ, σ 为常数,这是带有常数漂移率和常数波动率(干扰强度)的伊藤过程。

(3) $dX_t = \mu X_t dt + \sigma X_t dB_t$,其中 μ, σ 为常数,这是带有线性漂移率和波动率(干扰强度)的伊藤过程,这也是我们经常说的几何布朗运动,金融上也经常用几何布朗运动来描述股票价格行为。

(4) $dX_t = \mu(t, X_t)dt + \sigma(t, X_t)dB_t$,这是最一般形式的伊藤过程,其中 μ, σ 都是 t 和 X_t 的表达式,这里面我们比较熟悉的有 O-U 过程。

关于伊藤过程,我们还有如下重要定理:

定理(伊藤公式)

设 $\{X_t, t \geq 0\}$ 是如下给出的伊藤过程:

$$dX_t = \mu(t, X_t)dt + \sigma(t, X_t)dB_t$$

$g(t,x)$ 是二阶连续可微函数,则 $Y_t = g(t, X_t)$ 也是伊藤过程。

由于衍生产品价格是标的资产价格和时间的函数,因此随机过程在衍生产品分析中扮演重要的角色。证券价格遵循普通布朗运动,衍生证券价格和标的资产价格之间存在函数关系,数学家伊藤证明了衍生证券价格的随机过程可以由标的资产价格的随机过程推导出。另外,伊藤引理在期权定价理论中起着十分重要的作用。Black-Scholes 正是利用该引理推导出 B-S 方程的,而后者又是导出期权定价模型的基础。

6. 非线性模型

非线性模型用来预测那些不能表示成其他同期或滞后期随机变量线性组合的随机变量。常见的非参数估计方法包括泰勒序列展开法(双线性模型)、门限自回归模型、马尔可夫转移模型、非参数估计、神经网络等。非线性模型能够描述数据之间的复杂关系。

非线性模型可以用其他一些随机变量的函数 $f(X)$ 来表示。

如果线性模型公式可以表示为

$$y_i = \alpha + \sum_{i=0}^{\infty} \beta_i x_{t-i} + \varepsilon_i$$

那么非线性模型公式可以表示为

$$y_i = f(x_i, x_{i-1}, x_{i-2}, \cdots)$$

2.2.3 高频交易的技术特征

技术进步推动了算法交易、高频交易在欧美市场的崛起,其中几个因素起到了主导作用:首先,美国市场 2001 年开始采用 10 进制报价使得每笔交易单变小,增强了市场的交投活跃度;其次,授权电子交易场所与传统交易场所竞争,降低交易费用,据估算,20 世纪 90 年代在纽交所与纳斯达克证券交易所成交的证券数占总交易量的 80%，而今则有 60%～70% 的交易分散发生在 50 个电子交易场所中；最后，衍生品以及 ETFs（部分封闭的开放式基金）品种的增加使得市场交易量大幅增长。Angel 等分析表明美国市场日均交易量由 2003 年的 30 亿股增至 2009 年的近 100 亿股。

同时，高性能计算系统、新式交易技术、低延迟的信息中间件以及信息源处理器（Feed Handler）等缩短了交易指令的执行时间。汤森路透统计，小市价单成交时间在 2001 年 9 月为 5～25 秒，而在 2009 年 8 月同类单降为大约 2.5 秒。信息技术的发展极大提升了交易速度，市场的指令信息处理能力由 1995 年的日均数百万条增至 2009 年的日均数亿条。同期，每秒可处理的指令数亦由 20 条提高至 10 万多条，信息延迟也由 1 秒降至毫秒量级，网络数据分发的速度从每秒 64 Kb 提高到每秒 10～100 Mb。依据信息技术的发展趋势，市场指令信息将达日均数十亿条，每秒可处理指令能力将进一步提升至数百万条，而信息延迟亦将降至微秒量级，数据传输速度则将达到 Gb 每秒。

高频交易具有以下几个关键技术特征。

1. 低延迟性技术

在欧美市场，人们对毫秒级的交易已经习以为常，而现今交易与信息技术的发展更是推动市场以微秒级运营。如此，提高交易、下单执行等通信速度对于市场参与者尤其是高频交易者就至关重要。一个重要发展即采用近邻等方法缩短交易主机与交易所之间的空间距离，通过高速或专有通信网络/网卡降低通信延迟。

2. 专用性硬件

通过交易主机近邻部署后，有两种主要技术手段可以进一步提升交易的优势：一是更先进的计算机硬件系统，二是更具优势的数据分析算法。硬件上，新式的刀片（Blade）服务器被大规模地部署为高频交易主机。刀片服务器通过精简的空间设计与整合，能够大幅度地缩小主机空间，单机即能够安置 64 个 CPU（中央处理器）核心，使得一个典型的数据中心能够部署上万个 CPU 核心。这极大地降低了算法主机代管的成本，提高了近邻部署算法主机的经济性。同时，随着云计算技术的日臻成熟，大型廉价计算能力的获取将变得越来越容易，云计算服务亦可能应用于高频交易领域。而专用芯片的发展进一步提升了通用性芯片的计算能力，特别是图形处理器（GPU）以及现场可编程门阵列（FPGA）等专用芯片在高频交易领域得到重视。GPU 具有多个芯片核心和极强的运算能力，现阶段单个 GPU 具有 500 个核。通过优化程序，即可方便地利用 GPU 实现大规模运算。而 FPGA 芯片省却了传统计算机中内存与 CPU 之间指令通信，直接实现算法与芯片之间联系，具有极好的运算和执行优势。2011 年 3 月，基于 FPGA，德意志银行发布了一套市场接入系统，将市场指令执行延迟降低至 1.25 微秒。

3. 先进算法、软件的部署与应用

在算法设计上，敏捷是首要考量，敏捷的设计对降低交易延迟有重要影响。诸如人工

神经网络、支持向量机等新颖算法得到广泛的应用。为了快速、实时地分析和处理海量数据，在算法设计上需要借助一些先进、有效的方法。比如，Hadoop工具即能够有效地利用多台（上万台）服务器对海量数据进行分割处理。研究表明，通过 Hadoop 工具能够有效地完成对 Pb 量级的金融数据处理。同时，分析计算的方法也逐渐由传统的解析统计过渡至非参统计。新式工具和方法使得高频交易的算法系统不再单一地依靠于价格、交易量等数值信息，进一步地结合语义分析、挖掘等构建更为"智能"的程序系统。

2.2.4 高频交易的利弊

自 2010 年 5 月 6 日美国股市发生"闪电崩盘"以来，对高频交易利弊的考察迅速增多，而 2012 年 BATS、骑士资本等引发的市场混乱更进一步加深了公众对高频交易的疑惑、责难。然而，与公众反应迥然不同的是，有关学术研究则表明高频交易在价格发现、市场效率等方面具有良好的正面效益。同时，美国证券交易委员会对 2010 年 5 月"闪电崩盘"的调查也表明，高频交易并不是触发"闪电崩盘"的因素，仅起到了放大的作用，而正是高频交易者的参与促使市场在短时间大幅反弹。

1. 高频交易的弊端

高频交易涉及硬件、软件与网络通信等多个基础构件的部署，因而其最直接的风险即来自硬件损坏、软件错误（漏洞/bugs）、通信中断和黑客攻击等的影响，通常将此类风险统称为操作风险。Sornnette 和 Von der Becke（2011）首次定量分析了数码风险的特征，发现其服从一个尾部指数为 0.7 的幂律分布，即意味着操作风险未来出现的次数将越来越频繁，其影响或破坏性也将会变得越来越大。特别是，随着高频交易业务的不断增加、新技术的不断采用，交易系统势将越发复杂，操作风险必将更频繁地出现。

扩展阅读 2-3
骑士资本高频交易系统事故案例分析

高频交易对市场更深刻的影响在于其进一步强化了金融系统的非线性特征，导致市场结构发生本质性的改变。随着市场发展和高频交易的广泛应用，将有多种可能的机制影响市场的系统风险，如交易量反馈、指数反馈等。这些循环的强度受到市场多个因素的影响，如金融机构的资本金水平、杠杆率以及市场参与者的差异程度等。例如，市场参与者不够多元化，其交投行为将容易表现出较强的一致性，使得反馈放大的强度更为明显。

Zhang（2010）分析了高频交易对股市波动的长期作用，比较了不同时期的市场情况，认为其提高了股市的长期波动性；Martinez 和 Rosu（2013）的研究表明高频交易对短期波动性的影响同样明显。Boehmer 等（2013）对全球 39 个交易所数据进行了分析，认为算法交易与高频交易系统性地增强了市场的短期波动。Dichev 等（2011）认为高频交易大幅增加的交易量使得市场波动性随之增强。

在价格发现方面，Zhang 等（2010）的分析表明，若市场存在较多高频交易者，则基本面消息将对股价产生过度的响应，干扰市场的价格发现过程。Grillet-Aubert（2010）指出，高频交易商可以在 10 微秒内撤销交易指令，使得指令的撤销率极高。Kervel（2012）对伦敦证券交易所和 Chi-X 的分析也进一步确认 Grillet-Aubert 的结果，发现指令提交数与指令成交数的比率分别为 31∶1 和 51∶1。

一些更细节、微妙的研究则表明,高频交易使得市场价格动力学特性具有新的特征。Smith(2010)利用 Hurst 参数分析交易数据,发现大约自 2005 年高频交易大范围应用以来,股价的 Hurst 参数有显著的提升,股价在较短时间尺度内表现出较强的长记性特征。Chaboud 等(2013)与 Brogaard(2010)的研究表明,相对于基本面策略,高频交易在策略上具有更高的关联性。金融瞭望台(Finance Watch,2012)认为跨市场的高频套利交易会加剧市场间的传染效应。

2. 高频交易的益处

高频交易商相信极短的持仓时间使得高频交易较之传统交易模式具有更好的风险保护。而且,由于对消息的极快吸收、反应和较小的隔夜头寸,能够在突发和重要事件出现时有效地降低风险。较低的风险使得高频交易商能够寻找更多盈利的机会,这也是业界对高频交易持正面观点的主要考量。Brogaard(2010)估计高频交易年均利润可达 28 亿美元,TABB(塔布集团)研究数据认为 2009 年高频交易的净利润高达 72 亿美元。具体地,如文艺复兴科技公司等对冲基金的业绩,真实地表明高频交易能够带来超乎一般的回报。

高频交易不仅带来了高利润,而且能够更好地处理风险、更有效地提升多个市场间的流动性。同时,利润最大化使得市场能够更有效率地运行,使得市场有更低的波动性、更高的流动性、更好的交易透明性以及更分散、多样的市场影响。Aldridge(2010)认为高频交易在提升市场效率、增加流动性、稳定市场以及信息技术创新等方面有着积极、正面的作用。Martinez 和 Rosu(2013)认为高频交易者的增加促使市场更有效率和稳定。

如前所述,高频交易对交易量具有重要的影响。瑞信的研究表明高频交易使得美国市场日成交量增加了两倍,贡献 50%~70%交易量。虽然高交易量可能给市场带来高波动性,但更多观点认为高交易量即意味着较快的价格发现能力和更高的流动性,使市场具有更好的运行质量,在价差、深度等维度上对市场流动性均有正面影响。

在价差方面,一个重要的证据是近 10 年以来价差已经逐渐收窄。Menkveld(2013)发现欧洲 Chi-X 的报价价差缩窄了 50%,Hasbrouck 和 Saar(2013)的分析表明在 NASDAQ 中低延迟自动成交的报价订单与价差缩窄强相关。价差缩窄意味着市场交易成本的下降,同时也降低了类似指派做市商等的盈利能力,使其更难从价差中赚钱,因此对多数投资者来说这一变化降低了市场一些"猎食性"策略操纵的空间。

在市场深度方面,Angel 和 McCabe(2013)认为过去 10 年间高频交易有效提升了美国的市场深度。瑞信也发现报价单大小自 2004 年大幅提高。而当市场条件不太恶劣时,高频交易商亦对市场提供必要的流动性,如当今最大的高频交易商之一 Getco 即是纽交所的指定做市商。

与流动性相似,市场的价格发现能力同样受到高频交易的影响。一般认为,高频做市交易的增加有利于提升市场价格发现能力。Brogaard(2010)以及 Hendershott 和 Riordan 的研究表明高频交易总体上有助于市场的价格发现,Hendershott 和 Riordan 揭示出高频交易在永久性价格变化方向上和临时性定价错误反方向上提升市场效率。

高频交易对市场波动性的影响是分歧的重点。一些研究高频交易对流动性的提升能在一定程度上抑制市场波动性。Brogaard(2010)发现高频交易与 NASDAQ 和 BATS 较低的日内波动有关,Chaboud 等(2013)认为没有任何迹象表明近年来外汇市场波动性有较大的提升。Hasbrouck 和 Saar(2013)研究发现市场波动性的降低与低延迟的自动化交易有较强的关联。同时,Brogaard(2010)表明 2008 年的卖空禁令限制了高频交易的参与,使得日内波动性显著提升。这意味着对高频交易的限制有可能对市场质量产生逆向、负面的结果。需要强调的是,这些研究是考察正常情况下高频交易对市场的影响。针对 2010 年 5 月的"闪电崩盘",美国证券交易委员会主席 Mary L. Shaprio 质疑高频交易能否在极端的市场情况下恰当地运营。

2.3 阿尔法对冲策略

2.3.1 阿尔法对冲策略简介

投资者在市场交易中面临着系统性风险(即贝塔或 Beta、β 风险)和非系统性风险(即阿尔法或 Alpha、α 风险),通过对系统性风险进行度量并将其分离,从而获取超额绝对收益(即阿尔法收益)的策略组合,即为阿尔法策略。

从广义上讲,获取阿尔法收益的投资策略有很多种,其中既包括传统的基本面分析选股策略、估值策略、固定收益策略等,也包括利用衍生工具对冲掉贝塔风险、获取阿尔法收益的可转移阿尔法策略。后者在国内通常被称为阿尔法对冲策略,并在近年 A 股市场上得到广泛应用。

根据金融学的相关理论研究,假设市场完全有效,那么根据 CAPM,可以得到公式:$R_s = R_f + \beta_s(R_m - R_f)$,该公式中,$R_s$ 表示股票收益;R_m 表示市场收益;R_f 表示无风险收益率;β_s 表示股票相比于市场的波动程度,用以衡量股票的系统性风险。而在实际资产管理的实践中,市场并非完全有效,个股仍存在阿尔法(超额收益)。美国经济学家简森(Jensen)在 1968 年系统地提出根据 CAPM 所决定的期望收益作为基准收益率评价共同基金业绩的方法。Jensen's Alpha 的定义:除掉被市场解释的部分,超越市场基准的收益即为个股阿尔法。简单来说,资产组合的投资收益=阿尔法收益+贝塔收益+其他收益。阿尔法收益指绝对收益,一般是资产管理人通过证券选择和时机选择获得的。贝塔收益指相对收益,是管理人通过承担系统风险获得的收益。而相当比例的股票量化对冲基金,则就通过阿尔法对冲策略来构建策略模型,追求绝对回报、寻求阿尔法收益。

2.3.2 阿尔法对冲策略的特点

1. 与市场相关性低

阿尔法对冲策略由于利用股指期货等衍生品工具对冲掉了系统性风险,所以其表现与市场走势基本没有相关性,能走出独立于市场的表现,不会因为股市大涨而暴赚,当然也不会因为股市大跌而损失,只会赚取自己选股的收益,能够有效规避股市的系统性风险。

2．获取绝对收益

不管是牛市还是熊市，如果选择的股票能获取超额收益，那么市场中性策略就能获得一定绝对收益，不受市场涨跌影响。

2.3.3 阿尔法对冲策略的应用

与其他类型的对冲基金相比，阿尔法对冲策略在牛市中的表现并不突出，但在熊市下，在市场中表现出较高的优越性，远远跑赢其他类型的对冲基金。长期来看，阿尔法对冲策略收益率与股票指数收益率相当，波动性近似于债券指数，但风险调整后的收益水平远高于股票和债券指数。

阿尔法对冲策略依靠选股能力赚钱，其核心是投资者的选股能力。整体目标是不论市场走势如何，投资组合多头的表现始终强于空头。具体讲，阿尔法对冲策略的收益来自三块：投资组合的多头、投资组合的空头和卖空股票产生的现金流。

基于成对交易的统计套利，其基本理念是均值回复，而均值回复的产生是由于市场的过度反应：某只股票相对于可比的其他公司股票或者指数出现了短期的高估（低估），通过构建成对组合，能够利用这种短期的定价偏差获得收益。

2.4 管理期货策略

2.4.1 管理期货策略简介

管理期货策略（managed futures）是指对商品等投资标的走势作出预判，通过期货期权等衍生品在投资中进行做多、做空或多空双向的投资操作，为投资者获取来自传统股票、债券等资产类别之外的投资回报。

期货管理策略与其他所有类别的资产相关性都很低，子策略间的相关性也很低，能够充分分散投资人整体投资组合的风险，被称为最"分散"的策略。期货管理策略盈利的主要来源之一是商品价格的波动率，波动率越大，期货管理策略中的趋势策略和套利策略越有盈利的空间，策略的平均收益率也就越高。

此外，从国外过去40多年期货管理指数的走势来看，不管是市场上涨还是市场下跌，期货管理策略总体都能保持稳定获利，即便是在最不利于期货管理市场的环境下，也能有效地控制住最大回撤，可谓是能够穿越牛熊的策略。在历史上各个经济危机发生期间，期货管理策略均能创造不错的收益，尤其是次贷危机期间，所有类别的资产几乎都在暴跌，期货管理策略基金依然能保持正收益，为其赢得了"危机中的最后一根稻草"的美名。

为此，期货管理策略具有非常显著的避险价值，在震荡环境下，为首屈一指的配置选择。每名合格投资者都应了解每种策略的流动性、收益预期和风险等级，并仔细考量自己的资金量、收益期望及风险偏好，综合、理性地作出投资决策。

管理期货策略的交易周期主要以分钟、小时和日线等数据为主，也有少部分使用1分钟以下周期的数据。该策略有多种类型，以策略持仓周期可以分为中长线策略、短线策略、高频策略。总体而言，期货管理策略分为趋势策略和均值回归策略。

1. 趋势策略

该策略是以某资产价格的历史信息为基础,要么设置一个价格正常波动的范围(即道),当价格突破这个范围时采取策略,要么通过长短期均线的相对运动趋势采取策略,即趋势策略是利用一些技术指标等待进场时机,并在指标消失时退出。

趋势策略的盈利与市场波动性相关,在市场波动率比较大的时候收益率较高,市场波动率比较小的时候收益率较低。因此该策略对风险控制要求较高,需要及时止损达到"大赢小输"的目的。

2. 均值回归策略

趋势跟踪策略的表现形式是追涨杀跌,与之相反就是低买高卖的回归策略,也称均值回归策略。其类别包括跨期、跨品种、跨市场的配对交易,其特点有:胜率高,单笔盈利小;策略逻辑是受相同基本面因素影响的,不同期货品种价格走势应该会保持较高的一致性,即使两者价格出现较大偏离也会在一段时间后回到正常范围;策略核心是寻找价格走势具有较高一致性的品种,并确定其价格偏离的正常范围。

2.4.2 管理期货策略的特点

1. 低相关性

管理期货被称为最"分散"的策略,基于管理期货基金本身的特性,其可以提供多元化的投资机会,从商品、黄金到货币和股票指数等。因此在某种程度上,管理期货基金的决策一般对计算机程序较为倚重,可以实现与传统的投资品种保持较低的相关性来达到分散整体投资组合风险的目标。

2. 波动性是主要收益来源

管理期货策略以做多波动率为主,跟随趋势而非预测趋势,量化管理期货策略中用得比较多的策略是趋势交易策略,其收益和投资标的的涨跌无关,它和投资标的的涨幅或者跌幅有关,即在波动率很大的行情中容易获利。

3. 杠杆交易

管理期货策略主要交易期货、期权等衍生品,期货、期权等衍生品主要采取保证金、权利金等交易方式,占用资金仅为合约名义价值中较小的一部分,存在较大的杠杆特性。

2.4.3 管理期货策略的应用

管理期货策略应用广泛,下面介绍四种常见的管理期货策略。

1. Dual Thrust 策略

Dual Thrust 策略属于开盘区间突破策略,它以当天开盘价加减一定的范围来确定一个上下轨道,当价格突破上轨时做多,价格突破下轨时做空。在范围确定中引入前 N 日的 4 个价位——Range = Max(HH－LC,HC－LL)来描述震荡区间的大小。其中,HH 是 N 日 High 的最高价,LC 是 N 日 Close 的最低价,HC 是 N 日 Close 的最高价,LL 是 N 日 Low 的最低价。这种方法使得一定时期内的 Range 相对稳定,可以适用于日间的趋势跟踪。Dual Thrust 对于多头和空头的触发条件,考虑了非对称的幅度,做多和做空参考的 Range 可以选择不同的周期数,也可以通过参数 K_1 和 K_2 来确定。

2. R-Breaker 策略

R-breaker 策略是一个交易频率比较高的日内交易策略,最初在 1993 年公开发布,并且连续 15 年跻身 *Future Trust* 杂志成为年度最赚钱的十大策略之一,至今仍然活跃在国内外交易市场。它结合了趋势和反转两种交易方式,根据前一个交易日的收盘价、最高价、最低价,通过一定的算法,计算出突破买入价、观察卖出价、反转卖出价、反转买入价、观察买入价、突破卖出价,以此来形成当前交易日盘中交易的触发条件。通过对计算方式的调整,可以调节 6 个价格间的距离,进一步改变触发条件。具体触发条件如下。

(1) 当日内最高价超过观察卖出价后,盘中价格出现回落,且进一步跌破反转卖出价构成的支撑线时,采取反转策略,即在该点位(反手、开仓)做空。

(2) 当日内最低价低于观察买入价后,盘中价格出现反弹,且进一步超过反转买入价构成的阻力线时,采取反转策略,即在该点位(反手、开仓)做多。

(3) 在空仓的情况下,如果盘中价格超过突破买入价,则采取趋势策略,即在该点位开仓做多。

(4) 在空仓的情况下,如果盘中价格跌破突破卖出价,则采取趋势策略,即在该点位开仓做空。

3. 菲阿里四价策略

菲阿里四价策略是一种比较简单的趋势型日内交易策略。昨日高点、昨日低点、昨日收盘价、今天开盘价,可并称为菲阿里四价。它由日本期货冠军菲阿里实盘采用的主要突破交易参照系。菲阿里四价策略是日内突破策略,所以每日收盘之前都需要进行平仓。该策略的上下轨以及用法如下所示:

上轨＝昨日高点;

下轨＝昨日低点;

昨日高点和昨日低点可以视为近期的一个波动范围,该范围的存在一定程度上是一种压力线,只有足够的价格上涨或者下跌才会突破前期的高点或者低点。因此突破位置是一个比较好的入场信号,如果突破该波动范围,则证明动能较大,后续走势强度维持较强的概率比较高,因此该策略采用以下开仓方式:当价格突破上轨,买入开仓;当价格跌穿下轨,卖出开仓。

该策略在开仓之后可能面临假突破的问题,因为该价位存在很大的阻力,可能是暂时性的突破,随机回落,因此具体策略使用之中可以设一些过滤条件来剔除假突破的情况。这样使得策略的胜率变大。开仓之后的止损止盈根据具体环境具体确定。

4. 空中花园策略

空中花园策略属于日内突破策略。空中花园策略比较看重开盘突破。开盘时的高开或者低开均说明有大的利好或者利空使得开盘大幅远离昨天的收盘价。为了提高策略的胜率,空中花园策略加了额外的条件,即对高开或者低开的幅度要求较高,一般是超过1‰,因此使得策略的交易次数相对其他策略而言可能要偏低一些。开盘第一根K线是收阳还是收阴,是判断日内趋势可能运动方向的标准。

2.5 算法交易

2.5.1 电子交易与交易制度

1. 电子交易

量化交易模型的执行依赖于电子交易系统,电子交易是与人工交易相对应的一种交易方式,它们之间的划分标准是交易手段或交易自动化程度的不同。人工交易主要是指大厅交易,因而通常又被称为"公开喊价"交易;电子交易主要是指无形市场,市场参与者无须面对面进行交易,交易通过电子网络来进行。

在早期的证券交易活动当中,人们为了进行证券交易,需要前往交易场所进行交易,或委托证券经纪人代理买卖事务。证券是有形的凭证,且标准化程度不高,通信技术落后,交易的范围有限,所以证券交易过程中的信息传递、买卖撮合、交易执行等工作,大多数都是通过交易者相互之间面对面的询价实现的。

随着证券交易规模的扩大,以人为主的交易处理方式局限性逐步显现,在信息传递环节的弊端尤其明显。1846年,纽交所的第一批电报线开始为投资者传送最新的报价信息。1850年,著名新闻机构路透社的创始人保罗·朱利叶斯·路透,首次采用信鸽把股市行情从布鲁塞尔传到亚琛,从而使两地间的信息传递时间从原先的9小时缩短到了2小时。这虽然不是什么了不起的发明,但在当时却堪称证券市场通信技术上的一次革命。

19世纪中后期,电话、报价器、电报等工具或技术问世之后,相继被引进证券市场,这使得证券市场的交易格局发生了很大的变化。1866年,第一批横跨大西洋的电报就开始有助于均衡纽约市场与伦敦市场的价格差。从那以后,一直到20世纪六七十年代,证券市场的交易技术又发生了很大的变化,但是,真正落实到具体的交易过程中,诸如委托、交易执行、清算交割等一系列过程和大量烦琐的工作仍然是由人工来完成的,因而仍然属于人工交易方式。

到20世纪六七十年代,随着证券市场的快速发展,证券经纪商和证券交易所面对越来越多的日常文书处理工作,后来这种情况几乎到了一种极点,人工操作方式成为制约证券交易进一步发展的致命性障碍。特别是1968年,美国由于证券交易量剧增,人工清算交割危机(即著名的"纸工作危机")之后,采取新的自动化证券交易已刻不容缓。在这一背景下,发明时间不长的计算机开始被用于证券交易。从此,以现代电子通信技术为基础的电子交易系统迅速形成,电子交易方式开始取代人工交易方式,在证券市场上占据主导性地位。

20世纪70年代以后,越来越多的证券交易所引进独立的电子交易系统,实现了证券交易过程的自动化,传统上在交易大厅公开喊价和人工撮合的交易模式逐步被取消。引进自动化的电子交易系统之后,各国证券交易所的日常运作普遍实现了无纸化,同时还与经纪商之间建立起了安全的连接和高效的运行架构,投资者在家里即可通过电话机上的按键下单买卖,其委托指令由经纪商柜台终端通过计算机通信网络传送至交易所的撮合主机,撮合成交后实时回报,投资者在下单后可以不用放下电话,立即查询交易结果。

进入20世纪90年代,互联网技术在证券交易领域的成功应用,标志着证券交易技术的变迁又迈上了一个具有里程碑意义的新台阶。

电子交易与人工交易存在以下三个方面的重要区别。

(1) 电子交易是场所中性的,它可以允许连续的多边互动。场所中性,是指交易者只要和交易系统连接,其自身所处何地对交易能否进行并不构成障碍。相比之下,通过电话或其他传统通信方式进行交易虽然也具有一定程度的场所中性,但无法实现交易者的多边互动,而大厅交易虽然允许交易者的多边互动,但却不具有场所中性。

(2) 电子交易具有规模性,而且能够比非电子化交易方式更多地发挥规模经济效应。提高电子交易系统的处理能力,只需要通过提高计算机芯片的速度和扩大网络的容量就可以实现,从而能够容许更多的用户,降低平均交易成本。相比之下,无论是大厅交易还是证券商柜台交易,要提高交易处理的能力就没有那么便捷。

(3) 与人工交易相比,电子交易更能够实现交易过程各环节的一体化。所谓一体化,就是指将交易前的信息收集和分析、交易中的指令传递与执行、交易后的信息披露以及清算交割等证券交易的各个环节整合在一个系统里。通过一体化的电子交易系统,投资者可以享受到全方位的服务。系统前后台的同步运行,也有利于减少人工差错和提高风险管理效率。

2. 交易制度

证券市场的电子交易可以分为竞价交易制度(指令驱动型交易)与做市商制度(报价驱动型交易)两种形式。我国主要以竞价交易制度为主,而美国主要以做市交易制度为主。

竞价交易制度又称拍卖制度,指买卖双方(证券的供求双方)直接或通过指定经纪商把委托指令传送到交易市场,以买卖价格为基准、按照竞价原则,形成出清价格(买卖均衡价格)并进行交易的规则。根据提交指令方式的差异,其可进一步分为单向拍卖制度和双向拍卖制度。单向拍卖制度,买卖双方中只有一方提交指令,另一方不进行报价;双向拍卖制度,双方同时报出所需交易的数量和价格。通常,单向拍卖多用于一级市场中,双向拍卖多用于二级市场中。

单向拍卖简称拍卖,是最古老的交易制度之一,具有2 000多年的历史。通常依据价格决定方式的不同,把拍卖划分为四种类型:上升拍卖(也称作公开口头拍卖或英式拍卖)、下降拍卖(也称作荷兰式拍卖)、第一价格密封拍卖和第二价格密封拍卖(Vickrey拍卖)。

双向拍卖是一种含义很广泛的交易制度,本质是所有的参与者都可以提交买入和卖出指令。根据成交连续性,其可分为定期拍卖和连续拍卖。定期拍卖制度中,交易者在规定时间内提交的指令被保留在交易系统内,直到在约定时间依据成交价格计算公式计算出成交价格,按统一价格成交。A股的集合竞价就属于定期拍卖。连续拍卖在买卖双方之间直接展开竞争,但交易者并不直接参与交易过程,需委托经纪人和证券交易代理商代理证券买卖。A股的连续竞价就属于连续拍卖。

做市商制度又被称为驱动型交易制度。做市商是证券市场上具备一定实力和信誉的证券经营法人,它们作为特许交易商,不断向公众投资者报出特定证券的报价(买卖双向报价),并在该价位上接受公众投资者的买卖要求,以自有资金及证券与投资者交易,维持市场的流动性,通过买卖报价差额补偿所提供服务的成本,实现一定利润。该制度的优点是能够保证市场的流动性,即投资者可随时按做市商的报价交易。

报价驱动型交易制度下证券价格形成过程的研究重点是做市商做市过程中报价价差问题。由于做市商有充当其他投资者交易对手的义务,在仅靠自有资金和证券、没有其他融资渠道的情况下,为避免交易过程中出现损失甚至破产,做市商需要不断地调整报价的买卖价差。整个过程的传导机制如下:做市商报出买卖价格,确定价差→投资者根据做市商报价决定具体的投资策略,亦即决定是否交易、交易的速度、数量、频率等→投资者的行为影响做市商的头寸及利润水平→做市商根据面临的实际情况调整报价进入下一轮循环。这一过程重复连续地进行,就形成了整个交易过程价格的轨迹。

根据报价价差设置原因的不同,做市商模型分为存货模型和信息模型两类。存货模型考察指令流的不确定性对市场价格行为的影响。这类模型中,做市商面临大量随机买卖指令,为避免指令不平衡可能引起的破产风险,必须保持一定量的股票和现金头寸,同时为弥补持有股票和现金头寸带来的存货成本,设定买卖报价价差。信息模型用信息不对称产生的信息成本解释市场价差,优点在于可以考察市场价格动态的调整过程,并能解释知情交易者和未知情交易者的交易策略。现在,信息模型已成为金融市场微观结构理论中发展最快的理论,是用于解释买卖报价价差等市场价格行为的主要模型。

3. 常见委托单的类型

市价委托单是指投资者在提交委托单时只规定数量而不规定价格,经纪商在接到该市价委托单后应以最快的速度,并尽可能以当时市场上最好的价格来执行这一委托单。具体来说,一份市价买进委托单以市场最好(最低)的卖价成交,而一份市价卖出委托单则以市场最好(最高)的买价成交。其特点是交易速度快,但是有时成交价格不一定是最好的。市价委托单一般都是在交易商迫切需要买卖股票时使用,特别是在出售股票时采用市价委托单更为有利。因为根据股票变动的一般规律,股票价格下跌的速度比较快,而价格上涨则相对缓慢。在市场价格下跌的情况下,交易商采用市价委托单可以减少损失,对于投机者则能增加盈利。由于市价委托单能够确保成交,但是成交价格不确定,在市场条件变化很快的时候,交易商最后接受的价格可能会与他们期望的价格有所差异。

通常市价委托单可以立即执行,因此市价委托单对即时流动性的需求较强。从而,提交市价委托单的投资者为获得即时流动性支付买卖价差。由于市价委托单基于现行市价,提交市价委托单能够很好地满足投资者获取即时流动性的需求。

限价委托单下单时不仅规定数量,而且还规定价格。对于限价委托,成交价格必须优于所指定的价格,即如果是买入委托单,则买入成交价格应不高于所指定的限价;如果是卖出委托单,则卖出成交价应不低于所指定的限价。如果交易商所指定的限价与当时的市场价格不一致,那么经纪商只有等待,一直到市场报价与限价委托单的报价相一致时才执行委托单。与市价委托单相反,限价委托单的特点是不能保证成交,但一旦成交则能够确保成交价格。

提交限价委托单的投资者对市场提供流动性,他们向市场提交的限价委托单可以保证其他投资者在需要交易的时候进行交易。由于限价委托单不一定能够被执行,因此在市场价格波动较小时,限价委托单比较容易实现从而获利,但在市场价格剧烈波动时,限价委托单就难以实现。并且对交易商来说,合理的限价是很难确定的,限价如过于接近现有市价,则限价委托单没有明显的利益;如限价距现有市价较远,则又很难成交。

止损委托单是一种特殊形式的委托单,指交易商在委托单中规定一个触发价格,当市场价格上升或下降到该触发价格时,止损委托单被激活,转化成一个市价委托单;否则,该止损委托单处于休眠状态,不提交到市场上等待执行。止损委托单包括止损买进委托单和止损卖出委托单。通常对于多头持仓来讲,当标的价格等于或低于某一指定的预设价格时,执行市价卖出委托单;对于空头持仓来讲,当标的物按照等于或高于某一预设价格的止损价格时,执行市价买进委托单。

当止损委托单被激活时,其本质上就相当于一个市价委托单。它是消费流动性的一方。当市场不能够提供流动性的时候,止损委托单将难以执行。当投资者对流动性的需求加剧价格的变化时,止损委托单的激活会加剧价格的变化,即价格下跌时,加大卖出的压力;而当价格上升时,加大购买的压力。

2.5.2 交易成本与交易成本模型

1. 交易成本

按照是否可以直接在市场上进行观测,交易成本可以分为显性交易成本和隐性交易成本。显性交易成本可以在交易前进行准确测算,也可以比较容易地从市场历史交易数据中获得,一般包括手续费、税费、交易费等;隐性交易成本是在证券交易过程中由于市场环境等因素的不确定产生的,隐性交易成本主要包括价格冲击、机会成本、择时风险、价格升量、买卖价差、延误成本。隐性交易成本是投资者总交易成本中最重要的组成部分,并且无法在交易前进行准确估计,在交易后也无法准确测量。交易执行算法的核心就是实现成交时的隐性成本最小化,同时确保交易指令的有效执行。

1) 价格冲击

价格冲击是由某一订单提交到市场上引起证券价格的变化。一般而言,买单使得证券价格增加,而卖单会使证券价格下降。理论上,价格冲击的大小是执行该订单时证券价格和市场上不存在该订单时证券价格的差额,因此无法从市场上直接进行观察和测量。如果证券价格的变化仅仅是因市场暂时的流动性不足造成的,一段时间后证券价格恢复到原来状态,则称为临时性价格冲击(图 2-1),而永久性价格冲击则指证券价格的变动是因订单所传递的信息改变了市场对证券内在价值的预期(图 2-2)。

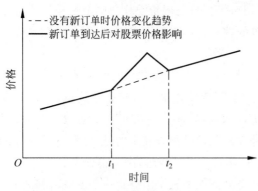

图 2-1　临时性价格冲击对股票价格的影响　　图 2-2　永久性价格冲击对股票价格的影响

瞬时交易成本等于投资者在某段时间内需要交易总量为 X 的证券,且采用不拆单交易策略,即将所有订单以市价订单的形式一次性提交至证券市场进行交易,此时投资者所受到的冲击成本称为瞬时冲击成本。

计算价格冲击的方法:假设投资者计划在未来 m 个交易时期内利用分阶段交易策略 $x=(x_1,x_2,\cdots,x_m)'$ 交易总量为 S 的证券,$x_t(t\in[1,m])$ 是投资者在 t 时期的订单大小,瞬时冲击成本为 I,令 α 表示临时性价格冲击占总价格冲击的比例,且 $\alpha\in[0,1]$,则临时性价格冲击成本为 αI;永久性价格冲击成本为 $(1-\alpha)I$。价格冲击成本等于临时性价格冲击成本与永久性价格冲击成本的总和,可以表示为

$$PI=\alpha I+(1-\alpha)I \tag{2-12}$$

在 t 时期内的临时性和永久性价格冲击成本分别为

$$PI_t^{\text{temp}}=\frac{\alpha I x_t}{S}$$
$$PI_t^{\text{perm}}=\frac{(1-\alpha)I x_t}{S} \tag{2-13}$$

假设在整个交易过程中只有流动性需求者才会受到临时性价格冲击的影响。因此,在 t 时期单位证券的临时性价格冲击成本为

$$PI_{t,\text{share}}^{\text{temp}}=\frac{\alpha x_t I}{v_t^d S} \tag{2-14}$$

其中,v_t^d 表示在 t 时期流动性需求者的交易量。

永久性价格冲击是由于订单本身所传递的信息导致证券价格发生变化。当一个买单

提交到市场上交易,这一买单所传达的信息会使证券价格在一定程度上提高;若一个卖单提交到市场上交易,则会使证券价格降低。同时,为了简化分析,假设相同规模的卖单和买单所传递的信息恰好可以相互抵消。因此,在 t 时期单位证券的永久性价格冲击成本为

$$PI_{tl,\text{share}}^{\text{perm}} = \frac{(1-\alpha)I}{S} \qquad (2\text{-}15)$$

通过以上分析可知,采用交易策略 x 的投资者在整个交易过程中的价格冲击成本为

$$PI(x) = \sum_{t=1}^{m} x_t \left[\frac{\alpha x_t I}{v_t^d S} + \frac{(1-\alpha)I}{S} \right] \qquad (2\text{-}16)$$

在 t 时期流动性需求者交易量包括市场中流动性需求者的交易量和投资者的订单,即

$$v_t^d = x_t + 0.5 v_t \qquad (2\text{-}17)$$

其中,v_t^d 是在 v_t 时期市场的总成交量。因此,式(2-17)可以简化为

$$PI(x) = \sum_{t=1}^{m} x_t \frac{\alpha I x_t}{X(x_t + 0.5 v_t)} + (1-\alpha)I \qquad (2\text{-}18)$$

永久性价格冲击的大小并不会受到具体交易策略的影响,其原因在于永久性价格冲击成本是由于订单本身所传递的信息造成的,与采用何种交易策略无关。

2)机会成本

当投资者采用分阶段的订单提交策略时,受市场流动性不足和证券价格快速变化的影响,投资者在不同阶段提交的订单可能会未全部被执行。因此,除了价格冲击,投资者在交易过程中还可能面临一项新的成本——机会成本。机会成本是指未能执行完全部订单而损失的那部分收益。

如果投资者订单趋向于全部执行,那么机会成本将相应地逐渐减少直至完全消失。通常情况下,为了减少在交易过程中产生的机会成本,投资者会尽可能地促使订单全部执行。但是,当面对不利的市场环境时,如果投资者仍然选择执行全部订单,无疑会大幅增加价格冲击成本。如果投资者选择交易,那么其交易行为会对市场造成冲击;如果投资者不进行交易,则同样会被市场其他投资者所冲击。

假设投资者还是计划在未来 m 个交易时期内利用分阶段的订单提交策略 $x = (x_1, x_2, \cdots, x_m)'$ 交易总量为 S 的证券。投资者在交易时期 t 的机会成本与将来未成交证券数量、价格变化量有关。投资者采用此交易策略时的机会成本可表示为

$$E(OC(x)) = \sum_{i=1}^{m} x_t (1-\rho_t) [E(P_m) - P_0] \qquad (2\text{-}19)$$

其中,ρ_t 为 t 时期订单的成交概率,$\rho \in [0,1]$;P_0 和 P_m 分别表示第一个和最后一个时期的证券价格。临时性价格冲击不会改变证券的内在价值,并且假设临时性价格冲击只是影响当前的一个交易时期,因此最后一个交易时期证券价格的期望值可以表示为

$$E(P_m) = P_0 + \frac{(1-\alpha)I}{X} \qquad (2\text{-}20)$$

其中，X 表示所有时期总的订单成交数量，即：$X = \sum_{i}^{m} x_i \rho_i$。

如果投资者仅仅关注机会成本，并不考虑其他交易成本对算法交易策略的影响，那么投资者总的交易成本就是各个时期机会成本之和。此模型可以表示为

$$\text{Min } TC(x) = \sum_{t=1}^{m} \left(X - \sum_{i=1}^{t} x_i \right)(1 - \rho_t)[E(P_t) - P_0]$$

$$\text{s.t.} \quad X = \sum_{t=1}^{m} x_t \tag{2-21}$$

求解此模型，可得：$x_1 = X, x_t = 0 (t \in [2, m])$。

通过以上分析可知，采用高频交易的投资者如果在交易过程中只考虑机会成本，其最优交易策略就是在第一个交易时期就提交所有订单。在此情形下，投资者采用此交易策略的总交易成本（机会成本）最小。

3）择时风险

择时风险是指由于证券的市场价格、市场流动性等因素在不同时期内变动所带来的风险。假设投资者计划在未来 m 个交易时期内，利用某一订单提交策略 $x = (x_1, x_2, \cdots, x_m)'$ 交易总量为 S 的证券，即 $S = \sum_{t=1}^{m} x_t$。择时风险可表示为

$$\Re(x) = \sqrt{\sum_{t=1}^{m} \left(\sum_{k=t}^{m} x_k \right)^2 \sigma^2}$$

其中，σ 为每一时期内证券的波动率。

如果投资者仅考虑择时风险对交易策略的影响，那么其构建最优交易策略问题可以表示为

$$\text{Min } TC(x) = \sqrt{\sum_{t=1}^{m} \left(\sum_{k=t}^{m} x_k \right)^2 \sigma^2} \tag{2-22}$$

$$\text{s.t.} \quad x_t \geqslant 0$$

求解此模型易知，最优交易策略即为投资者在第一个时期内提交全部订单。

4）价格升量

价格升量是指证券价格的自然变化，是证券价格的内在变化趋势，描述了证券在没有不确定性影响下的证券价格变动情况。一般而言，价格升量被认为是价格变化情况，是证券价格在没有受其他因素影响下的自然变动。

一般地，价格升量可以理解为价格变化趋势或漂移项等，是投资者隐性交易成本中的一项重要组成部分。

假设投资者计划利用分阶段的交易策略 $x = (x_1, x_2, \cdots, x_m)'$，在未来 m 个交易时期内执行订单规模为 S 的交易，即 $S = \sum_{t=1}^{m} x_t$，投资者在交易时期 t 的价格升量与未来交易量、交易时期以及价格变化量有关。在整个交易期间，投资者总的价格升量为

$$PA(x) = \sum_{t=1}^{m} t x_t \Delta P \tag{2-23}$$

其中，Δp 表示在每一交易时期内股票价格的平均变化量，即

$$\Delta P = \frac{1}{m}(P_m - P_0) \tag{2-24}$$

5）买卖价差

买卖价差是指证券市场上的最优卖价和最优买价之间的差额，主要衡量潜在的订单执行成本，也可以看作证券市场对于做市商所提供及时性交易服务的一种补偿。

买卖价差一般分为绝对买卖价差和相对买卖价差。绝对买卖价差是最优卖出报价减去最优买入报价。相对买卖价差是绝对买卖价差与最优买卖价格平均值的比值。绝对买卖价差一般会受到股票价格变化的影响，而相对买卖价差可以去除股票价格的这种影响。

假设 B_1 是最优买价，A_1 是最优卖价，则绝对买卖价差（Spread）和相对买卖价差（Rspread）可以分别表示为

$$\text{Spread} = A_1 - B_1$$

$$\text{Rspread} = \frac{A_1 - B_1}{(A_1 + B_1)/2} \tag{2-25}$$

对于做市商市场而言，买卖价差主要包括三部分：订单处理成本、逆向选择成本以及存货成本。

订单处理成本是指交易员等人工费用和交易系统正常运行费用，是交易商撮合买卖双方完成交易的固有成本。一般而言，订单驱动市场的订单处理成本要低于做市商市场。

在做市商市场中，逆向选择成本是对提供流动性的做市商提供一种补偿，以弥补拥有私人信息的知情交易者交易时可能遭受的损失。逆向选择成本通常与交易量成正比。

存货成本是做市商因为存货所付出的成本，做市商根据订单的变化情况制定相应的报价以确保一个稳定的存货水平。

6）延误成本

延误成本是指从投资者作出投资决策直到订单被提交到市场这段时间内所造成的损失。特别是在投资者选择"追涨杀跌"的交易行为时，延误成本显得尤为重要。投资者的延误成本与订单规模、价格变化量有关。

2．交易成本模型

交易成本模型有四种基本类型：常数交易成本模型、线性交易成本模型、分段线性交易成本模型和二次型交易成本模型。这些模型都试图回答一个基本问题，即给定的交易成本是多少。这些成本中有一些是固定且已知的，如佣金和费用。交易成本模型将这些固定成本作为基准线，回报低于成本线的交易是不可能发生的。像滑点和市场冲击这些其他的支出是可变的，只有发生时才能准确地知道。有很多因素影响滑点，如金融产品的波动性（波动性越高，滑点的期望越大）或者占优的趋势（如果一个人尝试着跟随趋势，趋势越强则滑点成本越高）。市场冲击也有很多影响因素，包括被执行订单的规模、可以吸引订单的可获得的流动性大小、当时金融产品供给和需求的不平衡等。交易者试图用交易成本模型为各种不同规模订单的成本得到一个合理的估计值。

每种金融产品都具有自身的独特性，这种独特性源于买卖它的交易者的基础和金融

产品随时间呈现出来的流动性和波动性。值得一提的是，GOOG 并不像 AMZN（亚马逊）那样交易，CVX 也不像 XOM 那样交易。因此，为了不断提高估计交易成本的准确性，许多量化交易者为投资组合中每种金融产品的交易成本建立了不同的模型，并且根据从执行系统中收集到的交易数据而不断改进每种模型。换句话说，许多交易成本模型都是经验式的，一般都是从交易者自身策略中收集到的实际的、可观测的和有记录的数据，随着时间而驱动并且演变模型。

保持其他条件不变（如流动性、趋势和波动性），一个金融产品所有的交易成本可以形象化为这样一个图，即 x 轴表示订单的规模（以货币单位、股份数、合约手数或者相似的量来标度），y 轴表示交易成本。二次型的曲线形状得到广泛接受，也就意味着当交易规模增大（由于市场冲击），成本上升得更快。很多量化交易都用交易规模的二次型函数建立交易成本模型。然而，这种方式的交易成本模型更复杂，计算量也更大，而其他交易成本模型更简单，并且计算量也更小。随着计算机硬件和程序技术的发展，计算上的超额负担很容易解决，但这并不能改变合适的二次型成本函数在本质上的复杂性这一事实。

1) 常数交易成本模型

常数交易成本模型中交易成本是相同的而不用考虑订单规模。这是计算上最简单但也是最不精确的，所以并没有被广泛应用。常数交易成本模型的交易成本是固定的，而不用考虑交易规模，这个假设在大多数环境下都明显不正确。这个模型合理的最主要的环境，就是交易规模几乎永远是相同的，并且市场还能保持充足的流动性不变。在这种情况下，可以很容易计算出交易的总成本，且假设成本永远相同。虽然这个假设是错误的，但是因为交易规模不变，所以这个错误的假设没有影响。

2) 线性交易成本模型

线性交易成本模型中交易成本随着交易规模的增加而以一个固定的斜率增长。这个模型更适合于真实交易，但是仍然只是一个合适模型的近似情况，不过它大部分情况下还是有用的。

线性交易成本模型必须做一下权衡：是在很小的交易规模情况下过高估计成本，还是在很大的交易规模情况下过低估计成本。

3) 分段线性交易成本模型

分段线性交易成本模型是用来提高精确度的合理且简单的函数。分段线性交易成本模型的思想是，在某个范围内线性估计大概正确，但在某些点上，二次函数的弯曲程度将引起实际交易成本线有一个足够大的上升，以至于从这个点开始应该使用一个新的线性函数。

在交易规模范围更大的情况下，这类模型的准确性比常数交易成本模型或线性交易成本模型要高得多。所以，这个模型具有简单性和准确性之间很好的平衡。

4) 二次型交易成本模型

二次型交易成本模型涉及的函数并不像线性甚至分段线性交易成本模型那样简单，所以该模型的计算量最大。它包含各种各样的形式和类别，建立起来也令人厌烦。二次型交易成本模型是我们看过的关于交易成本的最准确的估计，但也不是完美的，建立和利用它都比线性或分段线性交易成本模型难得多。你可能奇怪，我们已经用二次函数来估计另一个二次函数了,为什么对于真实成本还是不完美的估计呢?理由就是实际交易成本是以经验为依据的观测值,而任何交易成本的估计都是预测值,预测值不可能是完美的。引起交易成本的估计值和实际值有所误差的原因,可能包括金融产品随着时间而发生流动性或波动性的改变,也可能包括随着时间变化,原来交易相同股票的交易者类型发生了改变(如做市商、对冲基金、共同基金或散户投资者)。当然,量化交易尽最大努力做准确的预测,但是因为知道预测不可能完美,并且速度和简单性都是我们期待的,因此准确性和简单性之间的权衡就需要量化交易者来作出判断。

无论使用何种类型的模型,都必须描述在它的投资范围内每种金融产品的交易成本。总体来说,交易欠缺流动性的小市值股票多半比交易富有流动性的大市值股票要贵得多,在决定每笔交易时这必然是一个影响因素。另外,必须更新对交易成本的经验估计,既要使模型符合现在占主导的市场条件,也必须指明为了提高模型自身的准确性,什么时候需要更多的研究。

2.5.3 执行交易的算法

算法交易的最主要目的是通过设计合理的交易策略,最大限度地为投资者降低交易成本,提高投资收益。算法交易的关键在于如何根据市场环境的变化设计合理的交易策略,以确定订单最优的提交时间、价格和数量。

1. VWAP

交易量加权平均价格是指用交易量进行加权平均后的交易价格,即在一个交易时段内,用该时段内股票总成交金额除以该交易时段内的总交易量得到的平均价格,是对一定时段内的市场平均成交价格的衡量。

根据 VWAP 的定义,可以通过数值公式对其进行如下的表示:

$$\text{VWAP} = \frac{\sum q_m \times P_m}{\sum q_m} = \sum \left[\left(\frac{q_m}{\sum q_m} \right) \times P_m \right] \tag{2-26}$$

在式(2-26)的表述中,我们将一个交易时段划分成了 M 个交易区间,并对每一个交易区间进行编号,编号为 $m(m=1,2,\cdots,M)$。并假定在每一个交易区间内进行交易,并且只进行一次交易。则用 q_m 表示在这一交易时段内第 m 区间内的交易量,用 p_m 表示在这一交易时段内第 m 时刻的交易价格,$q_m \times p_m$ 表示在这一交易时段内交易股票的总成交金额。则可知 $\dfrac{q_m}{\sum q_m}$ 表示在这一交易时段内第 m 区间的交易量占该时段内总交易量的比率,即该时段的交易量的分布。可见 VWAP 的确定受到交易量的分布值和交易价格的影响,而交易量分布是在对交易区间进行适当划分的基础上得到的。

VWAP 可以用来对交易者的交易业绩进行评价,看交易者是否能获得优于市场平均水平的业绩,因此 VWAP 被广泛地用作一种交易绩效考核的评价基准,也被用作一种交易策略制定的参考基准。

在算法交易中,同 VWAP 一样作为评判交易的基准价格的还有很多种,但是 VWAP

却是其中运用最为广泛的。其原因是显而易见的,首先是其计算简便,计算所需的数据都是市场的实时数据,比较容易获得。其次是其在被作为评判标准时运用比较简便,对于交易的卖出方来讲,如果交易的价格高于市场的 VWAP 则交易是成功的,反之则失败;同样在买入交易中,如果交易价格低于市场的 VWAP 则交易是成功的,反之则是失败的。

VWAP 完全取决于交易时段内的交易量的分布,而交易量的分布又取决于对交易时段的划分和各划分区间内的交易量的值。所以在一个 VWAP 交易策略中,为了实现交易的均价尽可能地接近 VWAP,需要包含以下两个部分:第一,交易订单的分割,即交易区间的划分和交易量的分配;第二,交易执行方式的选择。

通过数学模型对 VWAP 交易策略进行如下的表述:

$$\min \quad Z = |(\omega_1^y \times P_1 + \omega_2^y \times P_2 + \cdots + \omega_m^y \times P_M) - (\omega_1^s \times P_1 + \omega_2^s \times P_2 + \cdots + \omega_m^s \times P_M)| \cdots$$

$$\text{s.t.} \begin{cases} \omega_i^y = y_m/(y_1 + y_2 + \cdots + y_M) \\ \omega_i^s = q_m/(q_1 + q_2 + \cdots + q_M) \\ y_1 + y_2 + \cdots + y_M = V \\ y_m, q_m, P_m \geq 0, m = 1, 2, 3, \cdots, M \end{cases} \quad (2\text{-}27)$$

在以上表述中,V 表示 VWAP 交易策略所需要完成的总的交易量,y_m 表示按 VWAP 交易策略将划分在第 m 个交易区间内的交易量,q_m 表示在第 m 个交易区间内市场实际的交易量,P_m 表示在第 m 个交易区间内按 VWAP 交易策略进行交易的实际价格,ω_m^y 表示第 m 个交易区间内 VWAP 交易策略预测的交易量的分布值,ω_m^s 表示第 m 个交易区间内市场实际的交易量的分布值。由以上的模型可知,VWAP 交易策略的目标是最小化策略执行的 VWAP 与实际的 VWAP 的差异,为了这一目标,需要尽量使得 $\omega_m^y = \omega_m^s$,即使得交易量分布的预测值与市场实际的交易量分布值之间的差异最小。

而 VWAP 交易策略的通常做法是:首先将交易时段划分成若干个交易区间,然后通过对区间交易量的分布值进行预测,得到区间交易量的分布值,进而根据预测值对交易订单进行分割,最后再在每一个区间内按照分割值进行交易。如果对区间交易量分布的预测越准确,则交易执行后得到的 VWAP 就与市场的 VWAP 越接近;反之,则会有较大的偏差。

在 VWAP 交易策略中,对于交易量分布的预测是基于对股票交易量的日内分布规律的观察展开的。根据观察,日内的交易量具有"U"形分布的特征,即在一个交易日内,市场上的股票交易量在交易开始时会很大,然后随着时间的推进交易量逐渐减少,直至中午收盘时减少到最少,然后交易量逐渐增加直至下午收盘。根据交易量分布的这一特征,可以采用多种方法对区间交易量的位进行预测,进而得到区间交易量分布的位。历史的 VWAP 交易策略通常采用的预测方法有移动平均预测方法和指数平滑预测方法,在本书中,我们假定历史的 VWAP 交易策略运用的是指数平滑预测方法。

在完成订单的分割之后,VWAP 交易策略需要决定的是采用何种方式进行区间内的交易,通常的做法是选择市价交易策略进行交易,以保证交易的快速执行。

VWAP 交易策略是通过使预测的交易量分布尽量与市场实际交易量分布相接近,使得在每个交易区间内,交易量的供需基本保持平衡,来实现交易最终得到的 VWAP 与市场实际的 VWAP 相接近的结果,从而达到减少交易的冲击成本和隐蔽交易的效果。

2. IS

执行差额(implementation shortfall,IS)算法指在考虑可以承受的风险的情况下最小化市场交易的冲击成本,努力在风险和市场冲击成本之间寻求最优的平衡点,而得出的最优化算法。

其基本思想是综合考虑市场冲击成本和等待风险这两个因素,并允许交易者依据自己的风险喜好设置风险规避参数。风险规避参数越高,等待风险就越小,但市场冲击成本会增大;风险规避参数越小,市场冲击成本越小,但会增加等待风险。

执行差额指的是依据算法建仓的模拟投资组合与实盘交易建仓的投资组合之间的收益率之差。这个差额本质上来说等价于交易成本。IS 算法的目标就是寻找市场交易冲击成本和等待风险的最小值。

假设交易者需要在时间总长度为 T 的时间内,执行股数量为 X 的交易。交易完成总时间为 T,将交易总时间等分,取时间间隔为 $\theta = T/N$,则在 T 时间内共有 N 个时间段,相应的时间点记为 $t_k = k\theta, k = 0, 1, \cdots, N$,记 $\{x_0, x_1, \cdots, x_N\}$ 为相应的对应于该策略的交易轨迹,其中 x_k 为时刻 t_k 的股票持有量,则 t_{k-1} 至 t_k 的交易量为 $Q_k = x_{k-1} - x_k$,显然 $\sum_{i=1}^{N} x_i = X$。记 S 为股票价格,S_i 表示时刻 t_i 的股票价格,S_0 表示交易开始时的股票价格,S_N 表示结束时的股票价格。

冲击成本分为永久性冲击成本和暂时冲击成本。永久性冲击成本是由交易造成的持续存在于交易过程中并在交易结束后体现在股价中的冲击成本,代表交易反映的市场的关于股价的信息。暂时冲击成本是在交易过程中存在,在交易结束后消失的冲击成本,代表在短时间内市场流动性过度消耗引起的价格变动,在流动性恢复以后价格恢复新的平衡。

永久性冲击成本 $I = \dfrac{S_p - S_0}{S_0}$,其中 S_p 为时刻 T_p 的证券价格。又考虑到股票价格 S,服从几何布朗运动:

$$dS = S_0 g(v) d\tau + S_0 \sigma dB \tag{2-28}$$

其中,σ 为波动率;dB 为标准布朗运动;$g(v)$ 为永久成本函数。

式(2-28)两边同时对时间 τ 求积分可得

$$I = \dfrac{S_p - S_0}{s_0} = Tg(v) + \sigma \sqrt{T_p} \xi \tag{2-29}$$

其中,ξ 为标准正态分布变量。

暂时成本 J 的计算依据实际实现价格 $\widetilde{S(\tau)}$ 等于理论价格 $S(\tau)$ 加上发生的暂时冲击成本来表示:

$$\widetilde{S(\tau)} = S(\tau) + S_0 h(v)$$

其中,$h(v)$ 为暂时冲击成本函数。

进一步对永久函数和暂时冲击成本函数假设,假设满足如下关系:

$$g(v_k) = \gamma v_k, h(v_k) = \alpha + \beta v_k$$

其中,γ、α、β 为冲击成本函数 $g(v)$、$h(v)$ 的系数;$v_k = X/V_t$,为该区间内的平均交易次数,V 为当日的交易量。

$h(v) + \sigma \in (T, T_p)$,其中 $\sigma \in (T, T_p)$ 为期望为 0 带异方差的残差项。对暂时冲击成本做时间上的加权平均处理,取 $J = h(v) + \sigma \in (T, T_p) - I/2$。因此,交易成本 C 为:$C = I + J$。

计算 IS 算法的优化目标,即求解规划问题,

$$\text{Min} E(C) + \lambda V(C) \tag{2-30}$$

其中,λ 为交易者对波动风险的规避程度。

在执行当前时间段的目标前,IS 算法主体以 10 秒为间隔发出限价订单。若申报在 10 秒内没有成交或部分成交,则撤销原有委托或未成交部分。当前区间内尚未完成的执行量计入下一时间段的总量,重复第三步直至交易完成。

3. VWAP 与 IS 的比较

VWAP 策略的基本思想是让订单提交比例与市场成交量比例尽可能匹配,在减少对市场的冲击的同时,获得市场成交均价的交易价格。而动态 IS 算法则通过平衡冲击成本与等待风险决定最优执行路径,能够实时地利用最新的股价信息更新模型参数,并通过捕捉股价的趋势和波动优化执行效果。

VWAP 策略的主要目标是减小跟踪误差,而 IS 策略则具有较小的执行风险。很多交易者并不能有效地选择使用 VWAP 策略或是 IS 策略,因此有必要区分两者的优、缺点,并对相应的使用情况做更为深入的探讨。在此基础之上,建议交易者选择适合自己交易特点的算法交易策略。

VWAP 在订单数量较小时可以相对精确地跟踪市场均价,但是大规模交易会对预设价格产生较大冲击,使得跟踪误差的不确定性增大,因此对于大规模订单,VWAP 跟踪市场均价的优势会大幅减弱。

VWAP 在实际交易中的表现与绩效,取决于对历史订单量的统计方法以及成交量(成交比例)分布的预测能力,因此 VWAP 不能很好地适用于市场成交量出现突如其来改变的情况。VWAP 的另一大优点是容易理解,计算简单,可以快速部署算法交易的订单,适合应用于无趋势市场中。但与此同时,VWAP 的缺点是不具备足够的信息来计算子单数量,而且在手动交易中,交易员可以为了提升交易绩效对 VWAP 作出博弈,增加交易的风险。IS 策略的优点是,冲击成本透明化,交易者在交易前就可以将冲击成本锁定在一定范围内,并据此对订单进行部署。因此,在大规模交易中,冲击成本的不确定性将会大为降低。另外,在趋势市场中,IS 策略有可能进一步降低相对交易成本。IS 策略的缺点是计算复杂,不易被交易者所熟知,并且对于小规模订单,其执行效果可能不如 VWAP 策略。

综合对引入 VWAP 算法以及引入 IS 算法后的执行效果进行分析,可以看出算法交易确实能在股票市场上为投资者降低交易成本、控制交易风险。VWAP 算法在平均执行成本降低的情况下,执行成本标准差较小,保证了更加稳定的执行效果;而动态 IS 算法虽然执行效果不如 VWAP 算法,但是同样能够为投资者大幅节约交易成本,帮助投资者获取更高的投资收益率。

4. 其他交易执行算法

隐藏交易单算法（Hidden）首先隐藏交易订单并一直等待直到期望的价格出现在交易委托中，然后发送立即下单或取消的命令以确保在该价位上订单成交。若在期望价格下可供交易量无法满足算法要求，则 Hidden 会继续等待直到满足要求的机会出现。

游击战算法（Guerrilla）将数量较大的买单或卖单分解为多个不显眼的小单，并运用多种交易技术，以确保对手交易商不会发现该交易的存在。Guerrilla 将各种交易技术结合在一起，大量运用可变换交易网络进行交易，在对中、小盘股票的交易时特别有效。

狙击兵算法（Sniper）是非常具有攻击性的算法，只有当达到限定的价格时它才会下单交易。Sniper 着眼于市场数据分析并聪明地从这里和那里分别吃进一点，它从不暴露自己，并能够找出对手隐藏的交易。与直接在市场上少量下单相比，狙击兵算法显然是更好的选择。

搜寻者算法（Sniffers），常用于搜寻其他交易商正在进行的交易以及所运用的算法。Sniffers 常常先少量下单以寻找是否有对手的交易算法出现，并以此为诱饵，若有对手上钩，则可以尝试增加下单数量。

复杂事件处理（complex event processing，CEP）是一种用计算机对多样的实时事件进行处理，并对大量事件数据流作出及时反应的技术。CEP 通过分析有意义的事件从而实时地取得这些有意义的信息，主要目的是使系统在分散式环境中，能更有效地收集、整合、分析由不同来源送出，但可能在时间、情景上彼此相关联的事件。CEP 算法可用于欺诈探测、风险管理等。CEP 算法由一系列基于事件的规则构成。这些事件构成一个数据流，其中每个事件代表一个系统内的更新。该引擎可广泛应用于网络入侵探测、SLA 监测、航空运输调控以及金融服务领域的算法交易（在电子市场中通过计算机程序来进行金融投资的一种交易方法）、金融风险管理、欺诈探测。

本章术语

统计套利，高频交易，阿尔法对冲策略，管理期货策略，算法交易

思考题

1. 统计套利策略的风险来源有哪些？
2. 高频交易的优势和劣势有哪些？
3. 影响阿尔法对冲策略成败的因素有哪些？
4. 思考趋势策略和均值回归策略各自适用的市场行情。

即测即练

第 3 章 量化交易的建模方法

本章学习目标:
1. 了解量化交易的建模方法分类;
2. 了解量化交易的种类以及理论基础;
3. 掌握五类常见量化交易建模方法的类型特点和实现方法。

本章导读

量化交易是将传统投资理论与量化分析技术结合,极大地丰富了资产配置的内涵。通过对公开数据的统计分析,比较不同投资资产的统计特征,利用计算机技术,建立数学模型,进而提高整体的投资收益。本章从多个角度对建模方法进行分类介绍,包括:指标建模的几种模型,随机过程的基本理论,机器学习、数据挖掘、小波分析以及支持向量机。本章是量化交易中处理数据建立交易模型的关键。

知识结构图

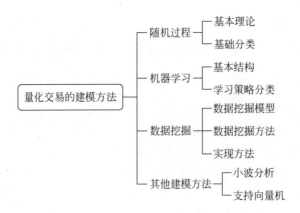

在对投资进行分析研究时,需要考虑的因素很多。为提高分析的效率,很多分析师提炼出一些常用分析指标。而对不同的投资规模,分析需要考虑的指标因素会有差别,如对一个 1 万元的投资和一个 1 亿元的投资需要考虑的指标显然会有不同。通常而言,很多指标是分析师经常考虑分析的。

格雷厄姆的证券分析中,将证券分析分为定量分析和定性分析两类。定量分析因素指公司的各类统计数据,包括损益表和资产负债表中的所有有用的项目,还包括如产量、单位价格、成本、产能、未完成订单等。可以将这些统计数据进行归类:资本、盈利和股息、资产和负债、营运统计数字。

定性分析因素包括:业务性质,企业在行业中的地位,个体情况,地理位置,经营特点,管理风格,企业、行业和一般业务的前景等。分析师需要从可信度参差不齐的(包括大量纯粹的主管信息)、门类繁多的信息来源中寻找自己的答案。

一般来说,定量分析因素比定性分析因素更适合深入分析。定量分析因素数量较少,更容易获得,也更适合形成明确、可靠的结论。而财务业绩可以概括成许多定性分析因素,因此对于定性分析因素的详细研究并不会增加什么重要的信息。定量建模方法很多,本章简要介绍如下几大类建模方法。

3.1 随机过程

随机过程(stochastic process)是一连串随机事件动态关系的定量描述。随机过程论与其他数学分支如位势论、微分方程、力学及复变函数论等有密切的联系,是自然科学、工程科学及社会科学各领域研究随机现象的重要工具。随机过程论目前已得到广泛应用,在诸如天气预报、统计物理、天体物理、运筹决策、经济数学、安全科学、人口理论、可靠性及计算机科学等很多领域都要经常用到随机过程的理论来建立数学模型。

3.1.1 基本理论

一般来说,把一组随机变量的一系列取值定义为随机过程。在研究随机过程时,人们透过表面的偶然性描述得出必然的内在规律并以概率的形式来描述这些规律,从偶然中悟

扩展阅读 3.1 酒鬼总能回到家——有趣的随机游走

出必然正是这门学科的魅力所在。随机过程整个学科的理论基础是由柯尔莫哥洛夫和杜布奠定的。这一学科源于对随机过程物理学的研究,如吉布斯、玻尔兹曼、庞加莱等人对统计力学的研究,以及后来爱因斯坦、维纳,莱维等人对布朗运动的开创性工作。1907 年前后,马尔可夫研究了一系列有特定相依性的随机变量,后人称之为马尔可夫链。1923 年,维纳给出布朗运动的数学定义,直到今天,这一过程仍是重要的研究课题。随机过程一般理论的研究通常被认为开始于 20 世纪 30 年代。1931 年,柯尔莫哥洛夫发表了《概率论的解析方法》。1934 年,A.辛钦发表了《平稳过程的相关理论》。这两篇著作奠定了马尔可夫过程与平稳过程的理论基础。1953 年,杜布出版了名著《随机过程论》,系统且严格地叙述了随机过程基本理论。

一个实际的随机过程是任意一个受概率支配的过程,例如,看作受孟德尔遗传学支配的群体的发展;受分子碰撞影响的微观质点的布朗运动,或者是宏观空间的星体运动;赌场中一系列的赌博;公路一指定点汽车的通行。

在每一种情形下,一个随机系统在演化,这就是说它的状态随着时间而改变,于是,在时间上的状态具有偶然性,它是一个随机变量 $x(r)$,参数 t 的集通常是一个区间(连续

参数的随机过程)或一个整数集合(离散参数的随机过程)。如果系统的状态用一个数来表示,$x(t)$就是数值的,在其他情形下,$x(t)$可以是向量值或者是更复杂。当状态变化时,它的值确定一个时间函数:样本函数,支配过程的概率规律确定赋予样本函数的各种可能性质的概率。

数学上的随机过程是由实际随机过程概念引起的一种数学结构,人们研究这种过程,是因为它是实际随机过程的数学模型,或者是因为它的内在数学意义及它在概率论领域之外的应用。

数学上的随机过程可以简单地定义为一组随机变量,即指定一参数集,对于其中每一参数点 t 指定一个随机变量 $x(t)$。如果回忆起随机变量自身就是个函数,以 w 表示随机变量 $x(t)$ 的定义域中的一点,并以 $x(t,w)$ 表示随机变量在 w 的值,则随机过程就由刚才定义的 $x(t,w)$ 的函数及概率的分布完全确定。如果固定 t,这个二元函数就定义一个 w 的函数,即以 $x(t)$ 表示的随机变量。如果固定 w,这个二元函数就定义一个 t 的函数,这是过程的样本函数。

一个随机过程的概率分配通常是由指定它的随机变量的联合分布来给定的,这些联合分布及由它们诱导出来的概率可以解释为样本函数的性质的概率。例如,如果 t_0 是一个参数值,样本函数在 t_0 取正值的概率是随机变量 $x(t_0)$ 有正值的概率。在这个水平上的基本定理是:任意指定的自身相容的联合概率分布对应一随机过程。

对过程的概率结构做各种假设,便得到各类特殊的随机过程。除正态过程、二阶过程外,重要的还有独立增量过程、马尔可夫过程、平稳过程、勒点过程和分支过程等。贯穿这些过程类的有两个最重要、最基本的过程——布朗运动和泊松过程,它们的结构比较简单,便于研究且应用广泛。从它们出发,可以构造出许多其他过程。这两个过程的轨道性质不同,前者连续,而后者则是上升的阶梯函数。

3.1.2 随机过程的类型

常见的随机过程包括独立增量过程、泊松过程、维纳过程、正态过程、马尔可夫过程等。

研究随机过程的方法多种多样,主要可以分为两大类:一类是概率方法,其中用到轨道性质、随机微分方程等;另一类是分析的方法,其中用到测度论、微分方程、半群理论、函数堆和希尔伯特空间等,实际研究中常常两种方法并用。另外,组合方法和代数方法在某些特殊随机过程的研究中也有一定作用。研究的主要内容有多指标随机过程、无穷质点与马尔可夫过程、概率随机过程与位势及各种特殊过程的专题讨论等。中国学者在平稳过程、马尔可夫过程、鞅论、极限定理、随机微分方程等方面做出了较好的成绩。

在量化投资中,主要采用马尔可夫过程来对股市大盘进行预测,马尔可夫链理论预测的对象是一个随机变化的动态系统,其是根据状态之间的转移概率来推测系统未来的发展,转移概率反映各种随机因素的影响程度,因而马尔可夫链比较适合随机波动性较大的预测问题,但是马尔可夫链要求状态无后效性且具有平稳过程等特点。如果灰色 GM(1,1) 模型对数据进行拟合,找出其变化趋势,则可以弥补马尔可夫预测的局限性,而在灰色预测基础上进行马尔可夫预测,又可弥补灰色预测对随机波动性较大的数据序列准确度低的不足,因此将二者结合起来将大大提高对股市的预测精度。

3.2 机器学习

机器学习(machine learning)是研究计算机怎样模拟或实现人类的学习行为以获取新的知识或技能,重新组织已有的知识结构,使之不断改善自身的性能。它是人工智能的核心,是使计算机具有智能的根本途径,其应用遍及人工智能的各个领域,它主要应用于归纳、综合,而不是演绎。

学习能力是智能行为一个非常重要的特征,但至今对学习的机理尚不清楚。人们曾对机器学习给出各种定义。H. A. Siman 认为,学习是系统所做的适应性变化,使系统在下一次完成同样或类似的任务时更为有效。R. S. Michalski 认为,学习是构造或修改对于所经历事物的表示。从事专家系统研制的人则认为学习是知识的获取。这些观点各有侧重,第一种观点强调学习的外部行为效果,第二种观点则强调学习的内部,而第三种观点主要是从知识工程的实用性角度出发的。

机器学习在人工智能的研究中处于十分重要的地位。一个不具有学习能力的智能系统难以称得上真正的智能系统,但是以往的智能系统都普遍缺少学习的能力。例如,它们遇到错误时不能自我矫正,不会通过经验改善自身的性能,不会自动发现和获取所需的知识。它们的推理仅限于演绎而缺少归纳,因此至多只能证明已存在事实、定理,而不能发现新的定理、定律和规则等,随着人工智能的深入发展,这些局限性表现得愈加突出。正是在这种情形下,机器学习逐渐成为人工智能研究的核心之一,它的应用已遍及人工智能的各个分支,如专家系统、自动推理、自然语言理解、模式识别、计算机视觉、智能机器人等领域。其中,尤其典型的是专家系统中的知识获取瓶颈问题,人们一直在努力试图采用机器学习的方法加以克服。

机器学习的研究是根据生理学、认知科学等对人类学习机理的了解,建立人类学习过程的计算模型或认识模型,发展各种学习理论和学习方法,研究通用的学习算法并进行理论上的分析,建立面向任务的具有特定应用的学习系统。

3.2.1 机器学习系统的基本结构

外在环境向机器系统的学习部分提供某些信息,系统利用这些信息修改知识库,以增进系统执行部分完成任务的效能,执行部分根据知识库完成任务,同时把获得的信息反馈给学习部分。在具体的应用中,环境、知识库和执行部分决定了具体的工作内容,学习部分所需要解决的问题完全由上述部分确定。

影响学习系统设计的最重要的因素是环境向系统提供的信息,或者更具体地说是信息的质量。知识库中存放的是指导执行部分动作的一般原则,但环境向学习系统提供的信息却是各种各样的。如果信息的质量比较高,与一般原则的差别比较小,则学习部分比较容易处理。如果向学习系统提供的是杂乱无章的、指导执行动作的具体信息,则学习系统需要在获得足够数据之后,删除不必要的细节,进行总结推广,形成指导动作的一般原则,放入知识库这样学习部分的任务就比较繁重,设计起来也较为困难。

因为学习系统获得的信息往往是不完全的,所以学习系统所进行的推理并不完全是可靠的,它总结出来的规则可能正确,也可能不正确。这要通过执行效果加以检验。正确的规则能使系统的效能提高,应予保留;不正确的规则应予修改或从数据库中删除。

知识库是影响学习系统设计的第二个因素。知识的表示有多种形式,如特征向量、一阶逻辑语句、产生式规则、语义网络和框架等。这些表示方式各有其特点,在选择表示方式时要兼顾以下四个方面:表达能力强、易于推理、容易修改知识库、知识表示易于扩展。

学习系统不能在全然没有任何知识的情况下凭空获取知识,每一个学习系统都要求具有某些知识理解环境提供的信息,分析比较,作出假设,检验并修改这些假设。因此,更确切地说,学习系统是对现有知识的扩展和改进。

执行部分是整个学习系统的核心,因为执行部分的动作就是学习部分力求改进的动作。同执行部分有关的问题有复杂性、反馈和透明性。

3.2.2 学习策略分类

学习策略是指学习过程中系统所采用的推理策略,一个学习系统总是由学习和环境两部分组成。由环境(如书本或教师)提供信息,学习部分则实现信息转换,用能够理解的形式记忆下来,并从中获取有用的信息。在学习过程中,学生(学习部分)使用的推理越少,他们对教师(环境)的依赖就越大,教师的负担也就越重。学习策略就是根据学生实现信息转换所需的推理多少和难易程度来分类的,依从简单到复杂、从少到多的次序分为以下六种基本类型。

1. 机械学习

学习者无须任何推理或其他的知识转换,直接吸取环境所提供的信息,如塞缪尔的跳棋程序、西蒙的 LT 系统等。这类学习系统主要考虑的是如何索引存储的知识并加以利用。系统的学习方法是直接通过事先编好、构造好的程序来学习,学习者不做任何工作,或者是通过直接接收既定的事实和数据进行学习,对输入信息不做任何推理。

2. 示教学习

学生从环境(教师或其他信息源,如教科书等)获取信息,把知识转换成内部可使用的表现形式,并将新的知识和原有知识有机地结合为一体。所以要求学生有一定程度的推理能力,但环境仍要做大量的工作。教师以某种形式提出和组织知识,使学生拥有的知识可以不断增加。这种学习方法和人类社会的学校教学方式相似,学习的任务就是建立一个系统,使它能接受教导和建议,并有效地存储和应用学到的知识。目前,不少专家系统在建立知识库时使用这种方法去实现知识获取。

3. 演绎学习

学生所用的推理形式为演绎推理。推理从公理出发,经过逻辑变换推导出结论。这种推理是保真变换和特化的过程,使学生在推理过程中可以获取有用的知识。这种学习方法包含宏操作学习、知识编辑和组块技术,演绎推理的逆过程是归纳推理。

4. 类比学习

利用两个不同领域(源域、目标域)中的知识相似性,可以通过类比,从源域的知识(包括相似的特征和其他性质)推导出目标域的相应知识,从而实现学习。类比学习系统可以使一个已有的计算机应用系统转变为适应于新的领域,来完成原先没有设计的相类似的功能。

类比学习需要比上述三种学习方式更多的推理。它一般要求先从知识源(源域)中检索出可用的知识,再将其转换成新的形式,用到新的状况(目标域)中去。类比学习在人类科学技术发展史上起着重要作用,许多科学发现就是通过类比得到的。例如,著名的卢瑟福类比就是通过将原子结构(目标域)同太阳系(源域)做类比,揭示了原子结构的奥秘。

5. 基于解释的学习

学生根据教师提供的目标概念、该概念的例子、领域理论及可操作准则,首先构造一个解释来说明为什么该例子满足目标概念,然后将解释推广为目标概念的一个满足可操作准则的充分条件。著名的基于解释的学习系统有迪乔恩(G. DeJong)的 GENESIS,米切尔(T. Mitchell)的 LEX 和 LEAP,以及明顿(S. Minton)等的 PRODIGY。

6. 归纳学习

归纳学习是由教师或环境提供某概念的一些实例或反例,让学生通过归纳推理得出该概念的一般描述。这种学习的推理工作量远多于示教学习和演绎学习,因为环境并不提供一般性概念描述(如公理)。从某种程度上说,归纳学习的推理量也比类比学习大,因为没有一个类似的概念可以作为源概念加以取用。归纳学习是最基本的、发展也较为成熟的学习方法,在人工智能领域中已经得到广泛的研究和应用。

3.3 数 据 挖 掘

数据挖掘,习惯上又称为数据库中的知识发现(KDD),也有人把数据挖掘视为数据库中知识发现过程的一个基本步骤。知识发现过程由以下三个阶段组成:数据准备、数据挖掘、结果表达和解释。数据挖掘可以与用户或知识库交互。数据挖掘主要有分类模型、关联模型、顺序模型、聚类模型等。

3.3.1 数据挖掘模型

分类模型的主要功能是根据金融数据的属性将数据分派到不同的组中。在实际应用过程中,分类模型可以分析分组中数据的各种属性,并找出数据的属性模型,确定哪些数据模型属于哪些组,这样我们就可以利用该模型来分析已有数据,并预测新数据将属于哪一个组。

1. 关联模型

关联主要是描述了一组数据项目的密切度或关系。关系或规则总是用一些最小置信度级别来描述的,置信度级别度量了关联规则的强度。

2. 顺序模型

顺序模型主要用于分析数据中的某类与时间相关的数据,并发现某一时间段内数据的相关处理模型。

3. 聚类模型

聚类模型是按照某种相近程度度量方法将用户数据分成互不相同的一些分组。聚类即一系列相近数据组成的分组的集合,每一个分组中的数据相近,不同分组之间的数据相差较大。

3.3.2 数据挖掘方法

数据挖掘的主要方法有神经网络、决策树、联机分析处理、数据可视化等。数据挖掘在量化投资中主要有利用聚类技术进行股市规律挖掘,以及基于关联规则的板块轮动等。

扩展阅读 3-2
啤酒尿布的关联算法怎么来的?

把通过对具体的个别事物进行观测所得到的具有时间和空间分布的信息称为模式,把模式所属的类别或同一类中模式的总体称为模式类。利用聚类技术进行股市规律研究,就是将股市走势分成不同的模式,从而可以进行相应的交易策略。

在股价波动的过程中,整个市场并不是经常性地普涨普跌,而是呈现出板块轮动、涨跌不一的状况。利用关联规则技术,发现股票板块的运动规律及其相互的联动关系,就可以在轮动点上进行相应的调仓,从而获得超额收益。

近年来,数据挖掘引起了信息产业界的极大关注,其主要原因是存在大量数据,可以广泛使用,并且迫切需要将这些数据转换成有用的信息与知识获取的信息和知识,可以广泛用于各种领域,包括商务管理、生产控制、市场分析、工程设计和科学探索等。

数据挖掘利用了来自如下一些领域的思想:来自统计学的抽样、估计和假设检验;人工智能、模式识别和机器学习的搜索算法、建模技术和学习理论。数据挖掘也迅速地接纳了来自其他领域的思想,包括最优化、进化计算、信息论、信号处理、可视化和信息检索。与此同时,一些其他领域也起到重要的支撑作用,特别是需要数据库系统提供有效的存储、索引和查询处理支持。源于高性能(并行)计算的技术在处理海量数据收集方面是很重要的。分布式技术也能帮助处理海量数据,并且当数据不能集中到一起处理时更是至关重要。

数据挖掘领域提出了多种实现方式与算法,并推出了相应的商业化软件及工具,这里仅讨论几种常见的、典型的实现方法。

3.3.3 实现方法

1. 神经网络

神经网络建立在可以自学习的数学模型的基础之上。它可以对大量复杂的数据进行分析，并可以完成对人脑或其他计算机来说极为复杂的模式抽取及趋势分析。神经网络系统由一系列类似于人脑神经元一样的处理单元组成，称为节点。这些节点通过网络彼此互连，如果有数据输入，它们便可以进行确定数据模式的工作。

神经网络系统也存在如下问题：首先，神经网络虽然对分类模型比较适合，但是神经网络的隐含层可以说是一个黑盒子，得出结论的因素并不十分明显。同时其输出结果也没有任何解释，这将影响结果的可信度及可接受程度。其次，神经网络需要较长的学习时间，因此当数据量很大时，性能可能会出现问题。

2. 决策树

决策树是通过一系列规则对数据进行分类的过程。采用决策树，可以将数据规则可视化，其输出结果也容易理解。决策树方法精确度比较高，不像神经网络那样不易理解，同时系统也不需要长时间的构造过程，因此比较常用。然而，采用决策树方法也有其缺点，决策树方法很难基于多个变量组合发现规则，不同决策树分支之间的分裂也不平滑。

3. 联机分析处理

联机分析处理（OLAP）主要通过多维的方式来对数据进行分析、查询和报表。它不同于传统的联机事务处理（OLTP）应用。OLTP 应用主要用来完成用户的事务处理，如民航订票系统、银行储蓄系统等，通常要进行大量的更新操作，同时对响应时间要求比较高。而 OLAP 应用主要是对用户当前及历史数据进行分析，辅助领导决策。其典型的应用有对上市公司财务风险的分析与预测、公司市场营销策略的制定等。其主要是进行大量的查询操作，对时间的要求不太严格。

目前常见的 OLAP 主要有基于多维数据库的 MOLAP 及基于关系数据库的 ROLAP。在数据仓库应用中，OLAP 应用一般作为数据仓库应用的前端工具，同时 OLAP 工具还可以和数据挖掘工具、统计分析工具配合使用，增强决策分析功能。

4. 数据可视化

数据仓库中包含大量的数据，并且充斥着各种数据模型，若将如此大量的数据可视化，则需要复杂的数据可视化工具。数据挖掘和数据可视化可以很好地协作。就数据可视化系统本身而言，由于数据仓库中的数据量很大，很容易使分析人员变得不知所措，数据挖掘工具可以设定通过富有成效的探索的起点并按恰当的隐喻来表示数据，为数据分析人员提供很好的帮助。

3.4 其他建模方法

3.4.1 小波分析

把函数分解成一系列简单基函数的表示,无论是在理论上,还是在实际应用中,都有重要意义。小波变换作为能随频率的变化自动调整分析窗大小的分析工具,自 20 世纪 80 年代中期以来得到了迅猛的发展,并在信号处理、计算机视觉、图像处理、语音分析与合成等众多的领域得到应用。

小波变换的主要内容包括连续小波变换、小波变化的离散化、多分辨分析与 Mallat 算法。

连续小波变换具有线性、平移不变性、伸缩共变性和冗余性。

由于连续小波变换存在冗余,因而有必要弄清楚,为了重构信号,需针对变换域的变量进行离散化,以消除变换中的冗余。

Mallat 使用多分辨分析的概念统一了各种具体小波基的构造方法,并由此提出了现今广泛使用的 Mallat 快速小波分解和重构算法,它在小波分析中的地位与快速傅里叶变换在傅里叶分析中的地位相当。

二维小波分解与重构算法,利用其可分离特性,在算法实现时分别对行进行一维小波变换,然后对按行变换后的数据按列进行一维小波变换来完成。

小波变换在量化投资中的案例主要有小波去噪和金融时序数据预测。

金融时间序列本身具有非平稳、非线性和信噪比高的特点,采用传统的去噪处理方法往往存在诸多缺陷。而小波理论是根据时频局部化的要求而发展起来的,具有自适应和数学显微镜性质,特别适合非平稳、非线性信号的处理。

采用小波进行金融时序数据预测的原理如下:首先使用 Mallat 算法对数据进行分解,对分解后的数据进行平滑处理;然后进行重构,而重构之后的数据就成为近似意义的平稳时间序列,这样就得到了原始数据的近似信号;最后利用预测模型进行时间序列预测,如常用的有 AR、MA、ARMA 等。

1822 年,法国数学家傅里叶发表的有关热传导理论的研究文章中,提出并证明了将周期函数展开为正弦级数的原理,奠定了傅里叶级数理论的基础。傅里叶级数理论研究的是把函数在一角函数系下展开,使对信号和系统的研究归结为对简单的产角函数的研究,傅里叶级数与傅里叶变换共同组成了平常所说的傅里叶分析。傅里叶级数用于分析周期性的函数或分布,理论分析时经常假定周期是 2。小波分析方法的出现可以追溯到 1910 年 Haar 提出 Haar 规范正交基,以及 1938 年 Littlewood-Paley 对傅里叶级数建立的 L-P 理论。为克服传统傅里叶分析的不足,20 世纪 80 年代初,便有科学家使用小波的概念来进行数据处理,比较著名的是 1984 年法国地球物理学家 Morlet 引入小波的概念对石油勘探中的地震信号进行存储和表示。在数学方面所做的探索主要是 R. Coifman 和 G. Weiss 创立的原子和分子学说,这些原子和分子构成了不同函数空间的基的组成部分。

Lemarie 和 Battle 继 Meyer 之后也分别独立地给出了具有指数衰减的小波函数。

1987年，Mallat利用多分辨分析的概念，统一了之前的各种具体小波的构造，并提出了现今广泛应用的Mallat快速小波分解和重构算法。1988年，Daubechies构造了具有紧支集的正交小波基。1989年，Coifman、Meyer等人引入了小波包的概念。1990年，崔锦泰和王建忠构造了基于样条函数的单正交小波基。1992年，A. Cohen、I. Daubechhies等人构造出紧支撑双正交小波基。同一时期，有关小波变换与滤波器组之间的关系也得到了深入研究。小波分析的理论基础就这样基本建立起来了。

3.4.2 支持向量机

SVM算法是一种学习机制，是由Vapnik提出的旨在改善传统神经网络学习方法的理论弱点，最先从最优分类面问题提出了支持向量机网络。SVM学习算法根据有限的样本信息在模型的复杂性和学习能力之间寻求最佳折中，以期获得最好的泛化能力。SVM在形式上类似于多层前向网络，而且已被应用于模式识别、回归分析、数据挖掘等方面。

支持向量机的这些特点是其他学习算法（如人工神经网络）所不及的。对于分类问题，单层前向网络可解决线性分类问题，多层前向网络可解决非线性分类问题。但这些网络仅仅能够解决问题，并不能保证得到的分类器是最优的；而基于统计学习理论的支持向量机方法能够从理论上实现对不同类别间的最优分类，通过寻找最坏的向量，即支持向量，达到最好的泛化能力。

SVM总的来说可以分为线性SVM和非线性SVM两类。线性SVM是以样本间的欧氏距离大小为依据来决定划分的结构的。非线性SVM中以卷积核函数代替内积后，相当于定义了一种广义的距离，以这种广义距离作为划分依据。

模糊支持向量机有两种理解：一种是针对多定义样本或漏分样本进行模糊后处理；另一种是在训练过程中引入模糊因子作用。

SVM在量化投资中的应用主要是进行金融时序数列的预测。根据基于支持向量机的时间序列预测模型先由训练样本对模型进行训练和完备，然后将时间序列数据进行预测并输出预测结果。

SVM由于采用了结构风险最小化原则，能够较好地解决小样本非线性和高维数问题，因此通过构造一个包含多个技术指标组合的反转点判断向量，并使用SVM对技术指标组合向量进行数据挖掘，可以得到更加准确的股价反转点预测模型。

支持向量机方法能够克服多层前向网络的固有缺陷，它有以下几个优点。

（1）它是针对有限样本情况的。根据结构风险最小化原则，尽量提高学习机的泛化能力，即由有限的训练样本得到小的误差，能够保证对独立的测试集仍保持小的误差，其目标是得到现有信息下的最优解，而不仅仅是样本数趋于无穷大时的最优值。

（2）算法最终将转化成一个一次型寻优问题，从理论上说，得到的将是全局最优点。

（3）算法将实际问题通过非线性变换转换到高维的特征空间，在高维空间中构造线性判别函数来实现原空间中的非线性判别函数。这一特殊的性质能保证机器有较好的泛化能力，同时它巧妙地解决了维数灾难问题，使得其算法复杂度与样本维数无关。

本章术语

随机过程,马尔可夫链,机器学习,数据挖掘,小波分析,支持向量机

思考题

1. 如果价格的波动是随机产生的,为什么要研究这个随机的行为?
2. 什么是马尔可夫链?它在金融中如何应用?
3. 简述机器学习在量化交易中的应用。
4. 简述小波分析的特点。
5. 什么是支持向量机?它在股票交易中如何应用?
6. 如何进行指标法建模,请举例说明。

即测即练

第 4 章

量化交易平台

本章学习目标：
1. 了解常用的量化交易平台，熟悉不同量化平台的功能；
2. 熟悉掘金平台的策略编写方法和架构，并尝试编写简单的策略；
3. 掌握常用的科学计算库和基本的 Python 函数，灵活运用 Python 语言完成量化策略的编写。

本章导读

本章我们将介绍量化交易的平台，将比较常见的量化交易平台完整地进行展示。本章分为三部分带领大家了解量化交易平台，首先是对常用量化平台做一个简介，然后重点对掘金量化平台进行介绍，最后再介绍一下 Python 科学计算库的相关知识。不同的量化交易平台可以分别满足不同方式的量化交易，从交易系统的行情和基础数据、交易和执行、策略研发和运营三个主要方面既要做到大而全，也要做到深而精。目前的量化交易平台可以从开发语言、技术架构、系统架构、策略方向、交易方式等几个方面来进行分类。学习完本章可以帮助我们更好地使用量化交易平台进行量化操作。

知识结构图

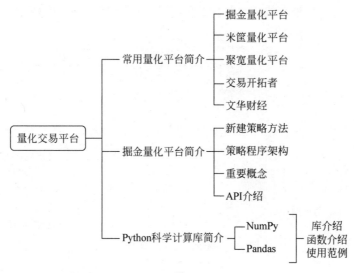

4.1 常用量化平台简介

4.1.1 掘金量化平台

1. 平台简介

掘金量化是一款致力于为专业量化机构和量化交易者保障策略安全性和实现策略高效研发,落地部署用户本地 PC(个人计算机)的量化交易软件平台,是为专业量化投资打造的一款功能齐备的落地式终端,集成了从策略开发到实盘的模块化功能,打通研究、仿真和绩效链路、兼容多种编程语言,易于使用、性能可靠,能够帮助量化投资者提高策略开发效率、减少 IT 投入;产品覆盖量化业务全流程,集策略研发、回测、仿真、实盘于一体;覆盖所有主流开发语言,缩减用户的学习成本;覆盖全球主要市场,为用户提供广阔的量化交易平台。

扩展阅读 4-1 国内量化交易平台及读后感

2. 平台功能

掘金量化平台具有量化策略完整生命周期的功能链。其主要功能如下。

量化数据:提供历史行情、实时行情、基本面、因子库。
策略开发:丰富策略类型,多语言支持,提供策略模板、算法库。
策略回测:平台支持高速回测,Tick 级回测。
策略仿真:体现交易所全规则,包含佣金费、滑点、成交比率。
实盘通道:支持股票、期货、期权实盘交易。支持多种柜台、PB 类型对接。
风控系统:提供策略级风控、账户级风控、合规风控。

3. 系统架构

掘金量化平台由三部分组成:掘金后台服务,掘金 SDK,掘金终端(图 4-1)。

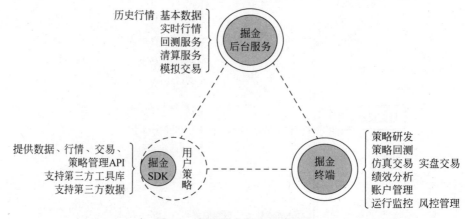

图 4-1 掘金量化平台组成部分

量化云负责在后台提供数据和基础服务,一致的策略事件模型将实时数据/模拟数据/回放数据/交易数据,整合到复杂事件处理引擎,以通用的事件模式驱动。数据源灵活切换,不必修改代码,实现策略各阶段的无缝迁移。云服务 7×24 小时可用,确保用户可全天候进行策略开发、调试、回验和仿真交易,提升策略研发效率。掘金 SDK 标准化了数据和交易接口,接入各大市场的数据和交易通道,完全屏蔽各交易所接入差异和复杂性,避免高昂的技术与人力成本;支持所有主流的编程开发语言,如 C、C++、C#、Python、Matlab、R 等语言,最大限度地保证了平台的开放性。掘金终端用于监控、管理策略,为策略开发、研究、管理、运行监控、风险控制、信号分析提供一体化的可视操作界面;具有完善的风险控制机制,可构建基于策略的资金、持仓、绩效指标,以及可交易市场与代码的丰富风控规则;可指定从提醒、警告、限制交易到自动强平的风控行为。

4.1.2 米筐量化平台

1. 平台简介

米筐专注于为用户提供快速便捷、功能强大的量化交易和分析工具。用户可以使用基于浏览器(网上回测平台)或本地化(RQAlpha 等项目)的米筐产品,随时、随地开发自己的交易策略,验证自己的投资思路。米筐对数据质量、回测系统、模型算法、交互设计、用户界面和用户安全等方面进行了持之以恒的完善,务求使用户获得最佳的产品使用体验。米筐为专业机构提供包含准确且稳定的金融数据、高效且易用策略引擎、极速且安全的实盘终端在内的一站式量化解决方案,将机构从冗杂的数据录入和清洗工作当中解放出来,使之专注进行投研及策略开发。除此以外,米筐致力于将新兴科技助力与传统金融相结合,为专业投资者进行及时有效的风险预测和归因分析。

2. 平台功能

目前,米筐已经提供了策略回测和实时模拟交易功能;在将来,其会进一步提供实盘交易支持,使用户在产品平台上,能够一站式地完成交易策略的开发、测试和实盘执行。米筐在数据方面:提供股票、ETF、期货(股指、国债、商品期货)、现货的基本信息;股票、ETF 过去 10 多年以来每日市场数据,股票、ETF 2005 年以来的分钟线数据;ETF 过去 20 多年以来的市场数据和财务数据;期货从 1999 年以来的每日行情数据;期货 2010 年以来的分钟线数据;中国 50 ETF,商品期权的日、分钟数据;舆情大数据。其在研究方面:提供基于 IPython Notebook 的研究平台,支持 Python、Matlab、Excel;提供 API(应用程序编程接口)。其在回测方面:支持股票、ETF、期货等品种的回测,支持日、分钟级回测。其在模拟交易方面:支持日、分钟级别的股票、ETF、期货等品种的模拟交易。其在实盘交易方面:提供期货的实盘交易。在交流社区方面:"米筐量化社区"活跃度较高。

4.1.3 聚宽量化平台

1. 平台简介

聚宽(JoinQuant)成立于 2015 年,专注于金融量化工具和智能投顾技术,是国内最早创立的量化交易平台之一。2017年,公司获得百度公司近亿元B轮融资。目前,公司的量化社区已拥有超过15万的注册用户,以及券商、私募基金等机构用户。聚宽的服务群体主要包括专业的个人策略开发者、金融机构的量化研究员以及高校金融工程等专业的学生。

公司提供的产品包括数据、量化云平台与金融终端。聚宽提供的量化金融数据库JQData覆盖了股票、期货、基金、宏观等市场数据,以及外部舆情数据等,旨在为个人策略开发者与机构客户提供最为干净可用的量化数据。公司的量化云平台与JoinQuant金融终端提供量化投研、策略编写、全品类回测、模拟交易、实盘交易与数据服务。

JoinQuant致力于打造最高效、易用的量化交易平台;聚宽希望降低量化交易的门槛,让更多人有机会参与进来;聚宽坚信"人人皆为宽客"——任何人只要对量化交易感兴趣,就可以成为一名宽客。JoinQuant目前主要支持沪深A股、ETF、LOF(上市型开放式基金)、分级基金、股指期货、商品期货、场外基金等,后续聚宽会逐步支持逆回购、现货、外汇等其他金融衍生品。

2. 平台功能

(1) 获取行业及概念板块的行情数据及pe,pb等数据:概念板块目前可以通过get_concept_stocks获取某个概念板块包含哪些股票;可以通过get_industry_stocks获取某个行业有哪些股票,也可以通过get_industry查询股票属于哪个行业。

扩展阅读4-2
搅动万亿江湖

(2) 模拟交易:模拟交易支持暂停、重启、重跑、关闭;模拟交易暂停后,不会再执行策略代码,不会产生交易信号,收益曲线还会一直画;模拟交易重启后,策略恢复执行,重启会从当前时间(执行重启操作的时间)开始执行,注意与重跑的区别;模拟交易运行失败后,可以通过重跑恢复;重跑会从模拟交易运行失败的时间开始执行;模拟交易关闭后,模拟交易将彻底结束,无法再次打开。

(3) 进行回测:策略有效体现了使用者的交易思想,通过历史数据的回测,可以检验策略的有效性。回测可以免费使用JoinQuant提供的所有数据。回测使用的交易数据有一天的延时,即当天的交易数据在第二天的0:01更新。延时的原因主要是回测使用的交易数据基于Level-2行情数据,Level-2级别的完整交易数据需要收盘后才能获得,目前市场上没有权威的行情数据,为了保证数据的准确性,聚宽购买了多个数据提供商的数据,经过一系列处理后才投入使用。

4.1.4 交易开拓者

1. 平台简介

深圳开拓者科技有限公司成立于2007年2月。交易开拓者是一款针对中国期货市场投资用户而开发的投资工具,集中了实时行情、技术分析、快捷交易、套利、多账户管理及程序化自动交易等功能。交易开拓者突破传统交易平台的限制,一切以交易为核心,所有功能都围绕交易而设计,并提供强大的、先进的、独有的策略交易功能,善用该功能将有效地提升使用者的交易思想。交易开拓者采取先进的 TradeBlazer Language 为基础,通过这种语言,使用者可以建立自己的技术指标、曲线分析和 K 线形态等,更重要的是可能通过该语言建立各种交易指令,通过组合交易指令的使用,从而得到完整的交易策略,并可达成在线实时交易、建立头寸、控制风险、资金管理、资产结合等系统交易的操作。

2. 平台功能

(1) 交易策略性能测试报告:在超级图表中插入一个或一个以上交易指令后,菜单和工具栏中的交易策略性能测试报表选项将会有效,可以通过单击菜单项或工具栏使用该功能。单个交易策略的测试报告内容和投资组合的测试报告基本一致。

账户分析按照五个方面对账户进行分析,包括交易汇总、交易分析、交易记录、平仓分析、阶段总结、资产变化、图表分析和系统设置。

(2) 交易策略优化:在超级图表中插入一个或一个以上交易指令后,菜单和工具栏中的交易策略参数优化选项将会有效,可以通过单击菜单项或工具栏使用该功能。

交易策略参数优化模块可对多个交易指令组合的所有参数进行优化,可以通过参数设置界面对需要优化的参数进行设置。

(3) 全局交易设置:在图表中加入交易指令之后,可以通过选中讯号标记,右键菜单中单击[公式应用设置]-[全局交易设置]按钮,全局交易设置的界面如图 4-2 所示。

全局交易设置对话框包括以下设置内容。

① 初始资金:设置交易策略执行的初始资金,该值最好设置为期初的可用资金。如果该数目设置过小,会导致无交易记录产生。

② 默认数量:当 Buy/Sell 等交易函数参数为获取默认值时,该选项将作为计算默认值的参数,有以下三种类型可供选择:按固定合约数、按资金比例和按固定资金。通过数量设置来计算出具体的交易数量。

图 4-2 全局交易设置的界面

③ 连续建仓:设定连续建仓的数量及公式应用之间连续建仓的规则。

④ 最大持仓限制:设定最大的持仓数量。

⑤ 最大资产回撤基准线:在交易策略参数优化时,计算超过设定值的最大资产回撤,并求这些值的平均值,通过这个平均值可以计算出调整收益风险比。

⑥ 是否计算标准差:在交易系统进行参数优化时,如果选择计算标准差,会占用较多的时间。在不关注标准差的情况下可以勾选该选项,会大幅提升优化效率。

可通过单击[设为默认值]按钮将当前对话框的各项设置保存为系统默认值,之后可以在其他地方使用该默认设置。

也可通过单击[恢复默认值]按钮将当前对话框的各项设置修改为系统默认值。

(4) 账户分析:账户分析为交易开拓者提供给拥有交易账户的投资者的投资分析工具,通过分析账户的历史交易明细,可以了解交易盈亏、平均利润、最大亏损和交易成功率等数据,更可实现阶段总结、盈亏分析等功能。

(5) 自动交易:自动交易是交易开拓者的核心功能,用好自动交易能够让使用者克服各种心理因素,避免主观情绪困扰,进行理性的交易。

(6) 账户管理:账户管理是对用户的交易账户信息进行管理,包括资金、持仓、委托等信息。可对多账户进行集中管理,并在页面中提供了快速交易的通道。

3. 平台特点

(1) 完备的数据库。涵盖宏观、企业财务数据、板块、复权等基础数据。
(2) 完整的事件驱动机制,支持 OnBar、OnOrder 等。
(3) 数据源的自动对齐机制。
(4) 丰富的数据类型,支持数组 MAP 等多种数据类型。
(5) 强大的系统函数支持多元线性回归等。
(6) 策略雷达和公式选股。
(7) 策略生成器无须编码实现量化策略。
(8) 期权的 T 型报价、组合报价和自定义报价。
(9) 丰富的系统指数和自定义指数。
(10) 后复权的全面支持。

4.1.5 文华财经

1. 平台简介

上海文华财经资讯股份有限公司成立于 1996 年,是国内一家很有名的老牌金融科技公司,有着成熟的产品线。公司一直在追求技术领先,云计算、大数据、人工智能等新技术被有效运用在文华的软件系统中。2019 年 3 月,其上线了新一代软件"库安量化云计算软件(MyQuant)",集成其 wh3 至 wh8 程序化系列软件多年成果,为投资者提供更全面、专业的服务。该平台策略开发支持类 C 语言的语法和运行逻辑,策略编译运行速度接近 C 语言。

2. 平台功能

(1) 策略生产高效迭代,多维度认知策略:量化交易是一个研究的过程,投资者可借助量化平台提供的丰富数据和回测系统验证思路的可行性。以前动辄几个月甚至几年的实盘验证,在量化仿真交易系统中几天就可以轻松完成,高效生产策略。分析报告多维度解读策略优缺点,不需要真金白银和大量的时间就可以全面考察策略的可行性,同时也避免了实盘量化测试不足可能导致的事故和风险。

(2) 资金管理,组合交易分散风险:手动交易管理一个策略、一个合约、一个账户难度不算大,但管理一组策略、一篮子合约、一组账户交叉组合运行难免分身乏术。量化多线程运算，可精确统计各个策略和账户的头寸与资金调度，根据行情智能调仓，保障策略有条不紊地运行。多模型多合约多账户组合运行，高强度分散风险，提高资金利用率，避免了手动下单的不理性交易，统筹账户进退有度。

（3）减小市场摩擦，降低冲击成本：冲击成本是交易中不容忽视的成本项，尤其是大资金用户，大规模集中下单不仅会迅速拉升行情、产生冲击成本，而且集中产生的巨量还会暴露交易行踪，造成市场跟风。量化高频下单可极大程度减小市场摩擦，拆细大单，潜入市场，降低冲击成本，锁定既定收益。

（4）捕捉市场机会，节约人力成本：大数据时代，数据挖掘和云计算主导着交易市场的潮流风向。相对于手动交易，量化的运算能力占据了得天独厚的优势，量化策略源源不断地从市场中挖掘信息，持续发现市场中的投资机会，在瞬息万变的交易市场里面，第一时间进出场，降低交易成本，让交易者积累更多的财富，节约人力成本，将交易者从计算机前解放出来。

3．平台特点

（1）模组远程监控：支持远程监控模组在云主机上的运行状态，需要时手动干预，进行撤单和追价操作。远程监控接触不到模型源码，充分保障策略安全。

（2）支持多模型组合测试：多模型组合交易能够分散交易风险，组合测试功能能够为你快速出具历史数据回测报告。以 tick 精准历史回测为基础，进行多品种、多策略、多周期任意组合的测试，助你搭建最优的投资组合。

（3）独特策略优化函数：使用 Import 函数可以跨周期、跨合约取数据，如引用豆粕合约日 K 线图 KDJ 指标中的 K 值、D 值。

（4）基本面量化交易：将基本面数据、突发事件引用到模型中驱动程序，实现基本面量化的自动交易。

（5）积木式编程语言：麦语言编写方便。

4.2 掘金量化平台简介

4.2.1 新建策略方法

常见的策略结构主要包括三类，如图 4-3 所示。

1．定时任务示例

以下代码的内容是：在每个交易日的 14：50：00 以市价买入 200 股浦发银行股票。

```
1.    # coding = utf-8
2.    from__future__ import print_function, absolute_import
3.    from gm.api import *
4.
5.
6.    def init(context):
7.        # 每天14:50 定时执行algo任务,
```

定时任务

```
# 第一步：初始化，配置定时任务
def init(context):
    schedule(schedule_func,
             date_rule, time_rule)

# 第二步：定时任务函数
def algo(context):
    # 在这里输入需要定时执行的内容

# 第三步：执行策略
if __name__ == '__main__':
    run(strategy_id='',
        filename='',
        mode=MODE_UNKNOWN,
        token='')
```

示例策略：
小市值、alpha对冲、多因子选股、行业轮动

事件驱动任务

```
# 第一步：初始化，数据订阅
def init(context):
    subscribe
    (symbols,frequency,count)

# 第二步：事件驱动函数下单
# 可以用on_xxx()类函数
def on_bar(context,bar):
    # 在这里定义下单逻辑

# 第三步：执行策略
if __name__ == '__main__':
    run(strategy_id='',
        filename='',
        mode=MODE_UNKNOWN,
        token='')
```

示例策略：
双均线、布林带均值回归、网格交易、指数增强、跨品种套利、跨期套利、做市商交易、日内回转交易、海龟交易法、机器学习

定时+事件驱动任务

```
# 第一步：初始化函数，订阅数据，配置定时任务
def init(context):
    # 数据订阅
    subscribe(symbols,frequency,count)
    # 定时任务配置
    schedule(schedule_func,date_rule,
time_rule)

# 第二步：定时任务函数
def algo(context):
    # 在这里输入需要定时执行的内容

# 第三步：事件驱动函数下单
def on_bar(context,bars):
    # 在这里定义事件驱动内容

# 第四步：执行策略
if __name__ == '__main__':
    run(strategy_id='',
        filename='',
        mode=MODE_UNKNOWN,
        token='')
```

示例策略：
Dual Thrust、R-Breaker、菲阿里四价

图 4-3　三类策略结构

```
8.      # algo 执行定时任务函数，只能传 context 参数
9.      # date_rule 执行频率，目前暂时支持 1d、1w、1m，其中 1w、1m 仅用于回测，实时模式 1d 以上的频率，需要在 algo 判断日期
10.     # time_rule 执行时间，注意多个定时任务设置同一个时间点，前面的定时任务会被后面的覆盖
11.     schedule(schedule_func = algo, date_rule = '1d', time_rule = '14: 50: 00')
12.
13.
14.
15. def algo(context):
16.     # 以市价购买 200 股浦发银行股票，price 在市价类型不生效
17.     order_volume(symbol = 'SHSE.600000', volume = 200, side = OrderSide_Buy,
18.                  order_type = OrderType_Market, position_effect = PositionEffect_Open, price = 0)
19.
20.
21.     # 查看最终的回测结果
22. def on_backtest_finished(context, indicator):
23.     print(indicator)
24.
25.
26. if __name__ == '__main__':
27.     '''
28.         strategy_id 策略 ID，由系统生成
```

```
29.         filename 文件名，请与本文件名保持一致
30.         mode 运行模式，实时模式：MODE_LIVE 回测模式：MODE_BACKTEST
31.         token 绑定计算机的 ID，可在系统设置 – 密钥管理中生成
32.         backtest_start_time 回测开始时间
33.         backtest_end_time 回测结束时间
34.         backtest_adjust 股票复权方式，不复权：ADJUST_NONE 前复权：ADJUST_PREV 后复
权：ADJUST_POST
35.         backtest_initial_cash 回测初始资金
36.         backtest_commission_ratio 回测佣金比例
37.         backtest_slippage_ratio 回测滑点比例
38.         '''
39.     run(strategy_id = 'strategy_id',
40.         filename = 'main.py',
41.         mode = MODE_BACKTEST,
42.         token = 'token_id',
43.         backtest_start_time = '2020 – 11 – 01 08:00:00',
44.         backtest_end_time = '2020 – 11 – 10 16:00:00',
45.         backtest_adjust = ADJUST_PREV,
46.         backtest_initial_cash = 10000000,
47.         backtest_commission_ratio = 0.0001,
48.         backtest_slippage_ratio = 0.0001)
```

整个策略需要三步。

（1）设置初始化函数：init，使用 schedule 函数进行定时任务配置；

（2）配置任务，到点会执行该任务；

（3）执行策略。

2．数据事件驱动示例

在用 subscribe()接口订阅标的后，后台会返回 tick 数据或 bar 数据。每产生一个或一组数据，就会自动触发 on_tick()或 on_bar()里面的内容执行。比如以下范例代码片段，订阅浦发银行频率为 1 天和 60s 的 bar 数据，每产生一次 bar，就会自动触发 on_bar()调用，打印获取的 bar 信息：

```
1.  # coding = utf – 8
2.  from _future_ import print_function, absolute_import
3.  from gm.api import *
4.
5.
6.  def init(context):
7.      # 订阅浦发银行，bar 频率为一天和一分钟
8.      # 订阅多个频率的数据，可多次调用 subscribe
9.      subscribe(symbols = 'SHSE.600000', frequency = '1d')
10.     subscribe(symbols = 'SHSE.600000', frequency = '60s')
11.
12.
13. def on_bar(context, bars):
14.
```

```
15.     # 打印 bar 数据
16.     print(bars)
17.
18.
19. if __name__ == '__main__':
20.     '''
21.         strategy_id策略ID, 由系统生成
22.         filename 文件名, 请与本文件名保持一致
23.         mode 运行模式, 实时模式: MODE_LIVE 回测模式: MODE_BACKTEST
24.         token绑定计算机的ID, 可在系统设置-密钥管理中生成
25.         backtest_start_time 回测开始时间
26.         backtest_end_time 回测结束时间
27.         backtest_adjust 股票复权方式, 不复权: ADJUST_NONE 前复权: ADJUST_PREV 后复权: ADJUST_POST
28.         backtest_initial_cash 回测初始资金
29.         backtest_commission_ratio 回测佣金比例
30.         backtest_slippage_ratio 回测滑点比例
31.     '''
32.     run(strategy_id = 'strategy_id',
33.         filename = 'main.py',
34.         mode = MODE_BACKTEST,
35.         token = 'token_id',
36.         backtest_start_time = '2020-11-01 08:00:00',
37.         backtest_end_time = '2020-11-10 16:00:00',
38.         backtest_adjust = ADJUST_PREV,
39.         backtest_initial_cash = 10000000,
40.         backtest_commission_ratio = 0.0001,
41.         backtest_slippage_ratio = 0.0001)
```

整个策略需要三步。

（1）设置初始化函数：init，使用 subscribe 函数进行数据订阅；

（2）实现一个函数：on_bar，来根据数据推送进行逻辑处理；

（3）执行策略。

3. 时间序列数据事件驱动示例

策略订阅代码时指定数据窗口大小与周期，平台创建数据滑动窗口，加载初始数据，并在新的 bar 到来时自动刷新数据。on_bar 事件触发时，策略可以取到订阅代码的准备好的时间序列数据。以下的范例代码片段是一个非常简单的例子，订阅浦发银行的日线和分钟 bar，bar 数据的更新会自动触发 on_bar 的调用，每次调用 context.data 来获取最新的 50 条 bar 信息。

```
1.  # coding = utf-8
2.  from __future__ import print_function, absolute_import
3.  from gm.api import *
4.
5.
6.  def init(context):
```

```
7.      # 订阅浦发银行, bar 频率为一天和一分钟
8.      # 指定数据窗口大小为 50
9.      # 订阅多个频率的数据, 可多次调用 subscribe
10.     subscribe(symbols = 'SHSE.600000', frequency = '1d', count = 50)
11.     subscribe(symbols = 'SHSE.600000', frequency = '60s', count = 50)
12.
13.
14.  def on_bar(context, bars):
15.     # context.data 提取缓存的数据滑窗, 可用于计算指标
16.     # 注意: context.data 里的 count 要小于或者等于 subscribe 里的 count
17.     data = context.data(symbol = bars[0]['symbol'], frequency = '60s', count = 50, fields = 'close,bob')
18.
19.     # 打印最后 5 条 bar 数据(最后一条是最新的 bar)
20.     print(data.tail())
21.
22.
23.  if __name__ == '__main__':
24.     '''
25.         strategy_id 策略 ID, 由系统生成
26.         filename 文件名, 请与本文件名保持一致
27.         mode 运行模式, 实时模式: MODE_LIVE 回测模式: MODE_BACKTEST
28.         token 绑定计算机的 ID, 可在系统设置 - 密钥管理中生成
29.         backtest_start_time 回测开始时间
30.         backtest_end_time 回测结束时间
31.         backtest_adjust 股票复权方式, 不复权: ADJUST_NONE 前复权: ADJUST_PREV 后复权: ADJUST_POST
32.         backtest_initial_cash 回测初始资金
33.         backtest_commission_ratio 回测佣金比例
34.         backtest_slippage_ratio 回测滑点比例
35.     '''
36.     run(strategy_id = 'strategy_id',
37.         filename = 'main.py',
38.         mode = MODE_BACKTEST,
39.         token = 'token_id',
40.         backtest_start_time = '2020 - 11 - 01 08: 00: 00',
41.         backtest_end_time = '2020 - 11 - 10 16: 00: 00',
42.         backtest_adjust = ADJUST_PREV,
43.         backtest_initial_cash = 10000000,
44.         backtest_commission_ratio = 0.0001,
45.         backtest_slippage_ratio = 0.0001)
```

整个策略需要三步。

(1) 设置初始化函数: init, 使用 subscribe 函数进行数据订阅。

(2) 实现一个函数: on_bar, 来根据数据推送进行逻辑处理, 通过 context.data 获取数据滑窗。

(3) 执行策略。

4. 多个标的数据事件驱动示例

策略订阅多个标的,并且要求同一频度的数据到齐后,再触发事件。以下的范例代码片段是一个非常简单的例子,订阅浦发银行和平安银行的日线 bar,在浦发银行 bar 和平安银行 bar 到齐后会自动触发 on_bar 的调用。

```
1.   # coding = utf-8
2.   from __future__ import print_function, absolute_import
3.   from gm.api import *
4.
5.
6.   def init(context):
7.       # 同时订阅浦发银行和平安银行,数据全部到齐再触发事件
8.       # wait_group是否需要等待全部代码的数据到齐再触发事件
9.       # wait_group_timeout超时时间,从返回第一个bar开始计时,默认是10s,超时后的 bar 不再返回
10.      subscribe(symbols = 'SHSE.600000,SZSE.000001', frequency = '1d', count = 5, wait_group = True, wait_group_timeout = '10s')
11.
12.
13.  def on_bar(context, bars):
14.      for bar in bars:
15.          print(bar['symbol'], bar['eob'])
16.
17.
18.  if __name__ == '__main__':
19.      '''
20.      strategy_id策略ID, 由系统生成
21.      filename 文件名, 请与本文件名保持一致
22.      mode 运行模式, 实时模式:MODE_LIVE 回测模式:MODE_BACKTEST
23.      token 绑定计算机的ID, 可在系统设置-密钥管理中生成
24.      backtest_start_time 回测开始时间
25.      backtest_end_time 回测结束时间
26.      backtest_adjust 股票复权方式, 不复权:ADJUST_NONE 前复权:ADJUST_PREV 后复权:ADJUST_POST
27.      backtest_initial_cash 回测初始资金
28.      backtest_commission_ratio 回测佣金比例
29.      backtest_slippage_ratio 回测滑点比例
30.      '''
31.      run(strategy_id = 'strategy_id',
32.          filename = 'main.py',
33.          mode = MODE_BACKTEST,
34.          token = 'token_id',
35.          backtest_start_time = '2020-11-01 08:00:00',
36.          backtest_end_time = '2020-11-10 16:00:00',
37.          backtest_adjust = ADJUST_PREV,
38.          backtest_initial_cash = 10000000,
39.          backtest_commission_ratio = 0.0001,
```

```
40.        backtest_slippage_ratio = 0.0001)
```

整个策略需要三步。

（1）设置初始化函数：init，使用 subscribe 函数进行多个代码的数据订阅，设置 wait_group＝True。

（2）实现一个函数：on_bar，来根据数据推送（多个代码行情）进行逻辑处理。

（3）执行策略。

5. 选择回测模式/实时模式运行示例

掘金 3 策略只有两种模式，回测模式（backtest）与实时模式（live）。在加载策略时指定 mode 参数。

```
1.  # coding = utf - 8
2.  from __future__ import print_function, absolute_import
3.  from gm.api import *
4.
5.
6.  def init(context):
7.      # 订阅浦发银行的 tick
8.      subscribe(symbols = 'SHSE.600000', frequency = '60s')
9.
10.
11. def on_bar(context, bars):
12.     # 打印当前获取的 bar 信息
13.     print(bars)
14.
15.
16. if __name__ == '__main__':
17.     # 在终端仿真交易和实盘交易的启动策略按钮默认是实时模式，运行回测默认是回测模式，在外部 IDE 里运行策略需要修改成对应的运行模式
18.     # mode = MODE_LIVE 实时模式，回测模式的相关参数不生效
19.     # mode = MODE_BACKTEST    回测模式
20.
21.     '''
22.     strategy_id策略 ID，由系统生成
23.     filename 文件名，请与本文件名保持一致
24.     mode 运行模式，实时模式：MODE_LIVE 回测模式：MODE_BACKTEST
25.     token 绑定计算机的 ID，可在系统设置 - 密钥管理中生成
26.     backtest_start_time 回测开始时间
27.     backtest_end_time 回测结束时间
28.     backtest_adjust 股票复权方式，不复权：ADJUST_NONE 前复权：ADJUST_PREV 后复权：ADJUST_POST
29.     backtest_initial_cash 回测初始资金
30.     backtest_commission_ratio 回测佣金比例
31.     backtest_slippage_ratio 回测滑点比例
32.     '''
33.     run(strategy_id = 'strategy_id',
```

```
34.         filename = 'main.py',
35.         mode = MODE_LIVE,
36.         token = 'token_id',
37.         backtest_start_time = '2020-11-01 08:00:00',
38.         backtest_end_time = '2020-11-10 16:00:00',
39.         backtest_adjust = ADJUST_PREV,
40.         backtest_initial_cash = 10000000,
41.         backtest_commission_ratio = 0.0001,
42.         backtest_slippage_ratio = 0.0001)
```

整个策略需要三步。

(1) 设置初始化函数：init，使用 subscribe 函数进行数据代码订阅。

(2) 实现一个函数：on_bar，来根据数据推送进行逻辑处理。

(3) 选择对应模式，执行策略。

6. 提取数据研究示例

如果只想提取数据，无须实时数据驱动策略，无须交易下单，可以直接通过数据查询函数来进行查询。

```
1.  # coding = utf-8
2.  from __future__ import print_function, absolute_import
3.  from gm.api import *
4.
5.
6.  # 可以直接提取数据，掘金终端需要打开，接口取数是通过网络请求的方式，效率一般，行情数据可通过 subscribe 订阅方式
7.  # 设置 token，查看已有 token ID，在用户-密钥管理里获取
8.  set_token('your token_id')
9.
10. # 查询历史行情，采用定点复权的方式，adjust 指定前复权，adjust_end_time 指定复权时间点
11. data = history(symbol = 'SHSE.600000', frequency = '1d', start_time = '2020-01-01 09:00:00', end_time = '2020-12-31 16:00:00',
12.                fields = 'open,high,low,close', adjust = ADJUST_PREV, adjust_end_time = '2020-12-31', df = True)
13. print(data)
```

整个过程只需要两步。

(1) set_token 设置用户 token，如果 token 不正确，函数调用会抛出异常。

(2) 调用数据查询函数，直接进行数据查询。

7. 回测模式下高速处理数据示例

本示例提供一种在 init 中预先取全集数据，规整后索引调用的高效数据处理方式，能够避免反复调用服务器接口导致的低效率问题，可根据该示例思路，应用到其他数据接口以提高效率。

```
1.  # coding = utf-8
2.  from __future__ import print_function, absolute_import
3.  from gm.api import *
4.
5.
6.  def init(context):
7.      # 在 init 中一次性拿到所有需要的 instruments 信息
8.      instruments = get_history_instruments(symbols = 'SZSE.000001,SZSE.000002', start_date = context.backtest_start_time, end_date = context.backtest_end_time)
9.      # 将信息按 symbol,date 作为 key 存入字典
10.     context.ins_dict = {(i.symbol, i.trade_date.date()): i for i in instruments}
11.     subscribe(symbols = 'SZSE.000001,SZSE.000002', frequency = '1d')
12.
13. def on_bar(context, bars):
14.     print(context.ins_dict[(bars[0].symbol, bars[0].eob.date())])
15.
16.
17. if __name__ == '__main__':
18.     '''
19.         strategy_id 策略 ID，由系统生成
20.         filename 文件名，请与本文件名保持一致
21.         mode 运行模式，实时模式：MODE_LIVE 回测模式：MODE_BACKTEST
22.         token 绑定计算机的 ID，可在系统设置 - 密钥管理中生成
23.         backtest_start_time 回测开始时间
24.         backtest_end_time 回测结束时间
25.         backtest_adjust 股票复权方式，不复权：ADJUST_NONE 前复权：ADJUST_PREV 后复权：ADJUST_POST
26.         backtest_initial_cash 回测初始资金
27.         backtest_commission_ratio 回测佣金比例
28.         backtest_slippage_ratio 回测滑点比例
29.     '''
30.     run(strategy_id = 'strategy_id',
31.         filename = 'main.py',
32.         mode = MODE_BACKTEST,
33.         token = 'token_id',
34.         backtest_start_time = '2020-11-01 08:00:00',
35.         backtest_end_time = '2020-11-10 16:00:00',
36.         backtest_adjust = ADJUST_PREV,
37.         backtest_initial_cash = 10000000,
38.         backtest_commission_ratio = 0.0001,
39.         backtest_slippage_ratio = 0.0001)
```

整个策略需要三步。

（1）设置初始化函数：init，一次性拿到所有需要的 instruments 信息，将信息按 symbol,date 作为 key 存入字典，使用 subscribe 函数进行数据订阅代码。

（2）实现一个函数：on_bar，来根据数据推送进行逻辑处理。

（3）执行策略。

8. 实时模式下动态参数示例

本示例提供一种通过策略设置动态参数,可在终端界面显示和修改,在不停止策略的情况下手动修改参数传入策略的方法。

```
1.   # coding = utf - 8
2.   from _future_ import print_function, absolute_import, unicode_literals
3.   from gm.api import *
4.   import numpy as np
5.   import pandas as pd
6.
7.
8.   '''动态参数,是指在不终止策略的情况下,掘金终端 UI 界面和策略变量做交互,
9.       通过 add_parameter 在策略代码里设置动态参数,终端 UI 界面会显示对应参数
10.  '''
11.
12.
13.  def init(context):
14.      # log 日志函数,只支持实时模式,在仿真交易和实盘交易界面查看,重启终端 log 日志
         会被清除,需要记录到本地可以使用 logging 库
15.      log(level = 'info', msg = '平安银行信号触发', source = 'strategy')
16.      # 设置 k 值阈值作为动态参数
17.      context.k_value = 23
18.      # add_parameter 设置动态参数函数,只支持实时模式,在仿真交易和实盘交易界面查
         看,重启终端动态参数会被清除,重新运行策略会重新设置
19.      add_parameter(key = 'k_value', value = context.k_value, min = 0, max = 100, name = 'k
         值阈值', intro = '设置 k 值阈值',
20.                    group = '1', readonly = False)
21.
22.      # 设置 d 值阈值作为动态参数
23.      context.d_value = 20
24.      add_parameter(key = 'd_value', value = context.d_value, min = 0, max = 100, name = 'd
         值阈值', intro = '设置 d 值阈值',
25.                    group = '2', readonly = False)
26.
27.      print('当前的动态参数有 ', context.parameters)
28.      # 订阅行情
29.      subscribe(symbols = 'SZSE.002400', frequency = '60s', count = 120)
30.
31.
32.  def on_bar(context, bars):
33.
34.      data = context.data(symbol = bars[0]['symbol'], frequency = '60s', count = 100)
35.
36.      kdj = KDJ(data, 9, 3, 3)
37.      k_value = kdj['kdj_k'].values
38.      d_value = kdj['kdj_d'].values
39.
40.      if k_value[ - 1] > context.k_value and d_value[ - 1] < context.d_value:
```

```
41.            order_percent(symbol = bars[0]['symbol'], percent = 0.01, side = OrderSide_Buy,
order_type = OrderType_Market, position_effect = PositionEffect_Open)
42.            print('{}下单买入, k值为{}'.format(bars[0]['symbol'], context.k_value))
43.
44.
45.    # 计算 KDJ
46.    def KDJ(data, N, M1, M2):
47.        lowList = data['low'].rolling(N).min()
48.        lowList.fillna(value = data['low'].expanding().min(), inplace = True)
49.        highList = data['high'].rolling(N).max()
50.        highList.fillna(value = data['high'].expanding().max(), inplace = True)
51.        rsv = (data['close'] - lowList) / (highList - lowList) * 100
52.        data['kdj_k'] = rsv.ewm(alpha = 1/M1).mean()
53.        data['kdj_d'] = data['kdj_k'].ewm(alpha = 1/M2).mean()
54.        data['kdj_j'] = 3.0 * data['kdj_k'] - 2.0 * data['kdj_d']
55.        return data
56.
57.
58.    # 动态参数变更事件
59.    def on_parameter(context, parameter):
60.        # print(parameter)
61.        if parameter['name'] == 'k值阈值':
62.            # 通过全局变量把动态参数值传入别的事件里
63.            context.k_value = parameter['value']
64.            print('{}已经修改为{}'.format(parameter['name'], context.k_value))
65.
66.        if parameter['name'] == 'd值阈值':
67.            context.d_value = parameter['value']
68.            print('{}已经修改为{}'.format(parameter['name'], context.d_value))
69.
70.
71.    def on_account_status(context, account):
72.        print(account)
73.
74.
75.    if __name__ == '__main__':
76.        '''
77.        strategy_id策略ID,由系统生成
78.        filename文件名,请与本文件名保持一致
79.        mode实时模式: MODE_LIVE 回测模式: MODE_BACKTEST
80.        token绑定计算机的ID,可在系统设置-密钥管理中生成
81.        backtest_start_time回测开始时间
82.        backtest_end_time回测结束时间
83.        backtest_adjust股票复权方式不复权: ADJUST_NONE 前复权: ADJUST_PREV 后复权: ADJUST_POST
84.        backtest_initial_cash回测初始资金
85.        backtest_commission_ratio回测佣金比例
86.        backtest_slippage_ratio回测滑点比例
87.        '''
```

```
88.    run(strategy_id = '07c08563 - a4a8 - 11ea - a682 - 7085c223669d',
89.        filename = 'main.py',
90.        mode = MODE_LIVE,
91.        token = '2c4e3c59cde776ebc268bf6d7b4c457f204482b3',
92.        backtest_start_time = '2020 - 09 - 01 08:00:00',
93.        backtest_end_time = '2020 - 10 - 01 16:00:00',
94.        backtest_adjust = ADJUST_PREV,
95.        backtest_initial_cash = 500000,
96.        backtest_commission_ratio = 0.0001,
97.        backtest_slippage_ratio = 0.0001)
```

9. Level-2 数据驱动事件示例

本示例提供 Level-2 行情的订阅，包括逐笔成交、逐笔委托、委托队列。
仅券商托管版本支持。

```
1.  # coding = utf - 8
2.  from __future__ import print_function, absolute_import
3.  from gm.api import *
4.
5.
6.  def init(context):
7.      # 查询历史 L2 Tick 行情
8.      history_l2tick = get_history_l2ticks('SHSE.600519', '2020 - 11 - 23 14:00:00', '2020 - 11 - 23 15:00:00', fields = None,
9.                          skip_suspended = True, fill_missing = None,
10.                         adjust = ADJUST_NONE, adjust_end_time = '', df = False)
11.     print(history_l2tick[0])
12.
13.     # 查询历史 L2 Bar 行情
14.     history_l2bar = get_history_l2bars('SHSE.600000', '60s', '2020 - 11 - 23 14:00:00', '2020 - 11 - 23 15:00:00', fields = None,
15.                         skip_suspended = True, fill_missing = None,
16.                         adjust = ADJUST_NONE, adjust_end_time = '', df = False)
17.     print(history_l2bar[0])
18.
19.     # 查询历史 L2 逐笔成交
20.     history_transactions = get_history_l2transactions('SHSE.600000', '2020 - 11 - 23 14:00:00', '2020 - 11 - 23 15:00:00', fields = None, df = False)
21.     print(history_transactions[0])
22.
23.     # 查询历史 L2 逐笔委托
24.     history_order = get_history_l2orders('SZSE.000001', '2020 - 11 - 23 14:00:00', '2020 - 11 - 23 15:00:00', fields = None, df = False)
25.     print(history_order[0])
26.
27.     # 查询历史 L2 委托队列
28.     history_order_queue = get_history_l2orders_queue('SZSE.000001', '2020 - 11 - 23 14:00:00', '2020 - 11 - 23 15:00:00', fields = None, df = False)
```

```
29.       print(history_order_queue[0])
30.     # 订阅浦发银行的逐笔成交数据
31.     subscribe(symbols = 'SHSE.600000', frequency = 'l2transaction')
32.     # 订阅平安银行的逐笔委托数据(仅支持深市标的)
33.     subscribe(symbols = 'SZSE.000001', frequency = 'l2order')
34.     # 订阅平安银行的委托队列数据
35.     subscribe(symbols = 'SZSE.000001', frequency = 'l2order_queue')
36.
37.
38.
39.  def on_l2order(context, order):
40.     # 打印逐笔成交数据
41.     print(order)
42.
43.
44.  def on_l2transaction(context, transition):
45.     # 打印逐笔委托数据
46.     print(transition)
47.
48.
49.  def on_l2order_queue(context, l2order_queue):
50.     # 打印委托队列数据
51.     print(l2order_queue)
52.
53.
54.  if __name__ == '__main__':
55.     '''
56.         strategy_id策略ID, 由系统生成
57.         filename 文件名, 请与本文件名保持一致
58.         mode 运行模式, 实时模式: MODE_LIVE 回测模式: MODE_BACKTEST
59.         token 绑定计算机的ID, 可在系统设置-密钥管理中生成
60.         backtest_start_time 回测开始时间
61.         backtest_end_time 回测结束时间
62.         backtest_adjust 股票复权方式, 不复权: ADJUST_NONE 前复权: ADJUST_PREV 后复权: ADJUST_POST
63.         backtest_initial_cash 回测初始资金
64.         backtest_commission_ratio 回测佣金比例
65.         backtest_slippage_ratio 回测滑点比例
66.     '''
67.     run(strategy_id = 'strategy_id',
68.         filename = 'main.py',
69.         mode = MODE_BACKTEST,
70.         token = 'token_id',
71.         backtest_start_time = '2020 - 11 - 01 08: 00: 00',
72.         backtest_end_time = '2020 - 11 - 10 16: 00: 00',
73.         backtest_adjust = ADJUST_PREV,
74.         backtest_initial_cash = 10000000,
75.         backtest_commission_ratio = 0.0001,
76.         backtest_slippage_ratio = 0.0001)
```

10. 可转债数据获取、交易示例

本示例提供可转债数据获取、可转债交易。

```python
1.  # coding = utf-8
2.  from __future__ import print_function, absolute_import
3.  from gm.api import *
4.
5.
6.  def init(context):
7.      # 订阅可转债行情。与股票无异
8.      subscribe(symbols = 'SHSE.113038', frequency = 'tick', count = 2)
9.
10.     # 获取可转债基本信息,输入可转债代码即可
11.     infos = get_instrumentinfos(symbols = 'SHSE.113038', df = True)
12.
13.     # 输入可转债标的代码,可以获取到历史行情,但是只能是分钟线,不能获取日线。
14.     history_data = history(symbol = 'SHSE.113038', frequency = '60s', start_time = '2021-02-24 14:50:00',
15.                            end_time = '2021-02-24 15:30:30', adjust = ADJUST_PREV, df = True)
16.
17.     # ipo相关接口,需要在券商版实盘环境下使用。
18.     ipo_get_instruments()
19.     ipo_get_quota()
20.
21.
22.     # 可转债回售、转股、转股撤销,需要券商实盘环境,仿真回测不可用。
23.     bond_convertible_call('SHSE.110051', 100, 0)
24.     bond_convertible_put('SHSE.183350', 100, 0)
25.     bond_convertible_put_cancel('SHSE.183350', 100)
26.
27.     # 可转债下单,仅将symbol替换为可转债标的代码即可
28.     order_volume(symbol = 'SZSE.128041', volume = 100, side = OrderSide_Buy, order_type = OrderType_Limit, position_effect = PositionEffect_Open, price = 340)
29.
30.     # 直接获取委托,可以看到相应的可转债委托,普通买卖通过标的体现可转债交易,转股、回售、回售撤销通过order_business字段的枚举值不同来体现。
31.     A = get_orders()
32.
33.
34. def on_tick(context, tick):
35.     # 打印频率为tick的浦发银行的50条最新tick
36.     print(tick)
37.
38.
39. if __name__ == '__main__':
40.     run(strategy_id = 'strategy_id',
41.         filename = 'main.py',
```

```
42.         mode = MODE_LIVE,
43.         token = 'token_id',
44.         backtest_start_time = '2020-12-16 09:00:00',
45.         backtest_end_time = '2020-12-16 09:15:00',
46.         backtest_adjust = ADJUST_PREV,
47.         backtest_initial_cash = 10000000,
48.         backtest_commission_ratio = 0.0001,
49.         backtest_slippage_ratio = 0.0001
50.     )
```

4.2.2 策略程序架构

1. 掘金策略程序初始化

通过 init 函数初始化策略,策略启动即会自动执行。在 init 函数中可以:

1) 定义全局变量

通过添加 context 包含的属性,可以定义全局变量,如 context.x,该属性可以在全文中进行传递。

2) 定义调度任务

可以通过 schedule 配置定时任务,程序在指定时间自动执行策略算法。

3) 准备历史数据

通过数据查询函数获取历史数据。

4) 订阅实时行情

通过 subscribe 订阅行情,可以触发行情事件处理函数。

2. 行情事件处理函数

1) 处理盘口 tick 数据事件

通过 on_tick 响应 tick 数据事件,可以在该函数中继续添加自己的策略逻辑,如进行数据计算、交易等。

2) 处理分时 bar 数据事件

通过 on_bar 响应 bar 数据事件,可以在该函数中继续添加自己的策略逻辑,如进行数据计算、交易等。

3. 交易事件处理函数

1) 处理回报 execrpt 数据事件

当交易委托被执行后会触发 on_execution_report,用于监测委托执行状态。

2) 处理委托 order 委托状态变化数据事件

当订单状态产生变化时会触发 on_order_status,用于监测委托状态变更。

3) 处理账户 account 交易账户状态变化数据事件

当交易账户状态产生变化时会触发 on_account_status,用于监测交易账户委托状态变更。

4．其他事件处理函数

1）处理 error 错误事件

当发生异常情况时触发错误事件,并返回错误码和错误信息。

2）处理动态参数 parameter 动态参数修改事件

当动态参数产生变化时会触发 on_parameter,用于监测动态参数修改。

3）处理绩效指标对象 Indicator 回测结束事件

在回测模式下,回测结束后会触发 on_backtest_finished,并返回回测得到的绩效指标对象。

4）处理实时行情网络连接成功事件

当实时行情网络连接成功时触发实时行情网络连接成功事件。

5）处理实时行情网络连接断开事件

当实时行情网络连接断开时触发实时行情网络连接断开事件。

6）处理交易通道网络连接成功事件

当交易通道网络连接成功时触发交易通道网络连接成功事件。

7）处理交易通道网络连接断开事件

当交易通道网络连接断开时触发交易通道网络连接断开事件。

5．策略入口

run 函数用于启动策略,策略类交易类策略都需要 run 函数。在只需提取数据进行研究(即仅使用数据查询函数时)的情况下可以不调用 run 函数,在策略开始调用 set_token 即可:

1）用户 tokenID

这是用户身份的唯一标识,token 位置参见终端-系统设置界面-密钥管理(token)。

2）策略 IDstrategy_id

这是策略文件与终端连接的纽带,是策略的身份标识。每创建一个策略都会对应生成一个策略 id,创建策略时即可看到。

3）策略工作模式

策略支持两种运行模式:实时模式和回测模式。实时模式用于仿真交易及实盘交易,回测模式用于策略研究,用户需要在运行策略时选择模式。

4.2.3 重要概念

1．symbol-代码标识

掘金代码(symbol)是掘金平台用于唯一标识交易标的代码,格式为:交易所代码、交易标代码。比如深圳平安的 symbol,示例:SZSE.000001(注意区分大小写)。代码表示可以在掘金终端的仿真交易或交易工具中进行查询。

1)交易所代码

目前掘金支持国内的 7 个交易所,各交易所的代码缩写如表 4-1 所示。

表 4-1 各交易所的代码编写

市场中文名	市场代码
上交所	SHSE
深交所	SZSE
中金所	CFFEX
上期所	SHFE
大商所	DCE
郑商所	CZCE
上海国际能源交易中心	INE

2)交易标的代码

交易标的代码是指交易所给出的交易标的代码,包括股票(如 600000)、期货(如 rb2011)、期权(如 10002498)、指数(如 000001)、基金(如 510300)等代码。

具体的代码请参考交易所给出的证券代码定义(表 4-2)。

表 4-2 symbol 示例

市场中文名	市场代码	示例代码	证券简称
上交所	SHSE	SHSE.600000	浦发银行
深交所	SZSE	SZSE.000001	平安银行
中金所	CFFEX	CFFEX.IC2011	中证 500 指数 2020 年 11 月期货合约
上期所	SHFE	SHFE.rb2011	螺纹钢 2020 年 11 月期货合约
大商所	DCE	DCE.m2011	豆粕 2020 年 11 月期货合约
郑商所	CZCE	CZCE.FG101	玻璃 2021 年 1 月期货合约
上海国际能源交易中心	INE	INE.sc2011	原油 2020 年 11 月期货合约

3)期货主力连续合约

其仅在回测模式下使用,期货主力连续合约为量价数据的简单拼接,未做平滑处理,如 SHFE.RB 螺纹钢主力连续合约,其他主力合约请查看期货主力连续合约。

2. mode-模式选择

策略支持两种运行模式,需要在 run()里面指定,分别为实时模式和回测模式。

1)实时模式

实时模式需指定 mode = MODE_LIVE。订阅行情服务器推送的实时行情,也就是交易所的实时行情,只在交易时段提供,常用于仿真和实盘。

2)回测模式

回测模式需指定 mode = MODE_BACKTEST。订阅指定时段、指定交易代码、指定数据类型的历史行情,行情服务器将按指定条件全速回放对应的行情数据。适用的场景是策略回测阶段,快速验证策略的绩效是否符合预期。

3) context-上下文对象

context 是策略运行上下文环境对象,该对象将会在你的算法策略的任何方法之间做传递。用户可以通过 context 定义多种自己需要的属性,也可以查看 context 固有属性,context 结构如图 4-4 所示。

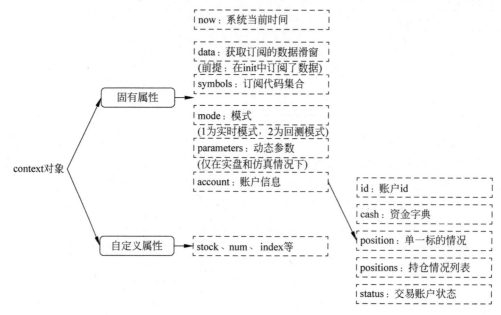

图 4-4 context 结构

context.symbols-订阅代码集合

通过 subscribe 行情订阅函数,订阅代码会生成一个代码集合。

函数原型:context.symbols。

返回值:set(str)

示例:

1. subscribe(symbols = ['SHSE.600519', 'SHSE.600419'], frequency = '60s')
2. context.symbols

返回:

{'SHSE.600519', 'SHSE.600419'}

4) context.now-当前时间

实时模式返回当前本地时间,回测模式返回当前回测时间。

函数原型:context.now。

返回值:datetime.datetime

示例:context.now。

返回：2020-09-01 09：40：00＋08：00。

5）context.data-数据滑窗

获取订阅的 bar 或 tick 滑窗，数据为包含当前时刻推送 bar 或 tick 的前 count 条 bar 或者 tick 数据。

原型：context.data(symbol,frequency,count,fields)。

参数：

参数名	类型	说明
symbol	str	标的代码(只允许单个标的的代码字符串)，使用时参考 symbol
frequency	str	频率，支持'tick','1d','15s','30s'等，需和 subscribe 函数中指定的频率保持一致。详情见股票行情数据和期货行情数据
count	int	滑窗大小(正整数)，需小于等于 subscribe 函数中 count 值

返回值：dataframe(tick 的 dataframe 或者 bar 的 dataframe)

订阅逐笔行情数据 tick 时：

示例：

Subcribe_data = context.data(symbol = 'SHSE.600000',frequency = 'tick',count = 2)

输出：

[{'symbol': 'SHSE.600000', 'open': 9.680000305175781, 'high': 9.720000267028809, 'low': 9.619999885559082,'price': 9.630000114440918, 'quotes': [{'bid_p': 9.630000114440918, 'bid_v': 360197, 'ask_p': 9.640000343322754, 'ask_v': 124200},{'bid_p': 9.619999885559082, 'bid_v': 1265300, 'ask_p': 9.649999618530273, 'ask_v': 172059},{'bid_p': 9.609999656677246, 'bid_v': 1030400, 'ask_p': 9.65999984741211, 'ask_v': 233400},{'bid_p': 9.600000381469727, 'bid_v': 1200000, 'ask_p': 9.670000076293945, 'ask_v': 150700},{'bid_p': 9.59000015258789, 'bid_v': 208000, 'ask_p': 9.680000305175781, 'ask_v': 199543}], 'cum_volume': 29079145, 'cum_amount': 280888066.0, 'last_amount': 963.0, 'last_volume': 100, 'created_at': datetime.datetime(2020, 11, 20, 11, 30, 1, 400000, tzinfo = tzfile('PRC')), 'cum_position': 0, 'trade_type': 0}, {'quotes': [{'bid_p': 9.630000114440918, 'bid_v': 315497, 'ask_p': 9.640000343322754, 'ask_v': 125900}, {'bid_p': 9.619999885559082, 'bid_v': 1291300, 'ask_p': 9.649999618530273, 'ask_v': 177959}, {'bid_p': 9.609999656677246, 'bid_v': 1035000, 'ask_p': 9.65999984741211, 'ask_v': 233400}, {'bid_p': 9.600000381469727, 'bid_v': 1213300, 'ask_p': 9.670000076293945, 'ask_v': 150700}, {'bid_p': 9.59000015258789, 'bid_v': 212100, 'ask_p': 9.680000305175781, 'ask_v': 173943}, {'bid_p': 0, 'bid_v': 0, 'ask_p': 0, 'ask_v': 0},{'bid_p': 0, 'bid_v': 0, 'ask_p': 0, 'ask_v': 0},{'bid_p': 0, 'bid_v': 0, 'ask_p': 0, 'ask_v': 0},{'bid_p': 0, 'bid_v': 0, 'ask_p': 0, 'ask_v': 0},{'bid_p': 0, 'bid_v': 0, 'ask_p': 0, 'ask_v': 0}], 'symbol': 'SHSE.600000', 'created_at': datetime.datetime(2020, 11, 20, 13, 0, 2, 430000, tzinfo = tzfile('PRC')), 'price': 9.630000114440918, 'open': 9.680000305175781, 'high': 9.720000267028809, 'low': 9.619999885559082, 'cum_volume': 29171845, 'cum_amount': 281780897.0, 'cum_position': 0, 'last_amount': 892831.0, 'last_volume': 92700, 'trade_type': 0, 'receive_local_time': 1605863292.163}]

其中 bid_p 为买价,bid_v 为买量,ask_p 为卖价,ask_v 为卖量。

订阅各种周期的 bar 时：

示例：

Subcribe_data = context.data(symbol = 'SHSE.600000', frequency = '60s', count = 2, fields = 'symbol,open,close,volume,eob')

输出：

1.　symbol　　　　open　　　　close　　　　volume　　　eob
2.　SHSE.600000　　12.64000　　12.65000　　711900　　2017-06-30 15:00:00
3.　SHSE.600000　　12.64000　　12.62000　　241000　　2017-07-03 09:31:00

注意：

（1）所得数据按 eob 时间正序排列。

（2）不支持传入多个 symbol 或 frequency，若输入多个，则返回空 dataframe。

（3）若 fields 查询字段包含无效字段，返回 KeyError 错误。

Tips：context.data()与 bar 一起使用时的区别和联系：

以订阅'SHSE.600519'股票日频数据为例，在 on_bar()中同时输出 bar 和 context.data()。

当订阅的滑窗大小（count）为 1 时，bar 返回的数据和 context.data 返回的数据是相同的。

当订阅的滑窗大小（count）大于 1 时，bar 返回的数据为最新的一条；而 context.data()返回的数据是 count 条，其中最后一条和 bar 返回的数据相同。

也就是说，无论订阅滑窗大小如何设置，bar 每次只返回一条最新数据，而 context.data()返回数据条数等于 count，并且最后一条为最新数据。

6）context.account-账户信息

可通过此函数获取账户资金信息及持仓信息。

原型：context.account(account_id=None)

参数：

参数名	类型	说明
account_id	str	账户信息，默认返回默认账户，如多个账户需指定account_id

返回类型为 account-账户对象。

示例-获取当前持仓：

1.　# 所有持仓
2.　Account_positions = context.account().positions()
3.　# 指定持仓
4.　Account_position = context.account().position(symbol = 'SHSE.600519', side = PositionSide_Long)

返回值：list[position]（持仓对象列表）

注意：

在没有持仓的情况下，用 context.account().positions()查总持仓，返回空列表，用 context.account().position()查单个持仓，返回 None。

输出：

1.　# 所有持仓输出
2.　[{'account_id': 'd7443a53-f65b-11ea-bb9d-484d7eaefe55', 'symbol': 'SHSE.600419', 'side': 1, 'volume': 2200, 'volume_today': 100, 'vwap': 16.43391600830338, 'amount': 36154.61521826744, 'fpnl': -2362.6138754940007, 'cost': 36154.61521826744, 'available': 2200, 'available_today': 100, 'created_at': datetime.datetime(2020, 9, 1, 9, 40, tzinfo=tzfile('PRC')), 'updated_at': datetime.datetime(2020, 9, 30, 9, 40, tzinfo=tzfile('PRC')), 'account_name': '', 'vwap_diluted': 0.0, 'price': 0.0, 'order_frozen': 0, 'order_frozen_today': 0, 'available_now': 0, 'market_value': 0.0, 'last_price': 0.0, 'last_volume': 0, 'last_inout': 0, 'change_reason': 0, 'change_event_id': '', 'has_dividend': 0}, {'account_id': 'd7443a53-f65b-11ea-bb9d-484d7eaefe55', 'symbol': 'SHSE.600519', 'side': 1, 'volume': 1100, 'vwap': 1752.575242219682, 'amount': 1927832.7664416502, 'fpnl': -110302.84700805641, 'cost': 1927832.7664416502, 'available': 1100, 'created_at': datetime.datetime(2020, 9, 1, 9, 40, tzinfo=tzfile('PRC')), 'updated_at': datetime.datetime(2020, 9, 15, 9, 40, tzinfo=tzfile('PRC')), 'account_name': '', 'volume_today': 0, 'vwap_diluted': 0.0, 'price': 0.0, 'order_frozen': 0, 'order_frozen_today': 0, 'available_today': 0, 'available_now': 0, 'market_value': 0.0, 'last_price': 0.0, 'last_volume': 0, 'last_inout': 0, 'change_reason': 0, 'change_event_id': '', 'has_dividend': 0}]
3.　# 指定持仓输出
4.　{'account_id': 'd7443a53-f65b-11ea-bb9d-484d7eaefe55', 'symbol': 'SHSE.600519', 'side': 1, 'volume': 1100, 'vwap': 1752.575242219682, 'amount': 1927832.7664416502, 'fpnl': -110302.84700805641, 'cost': 1927832.7664416502, 'available': 1100, 'created_at': datetime.datetime(2020, 9, 1, 9, 40, tzinfo=tzfile('PRC')), 'updated_at': datetime.datetime(2020, 9, 15, 9, 40, tzinfo=tzfile('PRC')), 'account_name': '', 'volume_today': 0, 'vwap_diluted': 0.0, 'price': 0.0, 'order_frozen': 0, 'order_frozen_today': 0, 'available_today': 0, 'available_now': 0, 'market_value': 0.0, 'last_price': 0.0, 'last_volume': 0, 'last_inout': 0, 'change_reason': 0, 'change_event_id': '', 'has_dividend': 0}

示例-获取当前账户资金：

context.account().cash

返回值：dict[cash]（资金对象字典）

输出：

{'account_id': 'd7443a53-f65b-11ea-bb9d-484d7eaefe55', 'nav': 1905248.2789094353, 'pnl': -94751.72109056474, 'fpnl': -94555.35135529494, 'frozen': 1963697.3526980684, 'available': 36106.277566661825, 'cum_inout': 2000000.0, 'cum_trade': 1963697.3526980684, 'cum_commission': 196.3697352698069, 'last_trade': 1536.1536610412597, 'last_commission': 0.153615366104126, 'created_at': datetime.datetime(2020, 9, 1, 8, 0, tzinfo=tzfile('PRC')), 'updated_at': datetime.datetime(2020, 9, 30, 9, 40, tzinfo=tzfile('PRC')), 'account_name': '', 'currency': 0, 'order_frozen': 0.0, 'balance': 0.0, 'market_value': 0.0, 'cum_pnl': 0.0, 'last_pnl': 0.0, 'last_inout': 0.0, 'change_reason': 0, 'change_event_id': ''}

示例-获取账户连接状态： context.account().status

输出：

state: 3

7) context.parameters-动态参数

获取所有动态参数。

函数原型：context.parameters

返回值：dict

示例-添加动态参数和查询所有设置的动态参数：

1.　add_parameter(key = 'k_value', value = context.k_value, min = 0, max = 100, name = 'k 值阈值', intro = 'k 值阈值',group = '1', readonly = False)
2.
3.　context.parameters

输出：

{'k_value': {'key': 'k_value', 'value': 80.0, 'max': 100.0, 'name': 'k 值阈值', 'intro': 'k 值阈值', 'group': '1', 'min': 0.0, 'readonly': False}}

8) context.xxxxx-自定义属性

通过自定义属性设置参数，随 context 全局变量传入策略各个事件里。

context.my_value = 100000000

返回值：any type

示例-输出自定义属性：print(context.my_value)

输出：

100000000

4.2.4　API 介绍

1. 基本函数

1) init-初始化策略

初始化策略，策略启动时自动执行。可以在这里初始化策略配置参数。

函数原型：

参数名	类型	说明
context	context	上下文，全局变量可存储在这里

1.　def init(context):
2.　　♯ 订阅 bar
3.　　subscribe(symbols = 'SHSE.600000,SHSE.600004', frequency = '30s', count = 5, wait_group = True, wait_group_timeout = '5s')
4.　　♯ 增加对象属性，如：设置一个股票资金占用百分比
5.　　context.percentage_stock = 0.8

注意：

回测模式下 init 函数里不支持交易操作,仿真模式和实盘模式支持。

2) schedule-定时任务配置

在指定时间自动执行策略算法,通常用于选股类型策略。

函数原型:schedule(schedule_func,date_rule,time_rule)

参数:

参数名	类型	说明
schedule_func	function	策略定时执行算法
date_rule	str	n + 时间单位,可选 'd/w/m' 表示n天/n周/n月
time_rule	str	执行算法的具体时间 (%H:%M:%S 格式)

返回值:

None

示例:

```
1.  def init(context):
2.      #每天的19:06:20执行策略algo_1
3.      schedule(schedule_func = algo_1, date_rule = '1d', time_rule = '19:06:20')
4.      #每月的第一个交易日的09:40:00执行策略algo_2
5.      schedule(schedule_func = algo_2, date_rule = '1m', time_rule = '9:40:00')
6.
7.  def algo_1(context):
8.      print(context.symbols)
9.
10. def algo_2(context):
11.     order_volume(symbol = 'SHSE.600000', volume = 200, side = OrderSide_Buy, order_type = OrderType_Market, position_effect = PositionEffect_Open)
```

注意:

(1) time_rule 的时、分、秒均可以只输入个位数,如:'9:40:0'或'14:5:0',但若对应位置为零,则 0 不可被省略,比如不能输入'14:5:'。

(2) 目前暂时支持 1d、1w、1m,其中 1w、1m 仅用于回测。

3) run-运行策略

函数原型:

```
1.  run(strategy_id = '', filename = '', mode = MODE_UNKNOWN, token = '', backtest_start_time = '',
2.      backtest_end_time = '', backtest_initial_cash = 1000000,
3.      backtest_transaction_ratio = 1, backtest_commission_ratio = 0,
4.      backtest_slippage_ratio = 0, backtest_adjust = ADJUST_NONE, backtest_check_cache = 1,
5.      serv_addr = '')
```

参数：

参数名	类型	说明
strategy_id	str	策略id
filename	str	策略文件名称
mode	int	策略模式 MODE_LIVE(实时)=1 MODE_BACKTEST(回测) =2
token	str	用户标识
backtest_start_time	str	回测开始时间 (%Y-%m-%d %H:%M:%S格式)
backtest_end_time	str	回测结束时间 (%Y-%m-%d %H:%M:%S格式)
backtest_initial_cash	double	回测初始资金，默认1000000
backtest_transaction_ratio	double	回测成交比例，默认1.0，即下单100%成交
backtest_commission_ratio	double	回测佣金比例，默认0
backtest_slippage_ratio	double	回测滑点比例，默认0
backtest_adjust	int	回测复权方式(默认不复权) ADJUST_NONE(不复权)=0 ADJUST_PREV(前复权)=1 ADJUST_POST(后复权)=2
backtest_check_cache	int	回测是否使用缓存：1 - 使用， 0 - 不使用；默认使用
serv_addr	str	终端服务地址，默认本地地址，可不填，若需指定应输入ip+端口号，如"127.0.0.1:7001"

返回值：None

示例：

1. run(strategy_id = 'strategy_1', filename = 'main.py', mode = MODE_BACKTEST, token = 'token_id',
2. backtest_start_time = '2016－06－17 13：00：00', backtest_end_time = '2017－08－21 15：00：00')

注意：

(1) run 函数中，mode＝1 也可改为 mode＝MODE_LIVE，两者等价，backtest_adjust 同理。

(2) backtest_start_time 和 backtest_end_time 中月、日、时、分、秒均可以只输入个位数，例：'2016-6-7 9：55：0'或'2017-8-1 14：6：0'，但若对应位置为零，则 0 不可被省略，比如不能输入'2017-8-1 14：6：'。

(3) filename 指运行的 py 文件名字，如该策略文件名为 Strategy.py，则此处应填"Strategy.py"。

4) stop-停止策略

停止策略，退出策略进程。

函数原型：

stop()

返回值：

None

示例：

1. ♯若订阅过的代码集合为空,停止策略
2. if not context.symbols:
3. 　　stop()

2. 数据订阅

1) subscribe-行情订阅

订阅行情,可以指定 symbol,数据滑窗大小,以及是否需要等待全部代码的数据到齐再触发事件。

函数原型：subscribe(symbols,frequency='1d',count=1,wait_group=False,wait_group_timeout='10s',unsubscribe_previous=False)

参数：

参数名	类型	说明
symbols	str or list	订阅标的代码,支持字符串格式,如有多个代码,中间用 , (英文逗号)隔开,也支持 ['symbol1', 'symbol2'] 这种列表格式
frequency	str	频率,支持 'tick'、'60s'、'300s'、'900s' 等,默认'1d',详情见股票行情数据和期货行情数据,实时行情支持的频率
count	int	订阅数据滑窗大小,默认 1 ,详情见数据滑窗
wait_group	bool	是否需要等待全部代码的数据到齐再触发事件,默认 False 不到齐。设置为 True 则等待订阅标的 eob 相同的 bar 全部到齐再被调用。该参数只对Bar数据有效
wait_group_timeout	str	超时时间设定,支持 s 结尾表示单位秒 ,默认 10s
unsubscribe_previous	bool	是否取消过去订阅的symbols,默认 False 不取消,输入 True 则取消所有原来的订阅

返回值：None

示例：subscribe(symbols='SHSE.600000,SHSE.600004',frequency='60s',count=5, wait_group=True,wait_group_timeout='6s',unsubscribe_previous=True)

注意：

(1) subscribe 支持多次调用,并可以重复订阅同一代码。订阅后的数据储存在本地,需要通过 context.data 接口调用或是直接在 on_tick 或 on_bar 中获取。

(2) 在实时模式下,最新返回的数据是不复权的。

2) unsubscribe-取消订阅

取消行情订阅,默认取消所有已订阅行情。

函数原型：unsubscribe(symbols='*',frequency='60s')

参数：

参数名	类型	说明
symbols	str or list	标的代码,支持字符串格式,如果有多个代码,中间用 , (英文逗号)隔开; * 表示所有,默认退订所有代码 也支持 ['symbol1', 'symbol2'] 这种列表格式的参数
frequency	str	频率,支持 'tick'、'60s'、'300s'、'900s' 等,默认'1d',详情见股票行情数据和期货行情数据,实时行情支持的频率

返回值：None

示例：unsubscribe(symbols='SHSE.600000,SHSE.600004',frequency='60s')

注意：

如示例所示代码，取消 SHSE.600000，SHSE.600004 两只代码 60s 行情的订阅，若 SHSE.600000 同时还订阅了'300s'频度的行情，该代码不会取消该标的此频度的订阅。

3. 数据事件

1) on_tick-tick 数据推送事件

接收 tick 分笔数据，通过 subscribe 订阅 tick 行情，行情服务主动推送 tick 数据。

函数原型：on_tick(context,tick)

参数：

参数名	类型	说明
context	context对象	上下文
tick	tick对象	当前被推送的tick

示例：

1. def on_tick(context, tick):
2.   print(tick)

输出：

{'symbol': 'SHSE.600519', 'created_at': datetime.datetime(2020, 9, 2, 14, 7, 23, 620000, tzinfo=tzfile('PRC')), 'price': 1798.8800048828125, 'open': 1825.0, 'high': 1828.0, 'low': 1770.0, 'cum_volume': 2651191, 'cum_amount': 4760586491.0, 'cum_position': 0, 'last_amount': 179888.0, 'last_volume': 100, 'trade_type': 0, 'receive_local_time': 1602751345.262745}

2) on_bar-bar 数据推送事件

接收固定周期 bar 数据，通过 subscribe 订阅 bar 行情，行情服务主动推送 bar 数据。

函数原型：on_bar(context,bars)

参数：

参数名	类型	说明
context	context对象	上下文对象
bars	list(bar)	当前被推送的bar列表

示例：

1. def on_bar(context, bars):
2.   for bar in bars:
3.   print(bar)

输出:

{'symbol': 'SHSE.600519', 'eob': datetime.datetime(2020, 9, 30, 15, 15, 1, tzinfo = tzfile ('PRC')), 'bob': datetime.datetime(2020, 9, 30, 0, 0, tzinfo = tzfile('PRC')), 'open': 1660.0, 'close': 1668.5, 'high': 1691.9000244140625, 'low': 1660.0, 'volume': 2708781, 'amount': 4536012540.0, 'pre_close': 1652.2999267578125, 'position': 0, 'frequency': '1d', 'receive_local_time': 1602751647.923199}

注意:

(1) 若在 subscribe 函数中订阅了多个标的的 bar, 但 wait_group 参数值为 False, 则多次触发 On_bar, 每次返回只包含单个标的 list 长度为 1 的 bars; 若参数值为 True, 则只会触发一次 On_bar, 返回包含多个标的的 bars。

(2) bar 在本周期结束时间后才会推送, 标的在这个周期内无交易则不推送 bar。

4.3 Python 科学计算库简介

4.3.1 NumPy 使用方法简介

NumPy(Numerical Python)库长期以来一直是 Python 科学计算的基石, 它提供了数值数据的大多数科学应用所需的数据结构和算法, 是高性能科学计算和数据分析的基础包。

快速高效的多维数组的对象(numpy.ndarray), 用于对数组执行元素级计算以及直接对数组执行数学运算的函数, 用于读写硬盘上基于数组的数据集的工具。线性代数运算、傅里叶变换以及随机数生成, 用于集成由 C、C++、Fortran 等语言编写的代码的工具。许多数值计算要么直接使用 NumPy 的数组作为其主要数据类型, 要么兼容 NumPy 的数据类型。NumPy 数组在存储和处理数值数据时要比内置的 Python 数据结构高效得多。NumPy 在数据分析中的重要用途之一是作为算法和工具库之间的传递容器。

NumPy 核心数据类型: NumPy 提供了一个 N 维数组类型 ndarray (numpy.ndarray), 它描述了相同类型的元素的集合。

ndarray 与原生 Python 列表的区别是: ndarray 数据与数据的地址都是连续的, Python 列表存储的是引用地址, ndarray 中的所有元素的类型都是相同的, 而 Python 列表中的元素类型是任意的。ndarray 内置了并行运算功能, 当系统有多个核心时, NumPy 会自动做并行计算。

多维数组对象: ndarray。ndarray 中的所有元素必须是相同类型的, 每个数组都有一个 shape(表示各维度大小的元组)和一个 dtype(说明数组数据类型的对象)。

创建 ndarray: 通过 array 函数, 它接受一切序列型的对象(包括其他 numpy 数组)。

```
>>> import numpy as np
>>> data1 = [1,2,3,4,5]
>>> arr1 = np.array(data1)
>>> arr1
array([1, 2, 3, 4, 5])
```

还可以传一组等长列表组成的列表。

```
>>> data2 = [[1,2,3,4],[5,6,7,8]]
>>> arr2 = np.array(data2)
>>> arr2
array([[1, 2, 3, 4],
       [5, 6, 7, 8]])
>>> arr2.ndim
2
>>> arr2.shape
(2, 4)
>>> arr2.dtype
dtype('int64')
```

还有其他常用的创建方法为：zeros 和 ones，分别创建指定长度的全 0 或全 1 数组；empty 创建一个没有任何具体数值的数组。

```
>>> np.zeros(10)
array([ 0., 0., 0., 0., 0., 0., 0., 0., 0., 0.])
>>> np.ones(3)
array([ 1., 1., 1.])
>>> np.ones((3,1))
array([[ 1.],
       [ 1.],
       [ 1.]])
```

还有一个 range 函数的数组版：arange：

```
>>> np.arange(15)
array([ 0, 1, 2, 3, 4, 5, 6, 7, 8, 9, 10, 11, 12, 13, 14])
```

eye 和 identity 函数用来创建一个正方的 N×N 单位矩阵

ndarray 的数据类型

```
>>> arr1 = np.array([1,2,3],dtype = np.float64)
>>> arr2 = np.array([1,2,3],dtype = np.int32)
>>> arr1.dtype
dtype('float64')
>>> arr2.dtype
dtype('int32')
```

可以通过 ndarray 的 astype 方法显式地转换其 dtype：

```
>>> import numpy as np
>>> arr = np.array([1,2,3,4,5])
>>> arr.dtype
dtype('int64')
>>> float_arr = arr.astype(np.float64)
>>> float_arr.dtype
dtype('float64')
```

1. 数组和标量之间的运算

```
>>> arr = np.array([[1.,2.,3.],[4.,5.,6.]])
>>> arr
array([[ 1., 2., 3.],
    [ 4., 5., 6.]])
>>> arr * arr
array([[ 1., 4., 9.],
    [ 16., 25., 36.]])
>>> arr - arr
array([[ 0., 0., 0.],
    [ 0., 0., 0.]])
>>> 1/arr
array([[ 1.       , 0.5      , 0.33333333],
    [ 0.25     , 0.2      , 0.16666667]])
>>> arr ** 0.5
array([[ 1.       , 1.41421356, 1.73205081],
    [ 2.       , 2.23606798, 2.44948974]])
```

2. 基本的索引和切片

```
>>> import numpy as np
>>> arr = np.arange(10)
>>> arr
array([0, 1, 2, 3, 4, 5, 6, 7, 8, 9])
>>> arr[5]
5
>>> arr[5:8]
array([5, 6, 7])
>>> arr[5:8] = 12
>>> arr
array([ 0,  1,  2,  3,  4, 12, 12, 12,  8,  9])
```

numpy 数组和列表最重要的区别在于，数组切片是原始数组的视图，视图上的任何修改都会直接反映到源数组上：

```
>>> arr_slice = arr[5:8]
>>> arr_slice[1] = 5
>>> arr
array([ 0,  1,  2,  3,  4, 12,  5, 12,  8,  9])
```

3. 切片索引

```
>>> arr
array([ 0,  1,  2,  3,  4, 12,  5, 12,  8,  9])
>>> arr[:6]
```

```
array([ 0,  1,  2,  3,  4, 12])
>>> arr2d = np.array([[1,2,3,],[4,5,6],[7,8,9]])
>>> arr2d
array([[1, 2, 3],
       [4, 5, 6],
       [7, 8, 9]])
>>> arr2d[:2]
array([[1, 2, 3],
       [4, 5, 6]])
```

还可以一次传入多个切片：

```
>>> arr2d[:2,1:]
array([[2, 3],
       [5, 6]])
```

将整数索引和切片混合，可以得到低维度（这里是一维）的切片：

```
>>> arr2d[1,:2]
array([4, 5])
>>> arr2d[2,:1]
array([7])
```

4．布尔型索引

假设有一个存储数据的数组和一个存储姓名的数组。

```
>>> names = np.array(['Bob','Joe','Will','Bob','Will','Joe','Joe'])
>>> data = np.random.randn(7,4)
>>> names
array(['Bob', 'Joe', 'Will', 'Bob', 'Will', 'Joe', 'Joe'],
    dtype = '|S4')
>>> data
array([[-0.67023922, -1.14645338, -0.69756796,  0.58820624],
       [ 0.76535231, -1.37177997,  1.21513091,  0.34985306],
       [-0.64221811,  0.63777144,  0.50440548, -1.19693581],
       [ 0.70748924, -0.22569276,  1.3192902 ,  0.51158935],
       [-0.43007899,  0.43423987, -0.36440682, -0.06110292],
       [-0.25360922,  0.01430185,  0.302572  , -0.81345566],
       [ 1.56183223, -0.15471421,  0.79385929,  0.01137061]])
```

对 names 和字符串 'Bob' 的比较运算将会产生一个布尔型数组：

```
>>> names == 'Bob'
array([ True, False, False,  True, False, False, False], dtype = bool)
>>> data[names == 'Bob']
array([[-0.67023922, -1.14645338, -0.69756796,  0.58820624],
       [ 0.70748924, -0.22569276,  1.3192902 ,  0.51158935]])
```

如上，选取的是第 0 行和第 3 行。

还可以跟切片、整数混合使用：

```
>>> data[names == 'Bob',2: ]
array([[-0.69756796,  0.58820624],
       [ 1.3192902 ,  0.51158935]])
```

要排除'Bob'的选项,可以通过下面两种方式:

```
>>> names != 'Bob'
array([False, True, True, False, True, True, True], dtype = bool)
>>> data[ - (names == 'Bob')]
array([[ 0.76535231, -1.37177997,  1.21513091,  0.34985306],
       [-0.64221811,  0.63777144,  0.50440548, -1.19693581],
       [-0.43007899,  0.43423987, -0.36440682, -0.06110292],
       [-0.25360922,  0.01430185,  0.302572  , -0.81345566],
       [ 1.56183223, -0.15471421,  0.79385929,  0.01137061]])
```

将 data 中的所有负数值都设置为 0,只需要:

```
>>> data[data < 0] = 0
>>> data
array([[ 0.        ,  0.        ,  0.        ,  0.58820624],
       [ 0.76535231,  0.        ,  1.21513091,  0.34985306],
       [ 0.        ,  0.63777144,  0.50440548,  0.        ],
       [ 0.70748924,  0.        ,  1.3192902 ,  0.51158935],
       [ 0.        ,  0.43423987,  0.        ,  0.        ],
       [ 0.        ,  0.01430185,  0.302572  ,  0.        ],
       [ 1.56183223,  0.        ,  0.79385929,  0.01137061]])
```

5. 花式索引

其指的是利用整数数组进行索引:

```
>>> arr = np.empty((8,4))
>>> for i in range(8):
...     arr[i] = i
...
>>> arr
array([[ 0., 0., 0., 0.],
       [ 1., 1., 1., 1.],
       [ 2., 2., 2., 2.],
       [ 3., 3., 3., 3.],
       [ 4., 4., 4., 4.],
       [ 5., 5., 5., 5.],
       [ 6., 6., 6., 6.],
       [ 7., 7., 7., 7.]])
```

为了以特定的顺序选取行子集,只需要传入用于指定顺序的整数列表或 ndarray 即可:

```
>>> arr[[4,3,0,5]]
array([[ 4., 4., 4., 4.],
```

```
        [ 3., 3., 3., 3.],
        [ 0., 0., 0., 0.],
        [ 5., 5., 5., 5.]])
```

6. 数组转置和轴对换

transpose 方法和 T 属性都可以用来转置

```
In [1]: import numpy as np
In [2]: arr = np.arange(15).reshape((3,5))
In [3]: arr
Out[3]:
array([[ 0,  1,  2,  3,  4],
       [ 5,  6,  7,  8,  9],
       [10, 11, 12, 13, 14]])
In [4]: arr.transpose()
Out[4]:
array([[ 0,  5, 10],
       [ 1,  6, 11],
       [ 2,  7, 12],
       [ 3,  8, 13],
       [ 4,  9, 14]])
In [5]: arr.T
Out[5]:
array([[ 0,  5, 10],
       [ 1,  6, 11],
       [ 2,  7, 12],
       [ 3,  8, 13],
       [ 4,  9, 14]])
```

reshape 把一维数组(可看成 15×1)重塑为 3×5 的矩阵

利用 np.dot 计算矩阵内积 X^TX：

```
In [6]: arr = np.random.randn(6,3)
In [7]: np.dot(arr.T,arr)
Out[7]:
array([[ 5.89566092,  3.33083617, -4.03329493],
       [ 3.33083617, 11.88231079, -9.15776969],
       [-4.03329493, -9.15776969, 17.59249066]])
```

3×6 的矩阵乘以 6×3 矩阵 = 3×3 矩阵

7. 通用函数

通用函数(ufunc)是一种对 ndarray 中的数据执行元素级运算的函数。

```
In [8]: arr = np.arange(10)
In [9]: np.sqrt(arr)
Out[9]:
array([ 0.    ,  1.    ,  1.41421356,  1.73205081,  2.    ,
```

```
                 2.23606798,  2.44948974,  2.64575131,  2.82842712,  3.        ])
In [10]: np.exp(arr)
Out[10]:
array([[  1.00000000e+00,   2.71828183e+00,   7.38905610e+00,
         2.00855369e+01,   5.45981500e+01,   1.48413159e+02,
         4.03428793e+02,   1.09663316e+03,   2.98095799e+03,
         8.10308393e+03])
```

这些都是一元通用函数，还有一些（add 或 maximum）等二元函数，接收 2 个数组，并返回一个结果数组：

```
In [13]: x = np.random.randn(8)
In [14]: y = np.random.randn(8)
In [15]: x
Out[15]:
array([-0.59020498, -1.24075283,  2.11452765,  0.49729268, -0.77325658,
       -0.55457265, -0.97342472, -0.99479623])
In [16]: y
Out[16]:
array([-0.07633226, -0.69846562, -0.2431167 ,  0.17992333,  2.11079139,
       -0.57698677, -1.64499275,  0.70726203])
In [17]: np.maximum(x,y) #元素级别最大值
Out[17]:
array([-0.07633226, -0.69846562,  2.11452765,  0.49729268,  2.11079139,
       -0.55457265, -0.97342472,  0.70726203])
```

利用数组进行数据处理

NumPy 数组可以将许多数据处理任务表述为简洁的数组表达式。利用数组表达式代理循环，即矢量化。

假设在一组网格型值上计算函数 sqrt(x^2 + y^2)。

首先生成这些数据，通过 np.meshgrid 函数接受两个一维数组，并产生两个二维矩阵（对应于两个数组中所有的(x,y)对）：

```
In [18]: points = np.arange(-5,5,0.01) #1000 个间隔相等的点
In [19]: xs,ys = np.meshgrid(points,points)
In [22]: z = np.sqrt(xs ** 2 + ys ** 2)
In [23]: z
Out[23]:
array([[ 7.07106781,  7.06400028,  7.05693985, ...,  7.04988652,
         7.05693985,  7.06400028],
       [ 7.06400028,  7.05692568,  7.04985815, ...,  7.04279774,
         7.04985815,  7.05692568],
       [ 7.05693985,  7.04985815,  7.04278354, ...,  7.03571603,
         7.04278354,  7.04985815],
       ...,
       [ 7.04988652,  7.04279774,  7.03571603, ...,  7.0286414 ,
         7.03571603,  7.04279774],
       [ 7.05693985,  7.04985815,  7.04278354, ...,  7.03571603,
         7.04278354,  7.04985815],
```

```
        [ 7.06400028,   7.05692568,   7.04985815, ...,   7.04279774,
          7.04985815,   7.05692568]])
```

将条件逻辑表述为数组运算

numpy.where 函数是三元表达式 x if condition else y 的矢量化版本。

首先看三元表达式的版本：

```
In [24]: xarr = np.array([1.1,1.2,1.3,1.4,1.5])
In [25]: yarr = np.array([2.1,2.2,2.3,2.4,2.5])
In [26]: cond = np.array([True,False,True,True,False])
# 当 cond 为 True 时，选取 xarr 的值，否则选取 yarr 的值
In [27]: result = [(x if c else y) for x,y,c in zip(xarr,yarr,cond)]
In [28]: result
Out[28]: [1.1000000000000001, 2.2000000000000002, 1.3, 1.3999999999999999, 2.5]
```

它有两个问题：①对大数组的处理速度不快；②不适用于多维数组。

接下来看 np.where 的版本：

```
In [29]: result = np.where(cond,xarr,yarr)
In [30]: result
Out[30]: array([ 1.1, 2.2, 1.3, 1.4, 2.5])
```

np.where 第二个和第三个参数也可以为标量（一个数字）。

数学和统计方法

可以通过数组上的一组数学函数对整个数组或某个轴向的数据进行统计计算。

```
In [31]: arr = np.random.randn(5,4)
In [32]: arr.mean()    # 和下面的方法作用一样
Out[32]: -0.49958506603328134
In [33]: np.mean(arr)
Out[33]: -0.49958506603328134
In [34]: arr.sum()
Out[34]: -9.9917013206656264
```

mean 和 sum 这类的函数可以接受一个 axis 参数（用于计算该轴上的统计值），最终结果是一个少一维的数组：

```
In [35]: arr
Out[35]:
array([[ 0.16070503, -1.76923734, -0.37564558, 0.81347613],
       [-0.07424384, -2.70670764, -1.01160143, -1.67078168],
       [-0.38030595, -1.48797376, -0.70779078, 1.36638934],
       [-0.87429003, -0.5968173 , -0.26610553, -1.99155306],
       [ 0.80147259, 0.55104424, 0.3596426 , -0.13137731]])
In [36]: arr.mean(axis=1) # axis=1,对各行求均值
Out[36]: array([-0.29267544, -1.36583365, -0.30242029, -0.93219148, 0.39519553])
In [37]: arr.sum(0) # 对各列求均值
Out[37]: array([-0.36666221, -6.0096918 , -2.00150073, -1.61384659])
```

方法说明

cumsum 所有元素的累计和

cumprod 所欲元素的累计积

用于布尔型数组的方法

```
In [40]: arr = np.random.randn(100)
In [41]: (arr > 0).sum()  # 正数的数量
Out[41]: 51
```

在 sum()等方法中,布尔值会被强制转换为 1(True)和 0(False)。

还有 any 用于测试数组中是否存在一个或多个 True;

all 则检查数组中所有值是否都是 True。

用于数组的文件输入输出

将数组以二进制格式保存到磁盘

np.save 和 np.load

```
In [2]: arr = np.arange(10)
In [3]: np.save('some_array',arr)  # 如果没有扩展名.npy,会自动加上
In [4]: arr = np.load('some_array')
-------------------------------------------------------------------------
IOError                                   Traceback (most recent call last)
<ipython-input-4-47445c2470a6> in <module>()
----> 1 arr = np.load('some_array')
/usr/local/python27/lib/python2.7/site-packages/numpy/lib/npyio.pyc in load(file, mmap_mode, allow_pickle, fix_imports, encoding)
    368         own_fid = False
    369         if isinstance(file, basestring):
--> 370             fid = open(file, "rb")
    371             own_fid = True
    372         elif is_pathlib_path(file):
IOError: [Errno 2] No such file or directory: 'some_array'
In [5]: arr = np.load('some_array.npy')  # 注意加上.npy
In [6]: arr
Out[6]: array([0, 1, 2, 3, 4, 5, 6, 7, 8, 9])
```

还可以保存多个数组到一个压缩文件中:

```
In [7]: np.savez('array_archive.npz',a = arr,b = arr)
In [8]: arch = np.load('array_archive.npz')
In [9]: arch['b']  # 延迟加载
Out[9]: array([0, 1, 2, 3, 4, 5, 6, 7, 8, 9])
```

8. 线性代数

```
In [10]: x = np.array([[1.,2.,3.],[4.,5.,6.]])
In [12]: y = np.array([[6.,23.],[-1,7],[8,9]])
In [13]: x
Out[13]:
array([[ 1., 2., 3.],
```

```
       [ 4., 5., 6.]])
In [14]: y
Out[14]:
array([[ 6., 23.],
       [-1., 7.],
       [ 8., 9.]])
```

In [15]: x.dot(y) #等价于 np.dot(x,y) 用于计算矩阵点积：

```
Out[15]:
array([[ 28.,  64.],
       [ 67., 181.]])
```

numpy.linalg 中有一组标准的矩阵分解运算、求逆以及求行列式等函数。

```
In [16]: from numpy.linalg import inv,qr
In [18]: X = np.random.randn(5,5)
```

In [20]: mat = X.T.dot(X) #X 的转置与 X 进行矩阵乘法运算。

```
In [21]: inv(mat) #求 mat 的逆
Out[21]:
array([[ 5.36516943, -0.58814193, -2.90872906, -0.82617219, -0.59256828],
       [-0.58814193,  2.86767583,  0.8169438 ,  0.32931394,  0.38375424],
       [-2.90872906,  0.8169438 ,  3.96375795,  0.60280722,  0.09418734],
       [-0.82617219,  0.32931394,  0.60280722,  0.37214256,  0.47226758],
       [-0.59256828,  0.38375424,  0.09418734,  0.47226758,  1.05462013]])
In [23]: mat.dot(inv(mat))
Out[23]:
array([[  1.00000000e+00,   3.80031876e-17,  -8.37358277e-16,
         -1.81650867e-16,   4.96478433e-16],
       [ -5.92206043e-17,   1.00000000e+00,   1.03500100e-16,
          3.80106825e-17,  -6.52342104e-17],
       [  1.50718339e-16,   3.46505958e-18,   1.00000000e+00,
         -1.64306169e-16,  -6.61741125e-17],
       [ -1.18755757e-16,   8.25238725e-17,  -3.11759945e-16,
          1.00000000e+00,   3.40196146e-16],
       [ -2.18770741e-16,  -1.55558051e-16,   5.95809687e-17,
         -3.85967026e-17,   1.00000000e+00]])
In [24]: q,r = qr(mat) #计算 QR 分解
In [25]: r
Out[25]:
array([[-0.87023312,  0.31361688,  1.08561332, -12.91192628,
         5.21749656],
       [ 0.        , -0.4015009 ,  0.01416619,  0.44230432,
         0.10987083],
       [ 0.        ,  0.        , -1.24470462,  7.69508472,
        -3.73580595],
       [ 0.        ,  0.        ,  0.        , -1.37119593,
         1.00207318],
       [ 0.        ,  0.        ,  0.        ,  0.        ,
         0.73670226]])
```

9. 随机数生成

```
In [26]: samples = np.random.normal(size = (4,4))  #标准正态分布 4×4 样本数组
In [27]: samples
Out[27]:
array([[ -9.59175783e-02,   2.80064084e+00,   1.30208308e-03,
          1.18368077e+00],
       [  1.43324694e+00,  -5.31049050e-01,   4.98357067e-01,
          5.19960030e-01],
       [ -1.90984853e-01,  -8.13233482e-01,  -1.20337155e+00,
          3.65353344e-01],
       [  6.13791888e-01,  -4.95977294e-01,  -1.41134819e-01,
          1.01121801e+00]])
```

4.3.2 Pandas 使用方法简介

1. Pandas 简介

Python Data Analysis Library 或 pandas 是基于 NumPy 的一种工具，该工具是为了解决数据分析任务而创建的。Pandas 纳入了大量库和一些标准的数据模型，提供了高效地操作大型数据集所需的工具。Pandas 提供了大量能使我们快速便捷地处理数据的函数和方法。你很快就会发现，它是使 Python 成为强大而高效的数据分析环境的重要因素之一。

Pandas 是 Python 的一个数据分析包，最初由 AQR Capital Management 于 2008 年 4 月开发，并于 2009 年底开源出来，目前由专注于 Python 数据包开发的 PyData 开发 team 继续开发和维护，属于 PyData 项目的一部分。Pandas 最初作为金融数据分析工具而开发出来，因此，Pandas 为时间序列分析提供了很好的支持。Pandas 的名称来自面板数据（panel data）和 Python 数据分析（data analysis）。panel data 是经济学中关于多维数据集的一个术语，在 Pandas 中也提供了 panel 的数据类型。

数据结构：Series：一维数组，与 NumPy 中的一维 array 类似。二者与 Python 基本的数据结构 List 也很相近，其区别是：List 中的元素可以是不同的数据类型，而 Array 和 Series 中则只允许存储相同的数据类型，这样可以更有效地使用内存，提高运算效率。

Time-Series：以时间为索引的 Series。

DataFrame：二维的表格型数据结构。很多功能与 R 中的 data.frame 类似。可以将 DataFrame 理解为 Series 的容器。以下的内容以 DataFrame 为主。

Panel：三维的数组，可以理解为 DataFrame 的容器。

Pandas 有两种自己独有的基本数据结构。读者应该注意的是，它固然有着两种数据结构，因为它依然是 Python 的一个库，所以，Python 中有的数据类型在这里依然适用，也同样还可以使用类自己定义数据类型。只不过，Pandas 里面又定义了两种数据类型：Series 和 DataFrame，它们让数据操作更简单了。

2．Pandas 使用

注：本次操作是在 ipython 中进行。

（1）导入 pandas 模块并使用别名，以及导入 Series 模块，以下使用基于本次导入。

In [1]: from pandas import Series
In [2]: import pandas as pd

（2）Series

Series 就如同列表一样，一系列数据，每个数据对应一个索引值。
Series 就是"竖起来"的 list：

In [3]: s = Series([1,4,'ww','tt'])
In [4]: s
Out[4]:
0   1
1   4
2   ww
3   tt
dtype: object

另外一点也很像列表，就是里面的元素的类型，由你任意决定（其实是由需要来决定）。

这里，我们实质上创建了一个 Series 对象，这个对象当然就有其属性和方法了。比如，下面的两个属性依次可以显示 Series 对象的数据值和索引：

In [5]: s.index
Out[5]: RangeIndex(start = 0, stop = 4, step = 1)
In [8]: s.values
Out[8]: array([1, 4, 'ww', 'tt'], dtype = object)

列表的索引只能是从 0 开始的整数，Series 数据类型在默认情况下，其索引也是如此。不过，区别于列表的是，Series 可以自定义索引：

In [9]: s2 = Series(['wangxing','man',24],index = ['name','sex','age'])
In [10]: s2
Out[10]:
name   wangxing
sex   man
age   24
dtype: object

每个元素都有了索引，就可以根据索引操作元素了。还记得 list 中的操作吗？Series 中，也有类似的操作。先看简单的，根据索引查看其值和修改其值：

In [12]: s2['name']
Out[12]: 'wangxing'
In [45]: s2['name'] = 'wudadiao'
In [46]: s2
Out[46]:

```
name    wudadiao
sex     man
age     24
dtype: object
```

这是不是又有点类似 dict 数据了呢？的确如此。看下面就理解了。

读者是否注意到，前面定义 Series 对象的时候，用的是列表，即 Series() 方法的参数中，第一个列表就是其数据值，如果需要定义 index，放在后面，依然是一个列表。除了这种方法之外，还可以用下面的方法定义 Series 对象：

```
In [13]: sd = {'python': 9000,'c++': 9001,'c#': 9000}
In [14]: s3 = Series(sd)
In [15]: s3
Out[15]:
c#      9000
c++     9001
python  9000
dtype: int64
```

这时候，索引依然可以自定义。Pandas 的优势在这里体现出来，如果自定义了索引，自定的索引会自动寻找原来的索引，如果两者是一样的，就取原来索引对应的值，这可以简称为"自动对齐"。

```
In [16]: s4 = Series(sd,index=['java','c++','c#'])
In [17]: s4
Out[17]:
java    NaN
c++     9001.0
c#      9000.0
dtype: float64
```

在 Pandas 中，如果没有值，都对齐赋给 NaN。

Pandas 有专门的方法来判断值是否为空。

```
In [19]: pd.isnull(s4)
Out[19]:
java    True
c++     False
c#      False
dtype: bool
```

此外，Series 对象也有同样的方法：

```
In [20]: s4.isnull()
Out[20]:
java    True
c++     False
c#      False
dtype: bool
```

其实，对索引的名字，是可以重新定义的：

In [21]: s4.index = ['语文','数学','English']
In [22]: s4
Out[22]:
语文   NaN
数学   9001.0
English 9000.0
dtype: float64

对于 Series 数据，也可以做类似下面的运算（关于运算，后面还要详细介绍）：

In [23]: s4 * 2
Out[23]:
语文   NaN
数学   18002.0
English 18000.0
dtype: float64
In [24]: s4[s4 > 9000]
Out[24]:
数学 9001.0
dtype: float64

Series 就先简要写到这，下面看 pandas 的另一种数据结构 DataFrame。

3．DataFrame

DataFrame 是一种二维的数据结构，非常接近于电子表格或者类似 mysql 数据库的形式。它的竖行称为 columns，横行跟前面的 Series 一样，称为 index，也就是说可以通过 columns 和 index 来确定一个主句的位置。

首先来导入模块：

```
In [27]: from pandas import Series,DataFrame
In [26]: data = {"name":['google','baidu','yahoo'],"marks":[100,200,300],"price":[1,2,3]}
In [28]: f1 = DataFrame(data)
In [29]: f1
Out[29]:
   marks   name   price
0   100   google    1
1   200   baidu     2
2   300   yahoo     3
```

这是定义一个 DataFrame 对象的常用方法——使用 dict 定义。字典的"键"（"name","marks","price"）就是 DataFrame 的 columns 的值（名称），字典中每个"键"的"值"是一个列表，它们就是那一竖列中的具体填充数据。上面的定义中没有确定索引，所以，按照惯例（Series 中已经形成的惯例）就是从 0 开始的整数。从上面的结果中很明显表示出来，这就是一个二维的数据结构（类似 excel 或者 mysql 中的查看效果）。

上面的数据显示中，columns 的顺序没有规定，就如同字典中键的顺序一样，但是在 DataFrame 中，columns 和字典键相比，有一个明显不同，就是其顺序可以被规定，像下面这样做：

```
In [31]: f2 = DataFrame(data,columns = ['name','price','marks'])
In [32]: f2
Out[32]:
   name   price  marks
0  google  1     100
1  baidu   2     200
2  yahoo   3     300
```

和 Series 类似地，DataFrame 数据的索引也能够自定义：

```
In [35]: f3 = DataFrame(data,columns = ['name','marks','price'],index = ['a','b','c'])
In [36]: f3
Out[36]:
   name   marks  price
a  google  100    1
b  baidu   200    2
c  yahoo   300    3
```

定义 DataFrame，除了上面的方法之外，还可以使用"字典套字典"的方式。

```
In [40]: newdata = {'lang':{'first':'python','second':'java'},'price':{'first':5000,'second':2000}}
In [41]: f4 = DataFrame(newdata)
In [42]: f4
Out[42]:
        lang    price
first   python  5000
second  java    2000
```

在字典中就规定好数列名称（第一层键）和每横行索引（第二层字典键）以及对应的数据（第二层字典值），也就是在字典中规定好了每个数据格子中的数据，没有规定的都是空。

```
1. >>> newdata = {"lang":{"firstline":"python","secondline":"java"}, "price":{"firstline":8000}}
2. >>> f4 = DataFrame(newdata)
3. >>> f4
4.             lang    price
5. firstline   python  8000
6. secondline  java    NaN
1. >>> DataFrame(newdata, index = ["firstline","secondline","thirdline"])
2.             lang    price
3. firstline   python  8000
4. secondline  java    NaN
5. thirdline   NaN     NaN
```

DataFrame 对象的 columns 属性，能够显示素有的 columns 名称。并且，还能用下面类似字典的方式，得到某竖列的全部内容（当然包含索引）：

```
In [44]: f3['name']
Out[44]:
a  google
b  baidu
c  yahoo
Name: name, dtype: object
```

下面操作是给同一列赋值：

```
newdata1 = {'username':{'first': 'wangxing','second': 'dadiao'},'age':{'first': 24,'second': 25}}
In [67]: f6 = DataFrame(newdata1,columns = ['username','age','sex'])
In [68]: f6
Out[68]:
        username  age  sex
first   wangxing   24  NaN
second  dadiao     25  NaN
In [69]: f6['sex'] = 'man'
In [70]: f6
Out[70]:
        username  age  sex
first   wangxing   24  man
second  dadiao     25  man
```

也可以单独赋值，除了能够统一赋值之外，还能够"点对点"添加数值，结合前面的 Series，既然 DataFrame 对象的每竖列都是一个 Series 对象，那么可以先定义一个 Series 对象，然后把它放到 DataFrame 对象中。如下：

```
ssex = Series(['男','女'],index = ['first','second'])
In [72]: f6['sex'] = ssex
In [73]: f6
Out[73]:
        username  age  sex
first   wangxing   24  男
second  dadiao     25  女
```

还可以更精准地修改数据吗？当然可以，完全仿照字典的操作：

```
In [74]: f6['age']['second'] = 30
In [75]: f6
Out[75]:
        username  age  sex
first   wangxing   24  男
second  dadiao     30  女
```

本章术语

回测，最大回撤，数组，索引，字典

思考题

1. 如何创建一个数组，并通过索引得到需要的数据？

2. NumPy 支持哪些数据类型？如何查看当前的数据类型并相互转换？

3. 简述机器学习在量化交易中的应用。

4. 如何使用 Pandas 读取表格数据，输出前几行或后几行？

5. 导入或处理数据，会产生一些空的或者是 NaN 数据，如何删除或者是填补这些 NaN 数据？

即测即练

第 5 章

量化交易策略开发流程

本章学习目标：

1. 了解量化交易策略开发的大致流程，了解每个步骤遇到问题时可以查询的资料和解决方法；
2. 熟悉策略想法的构造方法；
3. 掌握策略上线前的样本内外测试和模型优化；
4. 理解资金管理及其方法。

本章导读：阿坤开发新策略的一天

阿坤是某量化投资机构的一名策略研究经理，近日公司负责数据方面的部门整理了一份质量很高的上市公司财报数据，这份财报数据与之前的相比，新增了所有日期公布的财务数据[1]，因此阿坤准备使用新数据来回测一下财务单因子和之前效果很好的一个多因子选股模型。

阿坤首先用自己的方法来查看数据整体的特点、字段，将数据整理成自己需要的格式，其次他复现了过去一段固定时间的结果，并和以前的财务数据得到结果做对比，然后他又将得到的参数用在一段最新的数据里查看结果，最后阿坤根据自己的理解和近期的研报阅读与感悟来对模型进行优化，最终跑出了一个自己满意的结果，并将其整理为一份报告，提交到小组网盘，准备在第二天的晨会上与各位同事讨论并上线这个策略。

以上是一个量化策略研究员开发策略的大致流程，策略是阿坤在获得一份新数据后结合之前的研究进行研发的，具体过程中除了对数据本身的理解和策略的框架外，样本内外测试是回测过程中非常重要的步骤，同时模型优化也是回测后基于结果的重要改进步骤，具体这些操作则是本章重点讨论的内容。

---

[1] 上市公司财务报表会因为一些原因如收入准则的变更、租赁准则的变更等而调整之前的报表，很多数据商提供的财务报表数据是以最新变更直接覆盖之前的数据，即出现一个报告期对应一个公布日期的情况（直接使用该类数据会在数据层面引入未来函数），但实际情况是一个报告期存在多个公布日期的情况，如 sh600008 于 2020-08-29 公布的 2020 年度半年度报告因执行新收入准则、新租赁准则调整而对财务报表进行了调整。

知识结构图

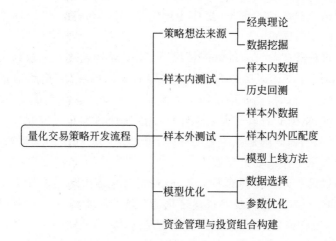

5.1 策略想法来源

5.1.1 经典理论

在进行策略编写时,有多种策略形成的途径,其中通过对理论的实践、改进、创新是一条有效且上限很高的途径。这里的理论除了经典的金融理论外,也包括其他领域的理论,如针对市场参与者面对某种特殊情况时的反应作出的策略,就可能应用了心理学和社会学领域的理论等。

另外,阅读、复现券商研报是提高初学者量化水平、开阔其眼界的高效方法,按照互联网行业的话来说是"不要重复造轮子",因为很多初学者想到的方法、框架在很早之前就有人想到并实现过,系统地研读、复现金工研报可以了解前人的研究结果与方法,为自己后来的研究提供借鉴思路,同时也可以迅速提高自己的编程水平。

券商金工研报可以从数据商如 Wind、东方财富、同花顺等软件阅读学习,也可以前往如萝卜投研[①]此类网站寻找学习。

1. 以技术分析为基石构建策略模型

技术分析源远流长,最早可以追溯到 16 世纪中期,德国纽伦堡有商人可以预测 20 天后肉桂、胡椒和其他香料的价格,又比如 18 世纪日本人本间宗久发明了最早的蜡烛图来预测全国大米价格[②]。

到了后来的道氏理论与江恩理论将技术分析逐渐归纳总结出我们目前熟知的定义与假定,当我们将目光投向 20 世纪七八十年代的美国出版业,会看到大量的技术分析专家

---

① 萝卜投研:https://robo.datayes.com/.
② 详见格里高利·祖克曼:《征服市场的人》。

关于自己理论与传记的著作,如理查德·丹尼斯的《海龟交易法则》、约翰·墨菲的《期货市场技术分析》、维克托·斯波朗迪的《专业投机原理》等,纵观这些专家的投资经历,都是以某个现实的理论或观察到的现象、规律为理论基础,结合自己对 K 线走势的理解与客观统计发展出来的交易体系。

在过去计算机普及度与算力都低的情况下,投资者是通过手工统计的方式来获得超越市场的收益,如巴菲特的老师格雷厄姆购买 PB 最低的股票,即市值低于净资产的股票,当时为了达到这一目的,他雇用了很多人来计算 PB,巴菲特也是其中之一,因为当时计算机发展程度低、数据不普及。那么现在可以依托计算机来完成此类事情,如《期货市场技术分析》里提到的周规则是以 4 周为标准,就可以以此理论为基础构建策略模型,同时回测该策略是否依然在市场里有效。

同时如果与目前广大做投资的人交流,会发现有很多人通过看技术指标来判断买入卖出标准,那么同样可以以各类技术指标来构建策略,如 MACD(异同移动平均线)指标、ATR(真实波动幅度均值)指标、BOLL(布林线)指标等。

除了以各类指标作为买入卖出点来构建策略外,也可以据此来构建整个交易系统,何时止损、何时止盈,买入多少、卖出多少,判断出入场点是否有多个因素、指标等。

总之,无论是将技术指标作为量价策略的出入点,还是根据投资者的技术分析设计的交易体系构建完整的策略模型,这都是技术分析理论在量化投资中的应用,是通过对量价数据进行各种组合实现的。

2. 以因子投资为思想构建策略模型

近年来在发达市场中萌发的一个观点是:因子投资为投资提供了全新的思路,打开了一扇新的大门。

扩展阅读 5-1
101 formulaic alphas

学术上的因子概念可以追溯到法玛和弗兰奇提出著名的法玛三因子模型[①],这篇论文从头到尾介绍了如何根据因子构建一个多空组合,并奠定了三因子模型的研究框架及范式,为因子投资的研究打开了大门,之后越来越多的学者和从业者开始这方面的研究,学术界的因子数量从此也快速增加,以至于科克伦(Cochrane)于 2011 年提出了"因子动物园"这个说法,同时目前提到量化投资都会提到的多因子模型也反映了这一热度。

一个因子描述了众多资产共同暴露的某种系统性风险,该风险是资产收益率背后的驱动力;因子收益率是这种系统性风险的风险溢价或风险补偿,它是这些资产的共性收益[②]。

单因子模型策略即仅按某一个因子对数据进行排序,从而得到买入或卖出的标的,随着因子数量越来越多,人们逐渐设计出一系列框架来检验因子。在对单因子进行检验时,除了关注在研究策略时会着重关注的收益率与回撤外,还会关注单因子的稳定性:如原始

---

① FAMA E F,FRENCH K R,1993. Common risk factors in the returns on stocks and bonds[J]. Journal of financial economics,33(1):3-56

② 石川,刘洋溢,连祥斌,2020.因子投资:方法与实践[M].北京:电子工业出版社.

因子分布、行业因子分布、行业中性、市值中性、IC（information coefficient）、IR（information ratio）等。

IC 就是信息系数，表示所选股票当期的因子值与股票下期收益率的截面相关系数，IC 值可以表示当期因子值对下期收益率的预测能力。IR 就是信息比率，表示的是因子在多个调仓周期中获得稳定阿尔法的能力。

扩展阅读 5-2
Common risk factors in the returns on stocks and bonds

多因子量化选股模型是相对单因子模型而言的，即在选股过程中不单单只考虑一个因子对股价走势的影响，而是利用多个对股价走势显著且有效的因子通过数量化的思想建立起来的选股模型。这样在整个选股过程中，满足多因子选股模型条件的股票被买入，不满足的则被卖出。多因子选股模型避免了单因子模型选股面窄、选股不科学等缺点。因为在不同的市场条件下，总会有一些因子能够发挥作用。多因子模型主要是在 CAPM、APT 模型和法玛三因素模型的基础上逐渐发展起来的。

1）理论基础

（1）CAPM。

模型公式：

$$E(r_i) = r_f + \beta_i(E(r_m) - r_f)$$

其中，β 是风险系数，用来度量风险值，是第 i 只股票的期望超额收益，即收益率超过无风险收益率的部分。$E(r_i) - r_f$ 是市场组合的超额收益率。资本资产定价模型显示资产与市场的超额收益呈正相关，其比例系数是 β_i，它指出资产的预期超额收益率由市场组合的预期超额收益率和资产对市场风险的暴露大小决定，而市场组合也被称为市场因子。

资本资产定价模型说明单个证券的期望收益率由两个部分组成：无风险利率以及对所承担风险的补偿，即风险溢价。风险溢价的大小取决于 β 值的大小。β 值越大，表明单个证券的风险越高，所得到的补偿也就越高。β 度量的是单个证券的系统风险，非系统性风险没有风险补偿。

CAPM 主要有 5 个严格的假设。

① 所有投资者在投资期内的预期收益服从相同的概率分布。
② 所有投资者都希望获得最大收益。
③ 所有投资者对风险都有相同的偏好和估计。
④ 所有投资者都使用风险收益模型进行投资。
⑤ 所有投资者都具有风险相同偏好高收益、收益相同偏好低风险的风格。

我们不难发现 CAPM 的假设条件过于苛刻，它要求所有投资者对未来预期一样，但大多数投资者对股价未来的走势看法并不会趋于一致，甚至随机理论认为短期内股价是随机行为，是不可预测的。另外在此模型下，解释股票收益的变量只有市场风险，导致同一市场风险下不同质公司股价的预测具有相同的结果。

基于假设过于苛刻与不现实的原因，Black 提出了 Black CAPM[1]，这是一个两因子

---

[1] BLACK F，1972. Capital market equilibrium with restricted borrowing[J]. Journal of business，45(3)：444-455.

模型：$E[R_i]=\beta_i E[R_M]+(1-\beta_i)E[R_Z]$，式中第二个因子被称为零 β 因子，$\text{cov}(R_Z,R_M)=0$，所隐含的资产预期收益率与 β 之间的关系相比之前来说更加平坦，也更符合实证的结果。

虽然 CAPM 的许多前提条件难以满足，但它仍有许多现实意义。首先在现在的投资学中，CAPM 是评价绩效的最佳模型。其次 CAPM 告诉我们，通过增加投资标的的数量就可以有效地分散非系统风险。

(2) APT 模型。

由于 CAPM 假设条件过于苛刻，在投资实务中受到很多限制。后来的学者另辟蹊径，依据在完全竞争的市场中不存在套利机会的基本假定，导出了套利定价理论（APT 模型）。在 APT 模型中将资产收益率写成一个以多因子做解释变量的线性模型：

$$E(r_i)=r_f+b_{j1}RP_1+b_{j2}RP_2+\cdots+b_{jn}RP_n$$

式中，r_f 为无风险利率；RP_n 为影响证券收益水平的第 n 个因素；b_{jn} 为证券 j 对第 n 个因素的敏感度。套利定价模型与资本资产定价模型相比，其优点如下。

① 该模型没有假设所有的投资者对市场的预期一致，而是简单地刻画了投资者的效用函数。

② 没有假设市场的期望收益是服从概率分布的，投资者对期望收益率的预期可以是不同的。

③ 不需根据市场指数对模型进行评价，可以很好地进行检验。

我们无法从模型中获知哪些因子将会对资本资产的价格起到决定性的作用，这些因子可以是利率、GDP 指数、大盘指数、公司基本面指标或者其他，需要学者们根据一些实证实验来找出这些因子。APT 模型的建立为学者们研究问题打开了新的思路，可以说多因子量化选股模型就是基于 APT 模型的，他们都是利用不确定的因素来解释股价的。

(3) Fama-French 三因子模型。

Fama-French 的三因子模型解释了 CAPM 中不能解释的一些现象，也把 APT 模型中不确定的一些因素具体化，其将收益率表达式定义为

$$E(r_i)=r_f+\beta_i E(r_m-r_f)+s_1 E(\text{SMB})+h_1 E(\text{HML})$$

收益率不仅与系统风险 β 有关，还与市值因子（SMB）的模拟组合的收益率、账面市值比（HML）的模拟组合的收益率有关。这三个因子的引入加强了模型的解释力度。其中 β、s、h 作为敏感因子分别解释了由于不同公司对市场风险和公司内部非系统风险的敏感程度不同而导致的股价差异。由于不同行业具有不同的特征，Fama 和 French 建议在计算这几个敏感因子时分行业进行。

国内许多学者也对中国的股票市场进行过多因子模型适应性的实证检验。在众多的学者研究结论中，我们可以快速地了解到，CAPM 并不能对个股的收益率作出一个很好的解释，但是他们利用 Fama 和 French 的方法构建的模型就可以很好地解释股票组合的收益率，证明市值因子和账面市值比因子这两个因子可以作为有效因子进入量化选股模型中。

2）因子的分类

价值因子：价值型投资意味着买入便宜的金融产品长期持有以期获得稳定的超额收

益这种金融策略,即找出偏离其实际价值的个股,持有获得超额收益。用来度量投资标的是否具有价值的方法有很多,但大多数都离不开一些基本面因素和价格之间的比例关系,如市盈率、市净率、账面市值比、盈利收益率、股息率、现金收益率等。

市盈率的倒数 E/P,称为盈利收益率。股票的收益越高,则价格越便宜,这种处理方式将避免由于每股收益 E 为零,PE 指标不存在。或在 E 为负数时,PE 指标将与价值呈现反比。而盈利收益率是一个连续完整的指标,其值越高,则投资价值越高。

市净率作为一个公允的衡量价值的共同因素,在量化策略中通常用于多空策略,更高市净率的股票将会有更好的表现。许多国内学者对账面市值比这个因子研究表明,其在 A 股市场上较为适用。衡量一只股票是否具有投资价值不得不考虑其收益率能否高于无风险利率,最能说明这个问题的指标是股息率。现金收益率从公司的利润保障出发,衡量了上市公司是否具有投资价值。

成长因子:成长型投资策略希望根据历史上观测到的关于资产的某些变量的增长水平来对未来进行预测。如果说一只股票是成长型的,那么它当前的价值或收益可能无法估量。该指标是对未来价值的一个较好度量,因为它不仅包含对增长的预期,也包含对价值的预期,并比较这两者从而给定资产在正的或负的增长水平下,其定价是否合理。成长型投资策略的投资者喜欢投资于高速扩张的行业,期望的收益主要源于资本利得而非价值投资的分红所得。

公司最根本的价值在于其净资产和持续不断的创值能力,而这个持续创值能力就是公司成长性的根本表现,持续创值能力的时间越长,创值能力越高,成长性越好,则公司价值越高。在量化交易者眼中,下面这些指标最能反映一个公司的成长性:净资产收益率 ROE,总资产收益率 ROA,主营收入增长率,毛利率,再投资率并考虑它们的变动对股价的影响。度量增长的指标还有 PEG,这个指标是指股价除以盈利增长,它包含对增长的预期和对价值的预期,并比较这两者在正的或者负的增长水平下,股票价格是否合理。

品质因子:在其他条件相同的情况下,持有高品质的金融产品,这种策略就是品质型策略。这种策略的合理性在于,本金安全的重要性至上。特别是在市场紧张时期,此类投资策略能够更好地保护投资者。衡量企业是否具有品质,常用的指标有资产负债率、固定资产比例、流通市值。

在其他条件相同的情况下,持有高品质的金融产品是更好的选择。低杠杆率的公司比高杠杆率的公司具有更好的品质,或者可以说这类公司具有健康的财务状况。衡量企业是否具有品质,常用的指标有资产负债率、固定资产比例、流通市值。

3. 因子模型的设计

多因子量化选股模型的设计过程主要分为候选因子的选取,选股因子有效性的检验,有效但冗余因子的剔除,综合评分模型的建立和模型的评价及持续改进五个步骤。这五个步骤称为策略模型。

1) 候选因子

候选因子主要是凭借对股票市场的认识和预判,并借助市场规律,选择出可能有效的因子。选取的候选因子越全面,则构建的投资组合越全面;选取的候选因子可靠性越强,投资组合的预期收益则会越高。通常通过上市公司的基本面和交易数据进行候选因子的选取,同时还会考虑宏观市场上对股票市场有较大影响的数据,如利率的波动、GDP 指数、PMI(采购经理指数)等。另外现在也有人通过机器学习进行因子挖掘,对已存的因子进行数学上的更深一步挖掘。

2) 有效因子

多因子量化选股模型就是要研究市场上哪些因子对股票收益率的影响较大,并利用这些因子建立模型进行量化投资。有效因子是指能够将上市公司好坏明显地区分出来的因子,即通过这些因子能够选出具有较高预期收益的股票,那么这类因子就可以被称为有效因子。

3) 剔除冗余因子

冗余因子是指由于不同的有效性因子其内在驱动因素或其他原因,使其所选出来的组合在个股构成和收益等方面具有较高的一致性,因此其中的一些因子对股价的解释力度就会变得没有必要,那么这些因子作为冗余因子就需要被剔除掉,在选股过程中,我们只需保留同类因子中收益最好、区分度最高的那一个因子。

4) 综合评分模型的建立

综合评分模型即把四大类模型中所有的有效且不冗余因子都考虑进去所建立的模型。由于此模型中因子更为全面,所以应该更能选出超出市场基准的股票组合。通常在建立综合评分模型时,首先要对个股在有效因子的基础上进行排序打分,然后根据等权重或加权的方法对不同因子的得分进行加总,得到个股的综合评分。

5) 模型的评价

模型的评价,主要是从收益与风险的角度进行评价。建立的模型应该满足较高的收益率和较低的风险水平,且应该是在可控的风险内获得最大的收益。

评价一个多因子模型时,联合检验多个资产定价误差是否为零就是第一种切入点,而单独考察这些资产的定价误差是否为零则是另一种切入点。前者可以采用 GRS 检验以及均值-方差张成(mean-variance spanning)检验,如果目标是把定价误差独立看待,则可以使用 α 检验。

4. 以事件为背景构建策略模型

该策略也被称为事件驱动型策略,往往将各种渠道发布的非结构性信息转换成结构性数据后作为依据构建策略。这种策略除了用到正常的数理逻辑与金融知识外,还涉及心理学、社会学等社会学科的内容。

目前市场上被众人研究过的内容有业绩变动、分红行为、股权结构变动、信誉资质等,除了交易所公布的数据外,也可以构建量价关系带来的事件策略,如以涨停板为因子进行研究。

宏观事件或其他行业数据也可以作为因子来构建事件驱动型策略,如局部战争的爆发、某国货币的升值等因素都可以进行研究,统计历史上发生该类情况后相关证券市场及品种的价格变化,以构建策略来应对后续该事件发生后的市场变动。又比如某地天气的变化是否会对某个农产品价格产生影响等,也是以非直接相关数据的变化来构建事件策略。

事件驱动型策略在人们主观交易时也是重要参考因素,如通常具有重组、并购行为的公司会改善业绩,从而提振股价,又如大宗商品价格的上涨,通常会造成相关生产者利润变高、改善业绩,从而提振股价等,因此构建该类策略,数据来源与时间是极为重要的因素,一方面此类数据格式是非标准化的,需要整理为可用数据;另一方面数据爬取渠道不固定,同时NLP(自然语言处理)技术目前尚不能稳定应用在该领域,因此该类型策略还具有很大的探索空间。

5.1.2 数据挖掘

数据挖掘旨在让计算机根据已有数据作出决策。决策可以是预测明天的天气、拦截垃圾邮件、检测网站的语言,或者在约会网站上发现新的恋爱对象。数据挖掘方面的应用已经有很多,新的应用也在源源不断地出现。数据挖掘涉及算法、统计学、工程学、最优化理论和计算机科学相关领域的知识。除此之外,我们还会用到语言学、神经科学、城市规划等其他领域的概念或知识。要想充分发挥数据挖掘的威力,通常需要在算法中整合这些属于特定领域的知识。

虽然数据挖掘相关应用的实现细节可能千差万别,但是从较高的层次看,它们往往大同小异。数据挖掘的第一步一般是创建数据集,数据集能够描述真实世界的某一方面。接下来是调整算法。每种数据挖掘算法都有参数,它们或者是算法自身包含的,或者是使用者添加的。这些参数会影响算法的具体决策。再接下来就是调整算法。

1. 分类与预测

分类技术在量化投资的很多领域都有应用,例如,可以通过上市公司分类构造一个分类模型来对上市公司的资产质量进行风险评估,将上市公司分成不同的类别,如优质蓝筹股、成长型股、题材股等。利用数据挖掘技术,对这些不同股票的市场表现建立模型,寻找出这些不同种类上市公司的特征,这样的分类模型可以让投资者了解不同行为类别上市公司的分布特征,从而进行相应的投资操作。

对于分类问题,我们通常能拿到表示实际对象或事件的数据集,我们知道数据集中每一条数据所属的类别,这些类别把一条条数据划分为不同的类。什么是类别?类别的值又是怎么回事?我们来看下面几个例子。

(1) 根据检测数据确定植物的种类。类别的值为"植物属于哪个种类?"。

(2) 判断图像中有没有狗。类别是"图像里有狗吗?"。

(3) 根据化验结果,判断病人有没有患上癌症。类别是"病人得癌症了吗?"。

上述三个问题中有两个是二值(是/否)问题,但正如第一个确定植物类别的问题,多个类别的情况也很常见。

分类应用的目标是,根据已知类别的数据集,经过训练得到一个分类模型,再用模型对类别未知的数据进行分类。例如,我们可以对收到的邮件进行分类,标注哪些是自己希望收到的、哪些是垃圾邮件,然后用这些数据训练分类模型,实现一个垃圾邮件过滤器,这样以后再收到邮件,就不用去确认它是不是垃圾邮件了,过滤器就能帮你搞定。

下面对分类流程进行简要描述：

分类技术主要分为两个过程：训练过程和分类过程。训练：训练集→特征选取→训练→分类器。分类：新样本→特征选取→分类→判决。

训练过程可以看作一个学习的过程，利用一批历史数据进行训练，从而得出一个模式，保存在分类器中。分类过程可以看作一个应用过程，用该分类器对新的数据进行分类判定，从而得出新知识，图5-1就说明了这种分类预测的流程。

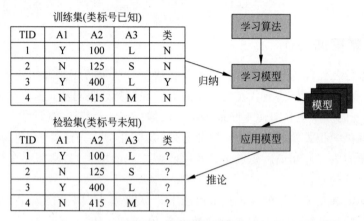

图5-1　分类算法流程

2．关联规则

关联规则是形如 X→Y 的蕴含式，其中，X 和 Y 分别称为关联规则的先导和后继。

在描述有关关联规则的一些细节之前，先来看一个有趣的故事："尿布与啤酒"。在一家超市里，有一个有趣的现象：尿布和啤酒赫然摆在一起出售。但是这个奇怪的举措却使尿布和啤酒的销量双双增加了。这不是一个笑话，而是发生在美国沃尔玛连锁店超市的真实案例，并一直为商家所津津乐道。

沃尔玛拥有世界上最大的数据仓库系统，为了能够准确了解顾客在其门店的购买习惯，沃尔玛对其顾客的购物行为进行了购物篮分析，想知道顾客经常一起购买的商品有哪些。沃尔玛数据仓库里集中了其各门店的详细原始交易数据，在这些原始交易数据的基础上，沃尔玛利用数据挖掘方法对这些数据进行了分析和挖掘。

一个意外的发现是："跟尿布一起购买最多的商品竟是啤酒。"大量实际调查和分析，揭示了隐藏在"尿布与啤酒"背后的美国人的一种行为模式：在美国，一些年轻的父亲下班后经常要到超市去买婴儿尿布，而他们中有 30%～40% 的人同时也为自己买一些啤酒。产生这一现象的原因是：美国的太太们常叮嘱她们的丈夫下班后为小孩买尿布，而丈夫们在买尿布后又随手带回了他们喜欢的啤酒。按常规思维，尿布与啤酒风马牛不相及，若不是借助数据挖掘技术对海量交易数据进行挖掘和分析，沃尔玛是不可能发现数据内在这一有价值的规律的。从这个例子可以看出，利用关联规则技术，可以找出一些隐含的规律，因此这种方法在量化投资中同样存在广泛的应用。

5.2 样本内测试

5.2.1 样本内数据

样本内数据是指在进行量化交易模型研究与开发时向量化交易模型输入的已知数据。在前面的章节中我们已经学习了量化交易模型实际上是对输入数据的统计特征归纳。量化交易模型的历史回测用来评估样本内的绩效表现,根据评估结果的反馈对量化交易模型的设计思想进行检验、对量化模型中的参数进行优化。样本内数据的绩效表现很大程度上是由内部的阿尔法模型决定的,值得注意的一点是,交易冲击成本的存在使得样本内数据的绩效表现无法体现交易执行模型的作用。但是可以通常使用一些基本手段避免执行误差,如每次买入不得超过在当前时刻当前价格上成交量的20%等。

样本内绩效,也称为历史回测绩效,是指向量化交易模型输入样本内数据,从而产生交易信号、进行平开仓操作,最后输出策略的表现。历史回测的意义在于证实量化交易模型的可营利性以及为参数优化提供数据支持。

5.2.2 历史回测

回测功能的框架由策略模块、交易模块、统计模块三个部分组成。①策略模块,根据量化交易模型的参数和规则产生原始交易信号。对策略模块输入原始行情数据,输出交易信号(开平仓信号)。②交易模块,决定交易信号的仓位选择、记录交易过程中产生的费用以及资金使用情况,对交易模块输入策略模块产生的交易信号,输出每一笔交易的实际下单结果,包含仓位、交易费用等。③统计模块,对输入数据而产生的每一笔交易,输出相关的统计数据,以及图表内容。它是回测报告的关键环节。

对于初学者,建议使用第三方软件来进行量化交易模型的回测。因为第三方软件通常集成了回测功能的交易模块和统计模块,无须再针对回测的底层算法进行开发,节约时间成本;第三方回测软件通常包括原始行情数据、回测算法、参数优化、回测报告的生成等一套历史回测相关的功能。国内常用的第三方量化交易回测软件包括交易开拓者、文华财经、金字塔、微量网等;国内基于Web的量化交易平台主要有优矿网、RiceQuant、聚宽等。

对于从事量化交易的专业团队,他们大多使用全套自主开发的量化交易回测系统进行历史回测工作。这样可以根据自己的需求来设计整个回测流程,也可以通过更加有效算法不断优化回测时间。使用三方平台时需要向第三方软件提供具体的交易算法,而量化交易模型的算法具有很强的保密性,在三方平台使用具有泄密的可能。

通常可以使用Matlab、Python、R等功能。Matlab的优点在于其矩阵运算特性,使用FQuantToolBox可以实现历史数据的整理与策略历史信号模拟;Python是一种高级、开源的脚本语言,numpy、pandas、scipy等扩展模块能够帮助你完成矩阵、数据统计、数值计算等方面的处理,开发效率很高。Zipline是一个交易算法库,该系统是对现场交易系统如何运转的一个近似,可以对历史数据进行投资算法的回溯检验。Zipline目前作为Quantopian的回溯检验引擎。R擅长统计和时间序列的处理,在统计、计量、数据规整以及画图等方面有优秀的 package。blotter 包定义了一个交易系统所应具有的产品、交易、组合和账户等基础工具，可以支持多个资产类别和多个币种的投资组合。

回测报告是对量化交易中的评价指标进行有序的展示，可以更加直观地展示量化交易模型绩效表现，有助于我们对量化交易模型进行评估。完整的回测报告包含三部分：交易统计、资产统计、总体绩效。

交易统计的度量维度是量化交易模型的每一笔完结交易带来的收益情况，用来直观地反映交易信号的质量。其通常包含以下要素：建仓时间，标的名称，建仓方向，建仓价格，建仓数量，持有时长，平仓时间，平仓数量，平仓价格，盈亏比率，盈亏金额，累计盈亏金额，累计回撤值。在进行平仓操作的时候生成一笔交易统计，这样做的好处在于可以直接观察入场信号与离场信号。对于多次建仓、分批平仓的复杂操作，需要使用先进先出的平仓原则，对于期货采取优先平仓的操作。当一笔平仓中包含两次不同时间与价位的建仓操作，生成两条交易统计，卖出手续费应平均分配在两笔交易统计中。在进行交易统计分析的时候需要特别注意的是，量化交易模型的整体利润应均匀分布在所有交易上。如果去除一两笔交易利润贡献最大的交易后，其他交易贡献的利润趋近于 0，这说明量化交易模型盈利的可复制性较差，模型在样本外盈利可能出现大幅下滑。

资产统计是针对使用量化交易模型账户的收益统计，是交易统计在账户上表现的投影，通常度量资产的日盈亏分布情况。其通常包含以下要素：日期，当日获益金额，当日交易次数，当日成交金额，当日隔夜金额，累计盈亏金额等。我们可以将日盈亏统计的数据采用做图表的形式来观察量化交易模型的特点。

资产曲线是每日资产总额的连线，反映量化交易模型的盈亏走势，可以通过叠加基准收益，观察超额阿尔法收益。

资产回撤曲线是每一次模型出现回撤时的亏损金额，用来反映量化交易模型承担的风险，越小的回撤面积，代表着资产回撤越少，进而模型的风险回复能力越强。

资金使用比例用于观察量化交易模型的当日成交金额与每日隔夜金额。当日成交金额可以反映模型的活跃度，每日隔夜金额用来反映模型的潜在风险。对于期货日内交易的高频模型来讲，当日成交金额很大，甚至可以达到几倍的资金周转率，但是隔夜金额使用率则为 0。对于股票交易模型来讲，当日成交金额较小，通常隔夜金额较大，因为主要通过持有股票进行获利。

日盈亏散点图用于观察量化交易模型日盈亏分布情况。X 轴是时间轴，Y 轴是盈亏金额。我们可以通过图表直接观察到，大部分的盈利日所处盈利金额的位置，以及大部分亏损日所处亏损金额的位置。

总体绩效，是对量化交易模型的综合反映，在进行参数优化的过程中，通常直接使用总体绩效作为评价标准。总体绩效通常包含以下内容：回测期总收益率，年化收益率，夏普比率，Sortino 值，β 值，信息比率，最大回撤值，日收益率标准差，交易天数占比，累计交易数等。

5.3 样本外测试

5.3.1 样本外数据

样本外数据是相对于样本内数据的概念,通常用于检验量化交易模型的有效性。存在两种数据,即预留数据和实时数据。预留数据是在量化交易模型开发时预先保留的未使用数据;实时数据是由数据源实时向外传送的真实数据。如果量化交易模型样本内的绩效表现出色,但是样本外的绩效表现大幅下滑,可能说明在使用样本内数据进行交易策略设计或参数优化时存在选择偏差。

通过样本内数据产生的量化交易模型是针对输入的数据经过优化加工的,其历史回测的绩效表现必然优异。但是将预留数据输入量化交易模型,它是否能够保持相同的绩效水平,就难以预判了。

5.3.2 样本内外匹配度

匹配度是指样本外绩效表现的值与样本内绩效表现的值的比值,通常情况下匹配度小于1。样本内外数据的波动分布不均匀、样本外数据过少等情况可能导致出现匹配度的异常。需要对回测报告的多项内容进行匹配度检查的项目有以下两个。

(1)标准差。在使用标准差对样本内外数据进行匹配度检验时,通常要考虑样本内外数据自身的标准差比值、样本内外模型收益的标准差。进行样本内外数据自身标准差的比对其实是对两份数据的波动率进行比对。若两份数据的波动率相差不大,则认为样本内外的数据稳定,在这种情况下量化交易模型的样本内外绩效表现应保持稳定。若两份数据的波动率相差较大,则认为样本内外的数据不稳定,在这种情况下很难通过样本内外绩效匹配度来评判量化交易模型的稳定性。进行样本内外模型收益标准差的比对,用来判断量化交易模型盈亏分布是否可以保持一定稳定性。通常可以对以下数据的标准差进行比对:每日盈亏百分比、盈利日盈利百分比、亏损日亏损百分比、每笔交易盈亏百分比、盈利交易盈利百分比、亏损交易亏损百分比等。

(2)交易数量。样本内外应保持一定比例,通常使用样本外数据周期(时间)/样本内数据周期(时间)作为基准比率。如果样本外的交易次数/样本内的交易次数远远小于基准比率,表明样本外产生的交易次数过少,量化交易模型在处理样本外数据时将可能出现潜在风险。假设有一种可能,样本内所有正盈利的交易没有出现,样本外绩效出现了严重的衰减。可能的原因是样本内模型优化时,将模型的入场限制得过于严格,交易轨迹在样本外难以重复出现。反之,则表明量化交易策略的入场限制过于宽松。

除此之外,我们还应该比较量化交易模型样本内外的交易成功率、平均每笔交易获利、平均每日获利、回撤值、资产创新高比率、夏普比率、信息比率等。

量化交易模型的实时数据评估包含两部分:对未上线的量化交易模型进行模拟期绩效评估,对以实盘量化交易的模型进行收益跟踪。实时数据的绩效评估至关重要,在进行实时数据的绩效评价前,全部采取基于历史数据的绩效分析方法,验证了量化交易信号的有效性,并没有对量化交易的可执行性进行验证。同时根据实时数据评估产生的结果,是我们进行模型日常维护巡检的主要手段。

量化交易模型在进入实盘交易前,通常会进行1～2个月的模拟交易观测期。通过实盘数据的实时输入,来模拟真实的交易环境,评估量化交易模型上线后的表现。在模拟交易观测期,主要的评价体系与预留数据的样本外检验并不完全一致,重点不放在收益率等指标的具体数值表现上,因为在较短时间的模拟交易观测期,数据结构可能会与样本内的数据结构出现较大的偏差。此时应将重点放在交易模型的风险抵御能力以及交易策略的核心思想能否有效传达上。

量化交易模型的回测中存在一些细节问题很容易导致回测失真,使得模型历史回测的效果优于真实情况,从而对样本外量化交易模型的评估产生误导。在进行量化交易模型设计时应考虑到可能出现的问题,进而在样本内回测中避免出现失真的情况。下面介绍造成回测结果与实际不符的几个原因。

交易成本包括显性交易成本与隐性交易成本。在回测中,隐性交易成本容易被忽视。显性交易成本为交易的佣金、税费等,在进行交易回测时需要在开仓价格的基础上直接加上显性交易成本作为开仓的真实成本。在回测时还需要针对量化交易模型对于显性交易成本的敏感程度进行分析。将显性交易成本调高,观察量化交易模型的总体水平的下降表现。如果总体水平下降过多,则表明此量化交易模型对于交易成本敏感;隐性交易成本主要有流动性成本、机会成本。流动性成本(冲击成本):大规模市价买入或卖出时,由于大单对市价的冲击从而未按照预定指令价位成交。机会成本:限价买入时,不会产生流动性成本,但可能会因为指令不执行错过获利机会。

滑点指的是开仓点位和成交点位之间的差异。造成滑点的主要原因有以下两个,一是量化交易模型发出交易指令时的价格与实际成交的价格不一致;二是由于网络延迟、网络丢包所导致的量化交易模型信号延迟发送。因此在回测中,一般会在程序中设置固定数值的滑点。

未来函数,是指在进行买卖信号判断的时候,利用了当前不确定,但是在未来某一时间点确定的行情信息。使用未来函数的策略能够预知未来,得到极其夸张的绩效表现。未来函数的错误在策略设计的时候就能避免,判断信号是否出现的时候只能使用已有的行情信息。比如一个股票策略是买入财报公布后每股收益大幅增长的股票。正确的做法是在财务报表公布的时间点后进行买入操作,如果在进行模型设计时在此时间节点前买入股票,就属于使用外来函数的范畴。

成交价格偏差是由在回测中直接使用量化交易模型生成信号的价格作为开仓价格造成。虽然考虑了滑点的因素,但是仍然会出现成交价格的偏差。比如,在价格跳空高开的情况下,模型信号价格处于价格缺口区间,此时若仍然使用信号价格进行回测,则会出现成交价格的偏差。正确的做法是使用跳空高开后的价格作为回测中的成交价。

5.3.3 模型上线方法

通常在通过了模拟交易的验证后,有三种常见的实盘上线方法:直接上线法、回撤上线法、水平线上线法。

(1) 直接上线法。在通过模拟交易验证后,直接将模拟交易下单切换为实盘交易下单。这样等到下一次交易信号发出时，即对信号进行相应，将交易指令传递至交易所。采用这种做法的逻辑是，量化交易模型依然已经被验证为有效，那么就有能力处理未知行情。由于市场的未知性，我们难以准确预测市场走势，进而我们也无法准确预测量化交易模型下一笔交易的盈亏，最好的办法就是保持交易信号的一致性，让交易模型自行处理。但是这种方法存在一定的潜在风险，如果当前量化模型正处于历史最佳水平，可能一旦上线就会出现回撤。

（2）回撤上线法。在通过模拟交易验证后，并不进行上线操作，而是继续使用真实实时数据进行模拟交易，直到量化交易的回撤值接近样本内数据的最大回撤时，再进行实盘交易的切换。采用这种方法的逻辑是，量化交易模型被认定是有效的，那么它的盈利是可重复的。量化交易的样本内回测报告反映了量化交易模型的自身特点，所以在量化交易自身表现较为低迷、接近历史最低水平时进行上线。这样可以进一步回撤的概率相较于直接上线时已经减小了很多，而且当量化交易模型开始复苏时，又可以实现上线短时间盈利，收获资金的安全垫。但是若选择回撤上线法，会损失一定的机会成本，我们在进行回撤等待时，有可能量化交易模型持续表现出优异的成绩。

（3）水平线上线法。回撤上线法在量化交易模型接近最大回撤时上线，虽然避免了模型正常运行时忍受历史最大回撤的风险，但是会面临一个更为严重的问题——模型是偏差还是永久失效。如果模型短期偏差，那么终究还是会回归样本内数据检验的表现。但是如果由于种种原因导致模型永久失效，模型将会不断刷新历史最大回撤，就算使用回撤上线法，依旧会面临无法预知的潜在风险。水平线上线法是指当模型的回撤回到 0 轴后再进行实盘接入，这样做的好处是通过回撤回到 0 轴来证明量化交易模型的有效性。

5.4 模型优化

5.4.1 数据选择

量化交易模型的重点在于数据的选择。向量化交易模型输入数据，会产生交易信号。在进行交易模型评估的过程中，会针对产生的回测结果，再次进行模型的优化。所以得到的交易模型是符合样本内数据特征的，此时如果样本外的数据特征与样本内的数据特征差别过大，将会导致针对样本内数据优化过的模型在样本外测试中失效。相同交易品种的属性较为接近，这也是选择样本内数据训练交易模型，可以在样本外数据测试中产生利润的主要原因。

在进行量化交易策略模型的构建时通常将已有的历史数据人工地分为两部分，一部分用于做历史回测，供模型调试优化；另一部分用于结果检验，评估模型的有效性。采取预留数据进行样本外绩效表现，实际上就是将历史数据进行切割，划分为在模型研发阶段使用的样本数据和进行模型稳定性检验的样本外数据。这样做的好处是节约量化交易模型处于样本外数据的检验时间，通过一次性给予预留的历史数据，可以生成一段时间的回测绩效表现。采取预留数据进行样本外数据绩效评估可以使我们了解到使用样本内数据进行量化交易模型的不足，找到原因进行模型优化。

由于数据选择偏差会影响预留样本外模型的绩效表现，所以在选取样本内数据以及预留数据时应当避免数据特征分布的差异性。差异性来自宏观层面和微观层面两个方面。

宏观层面,周期性市场的结构特点,主要影响以中长线作为主要投资方式的量化交易模型。经济周期一般是指经济活动沿着经济发展的总体趋势所经历的有规律的扩张和收缩,分为繁荣、衰退、萧条和复苏四个阶段。如果在进行样本内数据的选择时仅仅涵盖繁荣期,那么一旦样本外数据步入衰退期,将会导致量化交易模型的失效。比如,对于基于股票的量化交易模型来讲,在进行样本内数据选择时,将2014年6月至2015年6月的数据作为样本内数据(上证指数从2 100点上涨至5 100点附近,涨幅达3 000余点);将2015年6月至2016年6月的数据作为样本外数据(上证指数从5 100附近回落至2 800点,跌幅达2 300余点)。这样的选择肯定会导致量化交易模型的样本内外绩效表现出现严重偏差。

微观层面,数据波动率的变化,主要影响以日内超短线高频量化交易的模型。而导致数据波动性出现显著变化的主要因素在于市场的活跃程度。通常越活跃的市场,市场价格波动越大,同时价格的变化也更加连续。反映市场活跃的最根本指标是市场的日成交量,市场成交量受到多种因素的影响。以股票市场为例,其受以下因素影响:上市公司质量,基准利率的水平,国债的发行量,基金市场的规模,国家货币政策,投资者数量,市场参与者的信心,交易规则的变化等。如果出现样本内外成交量不均匀的情况,将会导致量化交易模型在样本外失效。因为样本内的模型是用于样本内的波动率,而样本外的波动率与样本内的波动率相差较多。比如,基于国内沪深300指数的估值期货,由于2015年9月7日起单个产品、单日开仓交易量超过10手的构成异常交易行为,所以股指期货的交易量骤减。如果使用9月以前的高频数据作为样本内数据,而9月份以后的数据作为样本外数据,则会导致样本外检验失效。

在进行样本内数据与预留数据的分割时,通常可以使用以下四种方法。

全体期间法,全体期间即为使用全部历史数据作为量化交易的样本内数据,使用最新的行情数据作为样本外数据对量化交易模型进行检验。采用此种方法的优点是样本内数据包含全部特征,在进行模型优化时考虑了历史数据中包含的全部因素。但是缺点在于此种方法在交易模型的研究与开发过程中没有进行稳定性检验,直接进入实时数据的检验,可能会导致样本内外的匹配度较低。

历史基准法,使用时间序列的方式来进行样本内外数据的划分,将距离当前较远的时间作为样本内数据,进行历史回测。将样本外的数据输入针对样本内数据优化过的模型,即可得到样本外数据的测试报告。此种方法的优点在于采取时间序列的方式,最能模拟量化交易模型面运行后对未知数据的表现。但是缺点在于此分类方法中,样本外数据与真实的未知数据连续,数据特征较为接近,而历史数据的数据特征可能与未来的数据特征出现较大差异,这会导致针对样本内数据优化过的模型在真实的未知环境中出现偏差。

当前基准法,解决了历史基准法中样本内数据与真实位置数据时间间隔较远、数据特征可能出现差异的问题。它将距离当前最近的一部分数据作为样本内数据,而将距离当前较远的数据作为样本外数据,采取时间倒序的方法。由于当前数据相较于早先数据更为重要,采取此类方法容易针对样本内数据出现针对当前表现的过度优化的情况。

中间基准法，综合了历史基准法与当前基准法的划分样本数据的方法，提出了折中的解决方案。选取已知数据中部的中段作为样本内数据、两侧的数据作为样本外数据，需要分别进行匹配度检验。

5.4.2 参数优化

优秀的量化交易模型，不但在样本内具有很好的绩效水平，同时在样本外也能保持稳定。通常我们可以通过两种优化方式来实现量化交易模型整体水平的提高。一是优化样本内外数据的选择。二是优化量化交易模型中的参数。

参数优化的过程是不断接近最优解的过程。利用计算机的处理能力对参数的各个值进行运算，找到最适合当前交易模型的参数。但是需要注意的一点是，虽然在量化交易模型中增加参数可以使其样本内绩效表现优异，但是过多的参数会导致样本外匹配度过低。

模型参数优化是通过优化目标函数使模型输出和实际观测数据之间达到最佳的拟合程度，由于环境模型本身的复杂性，常规优化算法难以达到参数空间上的全局最优。近年来，随着计算机运算效率的快速提高，直接优化方法得到了进一步开发与广泛应用。优化模型参数，以满足设计要求的过程包括以下任务：①指定设计要求；②参数化设计目标；③指定优化选项；④运行优化。

参数优化中一个重要的原则就是要争取参数高原而不是参数孤岛。参数高原，是指存在一个较宽的参数范围，模型在这个参数范围内都能取得较好的效果，一般会以高原的中心形成近似正态分布状。而参数孤岛，是指只有在参数值处于某个很小的范围内时，模型才有较好表现，而当参数偏离该值时，模型的表现便会显著变差。

一般来说，如果附近参数系统的性能远差于最优参数的性能，那么这个最优参数有可能是一个过度拟和的结果，在数学上可以认为是奇点解，而不是所要寻找的极大值解。从数学角度来说，奇点是不稳定的，在未来的不确定行情中，一旦市场特征发生变化，最优参数可能会变为最差参数。

假设双均线交易模型内有两个参数，分别为快线周期和慢线周期，当对两个参数进行遍历测试后，得到一组回测报告。好的参数分布应当是参数高原，即使当前参数的设置有所偏移，模型的整体绩效依然能够保持稳定的绩效水平。未来模型在样本外数据中会遇到各类难以预估的情况，其具有较强的稳定性，所以样本外的表现不会出现太大偏差。但如果遍历参数后的绩效结果呈现参数孤岛，当参数发生小的偏移时，模型的获利绩效就发生较大变动，那么这样的参数因稳定性较差，往往难以应对样本外数据中变化多端的环境。

在了解完参数高原与参数孤岛之后，优化参数的方法显得很重要，特别是模型中存在多个参数（下称"参数数组"）时，往往一个参数的取值会影响到另外一个参数的选择。那么如何对参数数组进行优化呢？

一种方法为逐步收敛法，即先单独对一个参数进行优化，取得其最佳值后固定下来，然后再对另外一个参数进行优化，取得其最佳值后固定下来。如此循环，直到优化结果不再变动。例如，一个均线交叉买卖交易模型，两个独立参数分别是均线短周期 N_1 和长周期 N_2。首先固定 N_2 为1，对 N_1 在 1~100 的数值范围内进行测试筛选，寻找最佳数值，最终得到最佳参数为 8 并固定；其次对 N_2 在 1~200 之间进行优化，得到最佳值 26 并固定；再次对 N_1 进行第二轮优化，得到新的最佳值 10 并固定；最后对 N_2 进行优化得到最佳值 28 并固定。如此循环筛选下去，直到优化结果不再变动。假如最终得到的最优参数值分别是 N_1 为 10、N_2 为 30。至此，参数优化工作结束。

另一种方法是利用带有较强计算功能的程序化软件设计平台，直接算出目标函数与参数数组之间的分布，进而求多维差分的分布，定义一个差分阈值，差分绝对值小于阈值范围内对应的多维体积最大、多维内切球半径最高者，入选为最稳定参数取值。

总之，在构建程序化交易模型时，一方面，可以通过参数优化改进模型，让模型更好地适应价格波动的模式，提高投资收益；另一方面，又要防止对参数优化的过度拟合，导致模型对行情变化适用性的大幅降低。

蒙特卡洛模拟，该方法的基础是过去的交易结果会在未来出现，只是以某种不同的、未知的顺序。因此，通过以不同的顺序排列这些结果，就能生成完全不同的净值曲线。虽然也可能存在蒙特卡洛检验并不适用的场合，但对绝大多数的交易系统，该方式是合理的，并且能够提供对系统的深入分析。你可以简单地记录下每一次交易的结果，然后从中随机挑选和排序形成一条净值曲线。显然，计算机能够更为快速地完成这一抽样过程，并产生成千上万条模拟的净值曲线。历史净值曲线只是这个交易系统可能产生的众多路径之一。只要重新调整某一些交易的位置，最大回撤就会变得非常糟糕，盈利的时段也很容易变成亏损。当然，从掷硬币的角度来说，交易系统的表现也有可能变得更好。

分析这些模拟结果，你可以得到出现过的最大回撤、可能的年化收益以及破产的风险。如果你对模拟结果有评价的标准和目标，你也能很容易地考察系统是否满足要求，而仅观察历史净值曲线是无法得到这些信息的。

大部分交易员在完成一个策略的开发后，都会感到十分兴奋并迫不及待想将策略投入实际的交易。这可是一个大忌，尤其是对那些菜鸟交易员。很多策略都依赖于交易软件，这些先进的工具使策略的构建、交易规则的修改以及多元优化问题变得异常简便。事实上，绝大多数的软件开发的初衷就是方便和鼓励采用优化手段。

然而，伴随着软件的大量使用，一些坏习惯也在不知不觉中养成。交易员在开发过程中往往会选择历史净值曲线更好的模型和参数。但是大部分情况下，看起来很出色的回测结果却与策略在未来的表现毫不相关（有时甚至是负相关）。为什么会这样？简单来说，增加限制、引入滤波器以及运行更多的优化，虽然对交易策略更好地拟合历史数据很有效，但实际上却蕴藏着巨大的风险。

很多情况下，开发之后的持续跟踪能提供很多线索。这一过程被称为"孵化"（incubation）。最简单的方式是，让策略实时运行 3~6 个月，但并不真正用于实盘交易。每个月观察一次最新的运行结果，并将其加入历史回测净值曲线。其中，"孵化"结果作为向前的历史数据。在这个例子中，"孵化"结果看起来和历史形态十分相似，这被认为是策略的开发过程较为合理的一个重要标志。

在几个月的"孵化"后，你很可能观察到以下两种情况之一：系统的表现看起来和历史回测一致，或系统的表现和历史回测大不相同。一个辨别这两类结果的诀窍是，将净值曲线（历史的和"孵化"的）打印在白纸上，并尽可能地放大，并将它钉在 10 英尺（1 英尺=

0.304 8米)开外的墙上。如果你能清晰地分辨出哪里是历史回测的终点,哪里又是"孵化"的起点,那这个系统就是有问题的。因为在理想状态下,两者的表现应该没有很大变化。(历史测试与模拟测试的表格应该类似)

当然,除了上述直观的判断,另一种确定交易系统的表现是否发生变化的检验方法是日收益率的直方图。其关键点同样是考察系统的表现是否在完成开发后发生了改变。

哪些原因可能引起系统表现的变化?可以确定的是,如果当前的市场行为和检验期的任何时段都完全不同,那么表现发生改变也是自然的。但倘若你在构建策略时使用了很多年的数据,这种变化应当不会太剧烈。因此,更有可能的是开发过程中存在错误。例如,策略被过度优化了。

另一个需要关注的方面是交易系统之间的相关性。如果你只应用一个系统交易,那就没有什么可担心的。但如果你把一个新的系统加入组合,那你不得不确保新加入者是对其他系统的一个补充。因为你肯定不希望所有的系统在同一时刻买入或卖出。

使系统间不相关的一个办法是在不同的市场和时段上交易。如果你对不相关的数学证明感兴趣,可以对交易系统的结果进行线性回归。最好的方法是比较两个策略的结果,计算它们之间的相关系数。如果相关系数在−0.5和0.5之间,就表明这一对系统之间并不相关。

研究系统间的相关性是相当重要的,因为交易过程中一个重要的因素就是合理的风险控制。而一旦两个或两个以上的系统高度相关,那么整个组合的风险等级就会剧烈地上升。不相关的系统所形成的组合能够产生更平滑的净值曲线,同时也是合理分散化的关键。

在进行了蒙特卡洛模拟、系统的"孵化"以及相关性的检验后,是时候投入一小部分资金在这个系统上了。那为什么只是一小部分?有以下两个理由。第一,即使通过所有的检验步骤,系统还是有可能会失败。第二,小额交易是检验事前的滑点设置是否合理的一条有效途径。这一过程可以让你发现滑点的假设是过高还是过低,从而可以帮助你更合理地选择头寸的大小。

最后,在交易过程中,因为种种原因,你很有可能发现自己其实并不中意这个系统,即便它确实能产生利润。而一旦你对一个系统感到不适,就会倾向于不遵循系统进行交易。因此,小额交易有助于你判断是否喜好使用某一系统。即使不喜欢,产生的后果也相对较小。

在一个系统开发完成之后,实盘资金的交易并不是紧随其后的一个步骤。相反,谨慎对待、深入分析才是最佳选择。从蒙特卡洛模拟到"孵化",再到相关性分析和小额资金的测试,看似多余的步骤恰恰能避免大量的损失,甚至挽救投资者的生命。只有在完成以上这些工作后,你才会获得一个更加稳健的策略。

过度拟合与选取的样本有关系,如果选取的样本不能代表市场总体特征,只是为了使测试结果达到正的期望值而去调整参数,这种做法无疑是自欺欺人,所得到的参数值是过度拟合的无效参数值。例如,通过分析参数过度拟合,交易模型分别在数值35和63出现了收益率突增现象,如果模型中的相应指标选用35和63做参数,则模型的收益看上去很完美,但实际上却是典型的参数孤岛效应。

过度拟合与参数优化的主要矛盾在于，模型参数优化得到的最优参数只是建立在已经发生过的历史数据样本上，而未来的行情是动态变化的，与历史行情相比，既有相似性，也有变异性。模型设计者可以找到模型在历史上表现最好的参数，但是这个参数在未来模型实际应用中未必表现最好，更有甚者历史上表现最好的模型参数，在未来模型实战中可能是表现很糟糕的参数，甚至带来大幅亏损。比如，筛选出一个能抓住历史上一波大行情的一个参数，但设置这样参数值的模型，并不意味着模型在未来实战中也能有如此好的表现，这个历史上较佳的参数值可能在未来模型的应用中没有起到任何帮助。

此外，参数高原和参数孤岛往往还与交易次数存在较大关系。如果模型的交易次数较少，往往能找到一个合适的参数点，使模型在这几次交易中都盈利，这种参数优化后的模型获利体现出较强的偶然性。如果模型的交易次数较多，模型获利的偶然性就会下降，更多地体现出获利的必然性和规律性，也就会存在一个参数高原。而这种参数优化模型才是进行参数优化的目的所在。

5.5 资金管理与投资组合构建

资金管理是一个较为宏大的概念，它是通过对过去交易数据分析，或者根据自身资金使用计划，寻找较优的资金分配计划，目标是相对高的收益率与相对低的回撤率的平衡，即寻求较优的 Calmar 比率（最终收益/最大回撤）。

它可以分为横向的资金分配和纵向的资金分配两方面。

横向的资金分配表现为同一时间点对资金分配的管理。最典型的例子是"鸡蛋不能放在同一个篮子里"，又比如在各类基金的投资管理规则里面都会有相应的规定：不许过度重仓单一品种。在量化投资领域里面也会对这方面有体现，如在设计多因子选股策略的时候，通常不会只选1只股票，而是会选取3只、5只、7只、10只甚至更多，虽然选入涨幅可能相对较小的股票，降低了收益率，但在一定程度上也降低了回撤的风险，这就是在选股策略中横向资金管理的例子。另外在股票择时策略或者是CTA（商品交易顾问）策略中，通常一个策略不仅针对单一品种，而且会对多个品种如螺纹钢、煤、焦炭等进行参数优化并实盘运行，另外通常在实盘中不会只上线一个策略，而是会上线多个策略，即多策略覆盖多品种，在某一个策略不适合当前市场行情而回撤时，其他的策略却有可能表现良好，从而更好地平滑整体资金曲线。这虽然是策略管理的内容，但也是资金管理的体现。

纵向的资金分配表现为不同时间点对资金分配的管理。具体实现方式有许多种，这里举几个例子：首先是动态杠杆，根据具体的标准来调整杠杆的大小，达到乐观的标准时调高杠杆，达到中观的标准时调低杠杆，达到悲观的标准时空仓；其次是对资金曲线进行择时，如计算按照过去一段时间滚动生成的资金曲线移动平均值，如果最近的资金曲线在移动平均值上方，则按照原定策略计划开仓，如果最近的资金曲线在移动平均值下方，则暂时空仓、不开仓；再次是根据第三方指标进行择时，如市场都认为北向资金是"聪明钱"，那么可以把北向资金历史净流入值三等分，如果昨日净流入值大于第一分位数（通常可以在收盘后一定小时内获取前一天的数据），则第二日按原计划开仓，如果昨日净流入值小于第二分位数，则暂时空仓、不开仓；最后是在策略中设定条件，在某一条件下加仓，在某一条件下半仓,在某一条件下减仓,实现策略本身对资金的有效管理。

本章术语

研报复现,因子投资,技术指标,信息系数,信息比率,回测

思考题

1. 未来数据与未来函数会在哪些具体情况下引入?
2. 除了进行样本内外的测试外,还有哪些方法可以检验策略的稳健性?
3. 教材对模型优化的内容主要集中在参数优化方面,除了该方面外,还能在什么方面进行优化?
4. 一个量化交易系统包括哪几个环节?为什么?

即测即练

第 6 章

经典量化策略

本章学习目标
1. 了解海龟交易策略的基本原理和交易逻辑；
2. 了解 R-Breaker 策略的基本原理和交易逻辑；
3. 熟悉阿尔法对冲策略的基本原理和交易逻辑；
4. 能够识别三种策略交易代码结构及功能并根据自身需要进行调整优化。

本章导读

近年来，量化交易发展迅猛，许多大型基金公司纷纷转型从事量化交易，并取得了惊人的业绩。对于普通大众来讲，接受过相关的培训后，也能基于已有的理论和量化交易平台支持，构建属于自己的量化交易策略。本章将介绍三种经典的量化交易策略：海龟交易策略、R-Breaker 策略和阿尔法对冲策略，并分别阐述它们各自的基本原理、交易逻辑和策略代码。在当代计算机工具的帮助下，这些经典量化交易策略既能够帮助投资者取得希望的收益，又能提供交易策略设计的思路，帮助读者更好地了解和使用量化交易策略。

知识结构图

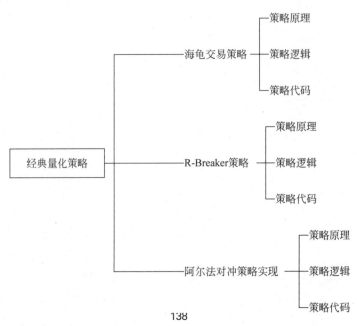

6.1 海龟交易策略

6.1.1 策略原理

1. 起源

海龟交易思想起源于20世纪80年代的美国。商品投机家理查德·丹尼斯与好友比尔·埃克哈特打赌,主题是一个成功的交易员是天生的还是后天的。理查德相信他几乎可以把任何一个人变为优秀的交易者,比尔则认为这是一种天赋问题,不是培养问题。为此,他们招募了13名培训生,把期货交易的知识与自己的交易方法传授给这些人,然后给每个人一个100万美元的交易账户。这些培训生就被叫作海龟。

扩展阅读6-1 理查德·丹尼斯

在随后的4年中,海龟们取得了年均复利80%的收益。理查德成功证明了通过日常系统培训,交易员可以通过后天培训成为一名优秀的交易者。这套培训系统就是海龟交易系统。

2. 概念

海龟交易策略是一个完整的、机械的交易思想,可以系统地完成整个交易过程。它包括买卖什么、头寸规模、何时买卖、何时止损等一系列交易策略,是一个趋势交易策略。它最显著的特点是捕捉中长期趋势,力求在符合预期价格变化的短期内获得最大的收益。

3. 核心思想

海龟交易策略有以下四大核心思想:第一,掌握优势,即寻找一个从长期来看能够创造正收益的交易策略;第二,管理风险,即在交易过程中要时刻控制好风险,防止损失全部资金;第三,坚定不移,即交易者要坚定地执行设置好的策略而不要中途放弃;第四,简单明了,即从长远视角来看,简单的交易系统比复杂的交易系统要更有生命力。

只有在交易过程中牢记这四大核心思想并付诸行动,交易者才能在跟踪长期趋势过程中,稳扎稳打地获得符合预期的价格变动收益,不断累积自己的资金,实现收益的持久累积。在理查德的指导下,海龟们秉持着这些思想原则,使用了一套完整的交易策略,帮助他们尽可能在交易过程中抓住盈利机会,减小损失程度,而其中的交易逻辑终于在多年之后向公众公开。

6.1.2 策略逻辑

海龟交易策略的逻辑大致可分为以下六个环节:买卖什么、买卖多少、何时买卖、何时止损、何时退出、怎么买卖。这些紧密相连的交易环节合起来形成了一个完整的交易系统,成为海龟交易者在市场中取胜的关键。

1. 买卖什么

首要环节就是去决定买卖什么，也就是选择什么样的市场。如果选择的市场太少，抓住趋势的概率就会大大降低。此外，如果选择活跃程度过低或是难以形成趋势的市场，也不能让海龟交易者从中获利。

海龟们都是期货交易者，手持大笔的资金在美国期货交易所买卖期货合约。因此，他们不能选择交易量太小的市场，他们的资金在进入和退出时会导致市场的剧烈波动，从而承受较大的损失。而且，海龟们本质上还是趋势交易者，在形成趋势之前他们的资金账户很有可能还是亏损状态，一旦抓住一次有利的行情，他们就能扭亏为盈，所以那些趋势不明显的市场不能获得海龟们的青睐。

2. 买卖多少

买卖多少这个问题尽管看上去简单却事关交易成败，但交易者往往会忽视或错误的处理这个问题。

如果交易者在单笔交易上投入资金过多，即头寸规模占据了他的大部分甚至全部资金账户，这会大大提高他的破产风险，即使他的策略逻辑是有效的。

海龟们所使用的头寸规模算法，是根据一个市场的绝对波动幅度来调整头寸的规模。这意味着，一个特定头寸在某一天的向上或向下变动幅度与其他市场上的头寸基本相同，无论这个特定市场的波动性是强还是弱。

具体做法是：如果一个市场的合约价值波动性较强，那么这个市场中的合约持有量就少一些；相反，如果一个市场的波动性较弱，这个市场中的头寸就可以大一些。总之，市场的波动性与头寸的规模是相互抵消的。

这种基于波动性的头寸处理非常重要，因为这有助于实现不同市场上的不同交易在盈亏概率上是相同的：它们都有同样的机会赚一美元或赔一美元。这便提高了多重市场分散化的效果。即便某个市场的波动性较弱，一次大趋势也能让海龟们获利颇丰，因为一种合约的波动性越低，海龟们手中的合约就越多。

3. 何时买卖

有关什么时候买卖的决策被称为入市决策。自动化的系统会产生入市信号，明确规定入市时的价格和市场条件。

海龟们判断入市时机使用的是一个以理查德·唐奇安的通道突破系统为基础的非常简单的入市系统（图6-1）。唐奇安通道指标是理查德·唐奇安发明的，由3条不同颜色的曲线组成，该指标用周期内的最高价和最低价来显示市场价格的波动性，当其通道窄时表示市场波动较小；相反，通道宽则表示市场波动比较大。当价格冲破该通道的上轨道，就是可能的买入信号；相反，冲破下轨就是可能的卖出信号。

唐奇安通道分为系统1和系统2，各自对应短期突破和中长期突破。其中，短期突破系统是以20日（最高价或最低价）突破为基础，当价格突破20日价格即为入市信号；中长期系统是以盘中价格突破过去55日价格为入市信号。二者交易逻辑类似，下面以20

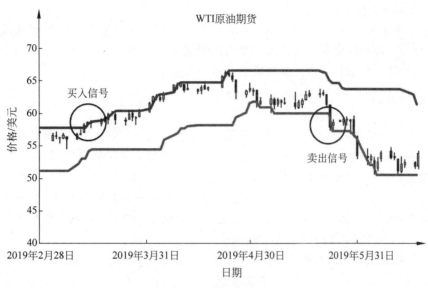

图 6-1 唐奇安通道
资料来源:搜狐网。

日系统为例说明。

只要价格超越 20 日最高或最低点的一个最小单位,海龟们就马上行动。如果价格超越了 20 日高点,海龟们就买入 1 个头寸单位,开始做多。如果价格跌破了 20 日低点,海龟们就卖出一个头寸单位,开始做空。

之后,海龟们根据市场的波动性进行加仓,他们所采用的指标是真实波动幅度均值。ATR 是日内指数最大波动的平均振幅,由当日最高价、最低价和上一交易日的收盘价决定,其计算公式如下:

$$TR = Max(H-L, H-PDC, PDC-L)$$

其中,PDC 为前一交易日的收盘价,H 为前一交易日的最高价,L 为前一交易日的最低价,ATR 就是 TR 在 N 天内的均值。

具体过程为:海龟们首先在突破点建立 1 个单位的头寸,然后按 1/2ATR 的价格间隔一步一步扩大头寸。这个 1/2ATR 的间隔以上一份订单的实际成交价格为基础。所以,如果最初的突破交易发生了 1/2ATR 的成交价偏差,那么新订单的价格将与突破点相差 1ATR,也就是最初 1/2ATR 的偏差加上 1/2ATR 的标准间隔。这个过程将继续下去,一直到头寸规模达到上限。

4. 何时止损

长期来看,不能及时甩掉损失的交易者不可能成功。要想控制损失,最重要的一件事就是在入市之前就确定退出的标准。一旦价格到达止损标准,必须退出,无一例外。

海龟们根据头寸风险来设置止损标准,任何一笔交易的风险程度都不得超过 2%。由于 1ATR 的价格变动代表着账户净值的 1%,在 2% 的风险限制下,价格变动的上限就是 2ATR。海龟们的止损标准就是 2ATR:对多头头寸来说,止损价比入市价低 2ATR;

对空头头寸来说,止损价比入市价高 2ATR。

由于海龟止损点以 ATR 为基础,它们与市场的波动性息息相关。更具波动性的市场有更大的止损范围,但每个头寸单位的合约数量也相对较少。这便统一了所有交易的风险水平,加强了分散化的效果和风险管理的稳健性。

5. 何时退出

海龟交易系统在突破点入市,但大多数突破点都不会引发趋势。这意味着海龟们的大多数交易都是亏损的。如果少数盈利的交易赚不到足够多的钱来弥补这些损失,海龟们会是输家,每一个有效的交易系统都有自己的最佳退出点。

系统 1 采用 10 日突破退出法则:对多头头寸来说,在价格跌破过去 10 日最低点时退出;对空头头寸来说,在价格超过 10 日最高点时退出。总之,如果价格发生了不利于头寸的 10 日突破,所有头寸单位都要退出。

系统 2 则采用 20 日突破退出法则:对多头来说是 20 日向下突破,对空头来说是 20 日向上突破。只要价格发生了不利于头寸的 20 日突破,所有头寸单位都要退出。

就像入市策略一样,海龟们一般不会通过止损单退出,而是会紧密观察市场的动向,在价格达到退出突破点时马上下单退出。

6. 怎么买卖

一旦系统产生交易信号,执行方法上的战术技巧就成了重点。使用机械性的交易系统是保持行动统一性的最佳方法。如果你有一个有效的机械性交易系统,而且能严格遵守它,系统就会为你盈利,而且能帮助你克服连续损失或巨大利润下的不可避免的心理波折。

海龟们所使用的系统是一个完整的交易系统,这也是获得成功的一大因素。这个系统使交易者更容易保持行动统一性,不受心理因素干扰,获胜概率更大。

6.1.3 策略代码

本策略利用掘金量化 3.0 平台使用 Python 语言进行编写,该策略选取大连商品交易所的铁矿石 2012 期货合约(代码 DCEi2012)为标的资产,选取 2020-02-15 至 2020-09-01 时间段进行回测,以短期 20 日线为例,分为以下三个步骤。

第一步:获取历史数据,计算唐奇安通道和建仓头寸规模。
第二步:当突破唐奇安通道时,开仓。
第三步:计算加仓和止损信号。
策略主要代码内容如下,完整代码详见附录 1。

1. 建仓资金

海龟交易策略将建仓资金按照一定比例划分为若干个小部分,每次建仓头寸和加仓规模都与波动量 ATR 有关。

在 Python 代码中,如果是回测模式,当天的数据直接用 history 函数取得:

```
1.  def algo(context):
2.      if context.mode == 2:
3.          data = history_n(symbol = context.symbol, frequency = '1d', count = context.n + 1, end_time = context.now, fields = 'close,high,low,bob', df = True)  # 计算 ATR
4.          tr_list = []
5.          for i in range(0, len(data) - 1):
6.              tr = max((data['high'].iloc[i] - data['low'].iloc[i]), data['close'].shift(-1).iloc[i] - data['high'].iloc[i],
7.                      data['close'].shift(-1).iloc[i] - data['low'].iloc[i])
8.              tr_list.append(tr)
9.          context.atr = int(np.floor(np.mean(tr_list)))
10.         context.atr_half = int(np.floor(0.5 * context.atr))
```

如果是实时模式,当天的数据需要用 current 函数取得:

```
1.      if context.mode == 1:
2.          data = history_n(symbol = context.symbol, frequency = '1d', count = context.n, end_time = context.now, fields = 'close,high,low',
3.                          df = True)  # 计算 ATR
4.          current_data = current(symbols = context.symbol)   # 最新一个交易日的最高、最低
5.          tr_list = []
6.          for i in range(1, len(data)):
7.              tr = max((data['high'].iloc[i] - data['low'].iloc[i]),
8.                      data['close'].shift(-1).iloc[i] - data['high'].iloc[i],
9.                      data['close'].shift(-1).iloc[i] - data['low'].iloc[i])
10.             tr_list.append(tr)
11.         # 把最新一期 tr 加入列表中
12.         tr_new = max((current_data[0]['high'] - current_data[0]['low']),
13.                     data['close'].iloc[-1] - current_data[0]['high'],
14.                     data['close'].iloc[-1] - current_data[0]['low'])
15.         tr_list.append(tr_new)
16.         context.atr = int(np.floor(np.mean(tr_list)))
17.         context.atr_half = int(np.floor(0.5 * context.atr))
```

2. 入市信号

海龟交易策略使用唐奇安通道突破系统为基础的入市系统。唐奇安通道分为系统 1 和系统 2,各自对应短期突破和中长期突破。其中,短期突破系统是以 20 日(最高价或最低价)突破为基础,当价格突破 20 日价格即为入市信号;中长期系统是以盘中价格突破过去 55 日价格为入市信号。

当价格冲破该通道的上轨道,就是可能的买入信号;相反,冲破下轨就是可能的卖出信号。

唐奇安通道的各项指标的计算方法为

上轨 = $\text{Max}(n$ 日内最高价$)$, n 日最高价的最大值

下轨 = $\text{Min}(n$ 日内最低价$)$, n 日最低价的最小值

中轨 = (上轨 + 下轨)$/2$

```
1.    # 计算唐奇安通道
2.    context.don_open = np.max(data['high'].values[ - context.n: ])
3.    context.don_close = np.min(data['low'].values[ - context.n: ])
```

接下来设置入市信号:

```
1.    # 账户仓位情况
2.    position_long = context.account().position(symbol = symbol, side = PositionSide_Long)
3.    position_short = context.account().position(symbol = symbol, side = PositionSide_Short)
4.    # 当无持仓时
5.    if not position_long and not position_short:
6.        # 如果向上突破唐奇安通道,则开多
7.        if close > context.don_open:
8.            order_volume(symbol = symbol, side = OrderSide_Buy, volume = context.atr, order_type = OrderType_Market, position_effect = PositionEffect_Open)
9.            print('开多仓 atr')
10.       # 如果向下突破唐奇安通道,则开空
11.       if close < context.don_close:
12.           order_volume(symbol = symbol, side = OrderSide_Sell, volume = context.atr, order_type = OrderType_Market, position_effect = PositionEffect_Open)
13.           print('开空仓 atr')
```

3. 加仓和止损

海龟交易策略的加仓规则是当捕捉到入市信号后建立第一个交易单位的头寸,市价继续向盈利方向突破1/2ATR时加仓。

止损位为2ATR,同加仓一样采用平均真实振幅ATR值为止损单位。每加仓一次,止损位就提高1/2ATR。

然而,ATR值是不断变化的,这就会导致在对期货平仓时,可能出现平仓数量>持仓数量的现象。比如前一交易日的持仓为10,今日的ATR值为22。假设当前价格触发平仓条件,平仓1/2ATR。1/2ATR=11 > 10,这样就会导致委托失败报错。所以要加入一个变量volume_hold用来记录当前持仓量,与1/2ATR做比较。

计算加仓点和止损点代码如下:

```
1.    context.long_add_point = context.don_open + context.atr_half
2.    context.long_stop_loss = context.don_open - context.atr_half
3.    context.short_add_point = context.don_close - context.atr_half
4.    context.short_stop_loss = context.don_close + context.atr_half
```

接下来根据已计算的指标设置加仓和止损:

```
1.    # 有持仓时
2.    # 持多仓,继续突破(加仓)
3.    if position_long:
```

```
4.        # 当突破 1/2atr 时加仓
5.        if close > context.long_add_point:
6.            order_volume(symbol = symbol, volume = context.atr_half, side = OrderSide_Buy, order_type = OrderType_Market, position_effect = PositionEffect_Open)
7.            print('继续加仓 0.5atr')
8.            context.long_add_point += context.atr_half
9.            context.long_stop_loss += context.atr_half
10.       # 持多仓,止损位计算
11.       if close < context.long_stop_loss:
12.           volume_hold = position_long['volume']
13.           if volume_hold >= context.atr_half:
14.               order_volume(symbol = symbol, volume = context.atr_half, side = OrderSide_Sell, order_type = OrderType_Market, position_effect = PositionEffect_Close)
15.           else:
16.               order_volume(symbol = symbol, volume = volume_hold, side = OrderSide_Sell, order_type = OrderType_Market, position_effect = PositionEffect_Close)
17.           print('平多仓 0.5atr')
18.           context.long_add_point -= context.atr_half
19.           context.long_stop_loss -= context.atr_half
20.   # 持空仓,继续突破(加仓)
21.   if position_short:
22.       # 当跌破加仓点时加仓
23.       if close < context.short_add_point:
24.           order_volume(symbol = symbol, volume = context.atr_half, side = OrderSide_Sell, order_type = OrderType_Market, position_effect = PositionEffect_Open)
25.           print('继续加仓 0.5atr')
26.           context.short_add_point -= context.atr_half
27.           context.short_stop_loss -= context.atr_half
28.       # 持多仓,止损位计算
29.       if close > context.short_stop_loss:
30.           volume_hold = position_short['volume']
31.           if volume_hold >= context.atr_half:
32.               order_volume(symbol = symbol, volume = context.atr_half, side = OrderSide_Buy, order_type = OrderType_Market, position_effect = PositionEffect_Close)
33.           else:
34.               order_volume(symbol = symbol, volume = volume_hold, side = OrderSide_Buy, order_type = OrderType_Market, position_effect = PositionEffect_Close)
35.           print('平空仓 0.5atr')
36.           context.short_add_point += context.atr_half
37.           context.short_stop_loss += context.atr_half
```

4. 回测结果

回测结果(图 6-2)显示,海龟交易策略相比沪深 300 指数实现了收益的大幅上升,胜率高达约 90.91%,在初始资金为 100 000 元的条件下,累计盈利 250 407.50 元,累计收益

率约为 250.41%。其间最大回撤为 30.90%，夏普比率为 2.23。

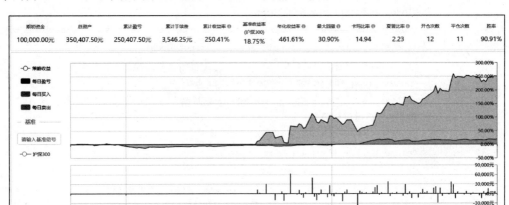

图 6-2　海龟交易策略回测结果（资料来源：掘金量化 3.0）

6.2　R-Breaker 策略

6.2.1　策略原理

1. 概念

R-Breaker 是一种日内回转交易策略，属于短线交易。日内回转交易是指当天买入或卖出标的后于当日再卖出或买入标的。日内回转交易通过标的短期波动盈利，低买高卖，时间短、投机性强，适合短线投资者。

2. 突破反转

当今日的价格突破前一交易日的最高点，形态上来看会是上涨趋势，具备一定的开多仓条件，但还不够。若前一交易日 K 线图的下影线很长，说明多空方博弈激烈，多方力量强大。因此可以设置更高的突破买入价，一旦突破说明多方力量稳稳地占据了上风，那么就有理由相信未来会继续上涨。同理可解释突破卖出价背后的逻辑。

持有空仓时，若标的价格持续走低，则在当天收盘之前平仓获利离场。若价格不降反升，升至观察买入价时，此时价格仍处于前一交易日最低价之下，继续观望。若继续上涨，直到升至反转买入价时，平仓止损。

持有多仓时，若标的价格持续走高，则在当天收盘之前平仓获利离场。若价格不升反降，跌破观察卖出价时，此时价格仍处于前一交易日最高价之上，继续观望。若继续下跌，直到跌破反转卖出价时，平仓止损。

6.2.2　策略逻辑

R-Breaker 策略主要分为突破和反转两部分，即空仓时进行突破趋势跟随、持仓时等待反转信号反向开仓。其总体交易逻辑由以下四部分构成。

1. 计算目标价位

趋势突破和反转的价位点根据前一交易日的收盘价 C、最高价 H 和最低价 L 的数据计算得出，分别为突破买入价、观察卖出价、反转卖出价、反转买入价、观察买入价和突破卖出价。指标计算方法如表 6-1 所示。

表 6-1 指标计算方法

中心价位	$P=(H+C+L)/3$	反转买入价	$2P-H$
突破买入价	$H+2P-2L$	突破卖出价	$L-2(H-P)$
观察卖出价	$P+H-L$	观察买入价	$P-(H-L)$
反转卖出价	$2P-L$		

2. 设计委托逻辑

空仓时采用突破策略。当盘中价格＞突破买入价，则认为上涨的趋势还会继续，开仓做多；当盘中价格＜突破卖出价，则认为下跌的趋势还会继续，开仓做空。

持仓时采用反转策略。当日内最高价＞观察卖出价后，盘中价格回落，跌破反转卖出价构成的支撑线时，采取反转策略，即做空；当日内最低价＜观察买入价后，盘中价格反弹，超过反转买入价构成的阻力线时，采取反转策略，即做多（图 6-3）。

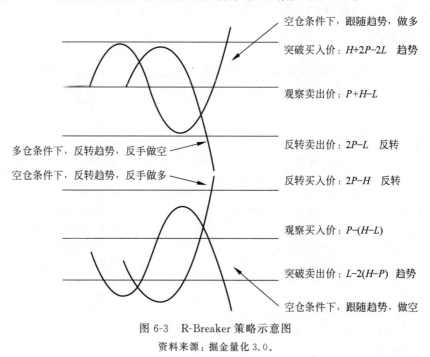

图 6-3　R-Breaker 策略示意图

资料来源：掘金量化 3.0。

3. 设定止损点

该策略可以自主设置交易过程中的止损点，在一定程度上有利于减少交易过程中因趋势久未出现而承受的亏损,以及指令未能在价格迅速变化的市场中及时执行造成的损失。

4. 收盘前平仓

作为日内交易策略,为了保持资金的流动性,必须设置在收盘时点之前平仓退出。

6.2.3 策略代码

本策略利用掘金量化3.0平台使用Python语言进行编写,该策略选取上海期货交易所的螺纹钢2010期货合约(代码SHFE.rb2010)为标的资产,选取2019-10-01至2020-04-16时间段进行回测,分为以下四个步骤。

第一步:根据收盘价、最高价和最低价数据计算6个价位。

第二步:在空仓条件下,如果价格超过突破买入价,则开多仓;如果价格跌破突破卖出价,则开空仓。

第三步:在持仓条件下:

持多单时,当最高价超过观察卖出价,盘中价格进一步跌破反转卖出价,反手做多;

持空单时,当最低价低于观察买入价,盘中价格进一步超过反转买入价,反手做空。

第四步:设置止损点,触发时全部平仓。或者当日即将收盘,全部平仓。

策略主要代码内容如下,完整代码详见附录2。

1. 计算价位

根据前一个交易日的收盘价、最高价和最低价数据通过一定方式计算出6个价位,从大到小依次为:突破买入价、观察卖出价、反转卖出价、反转买入价、观察买入价、突破卖出价。

```
1.    # 获取历史数据
2.    data = history_n(symbol = context.mainContract, frequency = '1d',
3.                    end_time = context.now,
fields = 'high,low,open,symbol,close', count = 2, df = True)
4.    high = data['high'].iloc[0]              # 前一日的最高价
5.    low = data['low'].iloc[0]                # 前一日的最低价
6.    close = data['close'].iloc[0]            # 前一日的收盘价
7.    pivot = (high + low + close) / 3         # 枢轴点
8.    context.bBreak = high + 2 * (pivot - low)    # 突破买入价
9.    context.sSetup = pivot + (high - low)        # 观察卖出价
10.   context.sEnter = 2 * pivot - low             # 反转卖出价
11.   context.bEnter = 2 * pivot - high            # 反转买入价
12.   context.bSetup = pivot - (high - low)        # 观察买入价
13.   context.sBreak = low - 2 * (high - pivot)    # 突破卖出价
14.   context.data = data
```

2. 开仓

空仓时：突破策略。空仓时,当盘中价格＞突破买入价,则认为上涨的趋势还会继续,开仓做多；当盘中价格＜突破卖出价,则认为下跌的趋势还会继续,开仓做空。

```
1.    # 突破策略：
2.    if not position_long and not position_short:    # 空仓条件下
3.        if bars[0].close > bBreak:
4.            # 在空仓的情况下,如果盘中价格超过突破买入价,则采取趋势策略,即在该点位开仓做多
5.            order_volume(symbol = context.mainContract, volume = 10, side = OrderSide_Buy,
6.                         order_type = OrderType_Market, position_effect = PositionEffect_Open)    # 做多
7.            print("空仓,盘中价格超过突破买入价：开仓做多")
8.            context.open_position_price = bars[0].close
9.        elif bars[0].close < sBreak:
10.           # 在空仓的情况下,如果盘中价格跌破突破卖出价,则采取趋势策略,即在该点位开仓做空
11.           order_volume(symbol = context.mainContract, volume = 10, side = OrderSide_Sell,
12.                        order_type = OrderType_Market, position_effect = PositionEffect_Open)    # 做空
13.           print("空仓,盘中价格跌破突破卖出价：开仓做空")
14.           context.open_position_price = bars[0].close
```

3. 持仓

持仓时：反转策略。持多单时,当日内最高价＞观察卖出价后,盘中价格回落,跌破反转卖出价构成的支撑线时,采取反转策略,即做空；持空单时,当日内最低价＜观察买入价后,盘中价格反弹,超过反转买入价构成的阻力线时,采取反转策略,即做多。

```
1.    # 反转策略：
2.    if position_long:    # 多仓条件下
3.        if data.high.iloc[1] > sSetup and bars[0].close < sEnter:
4.            # 多头持仓,当日内最高价超过观察卖出价后,
5.            # 盘中价格出现回落,且进一步跌破反转卖出价构成的支撑线时,
6.            # 采取反转策略,即在该点位反手做空
7.            order_close_all()    # 平仓
8.            order_volume(symbol = context.mainContract, volume = 10, side = OrderSide_Sell,
9.                         order_type = OrderType_Market, position_effect = PositionEffect_Open)    # 做空
10.           print("多头持仓,当日内最高价超过观察卖出价后跌破反转卖出价：反手做空")
11.           context.open_position_price = bars[0].close
12.       elif position_short:    # 空头持仓
13.           if data.low.iloc[1] < bSetup and bars[0].close > bEnter:
14.               # 空头持仓,当日内最低价低于观察买入价后,
15.               # 盘中价格出现反弹,且进一步超过反转买入价构成的阻力线时,
```

```
16.            # 采取反转策略,即在该点位反手做多
17.            order_close_all()    # 平仓
18.            order_volume(symbol = context.mainContract, volume = 10, side = OrderSide_Buy,
19.                          order_type = OrderType_Market, position_effect = PositionEffect_Open)    # 做多
20.            print("空头持仓,当日最低价低于观察买入价后超过反转买入价:反手做多")
21.            context.open_position_price = bars[0].close
```

4. 平仓

第一种是在收盘之前设置止损条件,当价格触及止损价格时执行策略全部平仓。

```
1.            # 开仓价与当前行情价之差大于止损点则止损
2.            if (position_long and context.open_position_price - bars[0].close >= STOP_LOSS_PRICE) or \
3.               (position_short and bars[0].close - context.open_position_price >= STOP_LOSS_PRICE):
4.                print('达到止损点,全部平仓')
5.                order_close_all()    # 平仓
```

第二种是临近当日收盘时间,将剩余持仓全部平掉离场。

```
1.            if context.now.hour == 14 and context.now.minute == 59:
2.                order_close_all()
3.                print('全部平仓')
```

5. 回测结果

设定初始资金100万元,手续费率为0.01%,滑点比率为0.01%。回测结果如图6-4所示。回测期间累计收益为17.69%,年化收益率为32.44%,基准收益率为-0.92%,整体跑赢指数。最大回撤为6.11%,胜率为45.00%。

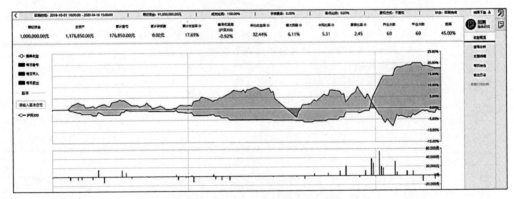

图6-4 R-Breaker策略回测结果

资料来源:掘金量化3.0。

改变回测期间,观察回测结果如表6-2所示。

表 6-2 回测结果

标的	回测期	年化收益率/%	最大回撤/%
SHFE.ag2010	2019.10.1—2020.4.16	32.44	6.11
SHFE.rb2010	2019.10.1—2020.4.16	0.08	1.07
SHFE.sn2010	2019.10.1—2020.4.16	19.59	2.39
SHFE.cu2010	2019.10.1—2020.4.16	31.91	4.80
SHFE.ni2010	2019.10.1—2020.4.16	−1.98	6.81

由表 6-2 可看出,除了 ni2010 合约以外,其他几个合约均能保持正收益率,尤其是 ag2010 合约和 cu2010 合约,年化收益率达到 30% 以上,最大回撤却只有 10% 以内,远远跑赢大盘指数。

6.3 阿尔法对冲策略实现

6.3.1 策略原理

1. 起源

阿尔法的概念产生于 20 世纪中叶,经过学者的统计,当时超过半数的股票型基金经理构建的投资组合都无法跑赢根据股票市场价值大小构建的简单组合或是指数。不少学者将此现象归因于市场的有效性,也就是由于金融市场聚集了众多的投资者,这些投资者时刻紧盯着市场,一旦市场出现套利机会,他们就会迅速做出行动以使市场恢复均衡。在一个有效的金融市场,任何寻找超额收益的努力都是徒劳的,投资者只能获得基准收益率。

随着 20 世纪后半衍生品的诞生,不少基金取得了令人惊奇的收益率,说明通过积极的投资管理能够获得超过市场基准的收益率。高收益率基金的诞生使得投资者不再满足于消极投资策略带来的回报,投资者希望能够获取超越市场基准指数的那部分收益,这也就是阿尔法。

2. 阿尔法指标

提到阿尔法策略,就不得不提及资本资产定价模型。CAPM 于 1964 年被威廉·夏普等人提出。夏普等人认为,假设市场是均衡的,资产的预期超额收益率就由市场收益超额收益和风险暴露决定,如下式所示。

$$E(r_p) = r_f + \beta_p (r_m - r_f)$$

其中,r_m 为市场组合;r_f 为无风险收益率。

根据 CAPM 可知,投资组合的预期收益由两部分组成,一部分为无风险收益率 r_f,另一部分为风险收益率。

CAPM 一经推出就受到了市场的追捧。但在应用过程中发现,CAPM 表示的是在均衡状态下市场的情况,但市场并不总是处于均衡状态,个股总会获得超出市场基准水平的收益,即在 CAPM 的右端总是存在一个阿尔法项。

为了解决这个问题,1968年,美国经济学家迈克·詹森提出了詹森指数来描述这个阿尔法,因此又称Alpha指数。计算方式如下式所示。

$$\alpha_p = r_p - [r_f + \beta_p(r_m - r_f)]$$

因此,投资组合的收益可以改写成

$$r_p = \alpha + \beta_p(r_m - r_f)$$

可将投资组合的收益拆分为阿尔法收益和贝塔收益。其中贝塔的计算公式为

$$\beta = \frac{\text{cov}(r_p, r_m)}{\sigma_p \sigma_m}$$

β是由市场决定的,属于系统性风险,与投资者管理能力无关,只与投资组合与市场的关系有关。当市场整体下跌时,β对应的收益也会随着下跌(假设贝塔为正)。阿尔法收益与市场无关,是投资者自身能力的体现。投资者通过自身的经验进行选股择时,得到超过市场的收益。

3. 阿尔法对冲

阿尔法对冲不是将阿尔法收益对冲掉,恰恰相反,阿尔法对冲策略是将β收益对冲掉,只获取阿尔法收益,如图6-5所示。

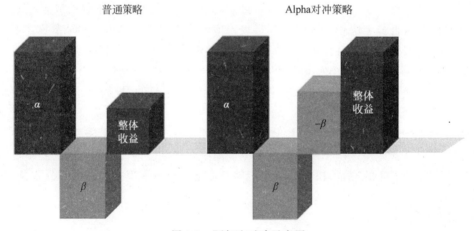

图6-5 阿尔法对冲示意图

资料来源:掘金量化3.0。

阿尔法对冲策略将市场性风险对冲掉,只剩下阿尔法收益,整体收益完全取决于投资者自身的能力水平,与市场无关。目前,有许多私募基金采用阿尔法对冲策略。阿尔法对冲策略常采用股指期货做对冲。在股票市场上做多头,在期货市场上做股指期货空头。当股票现货市场亏损时,可以通过期货市场弥补亏损;当期货市场亏损时,可以通过股票现货市场弥补亏损。

目前阿尔法对冲策略主要用于各类基金中。国际上比较知名的桥水基金、AQR基金等都采用过这种策略。国内也有许多利用Alpha对冲策略的基金,如海富通阿尔法对冲混合、华宝量化对冲混合等。

6.3.2 策略逻辑

阿尔法策略能否成功，主要包括以下几个要点：获取到的阿尔法收益是否足够高，能否超过无风险利率以及指数；期货合约选择得是否恰当；如何构建对冲模型。

阿尔法对冲只是一种对冲市场风险的方法，在创建策略时需要结合其他理论一起使用，怎样获取到较高的阿尔法收益才是决定策略整体收益的关键。

扩展阅读 6-2　Beta策略

1. 寻找阿尔法

阿尔法策略的关键是获取稳定的阿尔法。市场上总是存在被低估的股票。如果我们能够准确地寻找出这些被低估的股票，买入这些股票构建投资组合，并通过衍生品对冲组合的系统风险，我们就可以获得稳定的阿尔法收益。在选股的过程中，我们不仅可以采用基本面的分析，还可以通过一系列数量化方法来帮助选股。

1）传统的基本面分析

我们可以在估值水平、盈利能力、盈利质量、成长能力、运营能力、负债水平等方面来综合评价上市公司，筛选出具有超额收益的股票。一套选股指标体系一般难以适应所有行情，最有效的选股指标在不同行情下各有差异。因此，在不同的市场阶段挖掘超越指数的选股指标对基本面分析至关重要。

2）动量策略

物理学上，运动的物体停止受力后，因为存在动量，仍会在原有的轨道上运行一段距离。金融市场同样存在类似的动量效应。在一定时间内，如果某只股票或者某个股票组合在前一段时期表现较好，那么，下一段时期该股票或者股票投资组合仍将有良好表现，这就是金融上的动量效应。以此为基础，我们可以拓展阿尔法动量策略，据此挑选股票。

3）波动捕获策略

在效率相对较低的市场，某些个股会有比市场指数更高的波动性。波动捕获策略就是寻找波动性大且相关性低的股票，构建组合，获取阿尔法收益。

2. 期货选择

在国内的证券市场，各种股指期货将会给投资组合对冲系统风险提供有力的工具。对于现货多头，我们可以通过卖空股指期货来对冲风险。

3. 模型构建

一个典型的阿尔法策略模型，一般可以划分为两大块。一块是构建一个股票现货组合，另一块则是放空一个股指期货。

比较典型的阿尔法策略实践情形包括两种。第一种，在熊市周期中，尽管指数下跌，但由于市场贝塔风险获得对冲，资产组合仍然能够跑赢市场指数基准并获得正收益，如图 6-6 所示（以股指期货作为对冲工具为例）。第二种，即便在市场牛市周期，阿尔法策略一样可以实现资产组合的正收益，如图 6-7 所示（以股指期货作为对冲工具为例）。

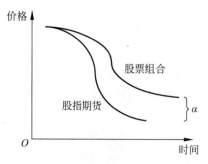

图 6-6　熊市周期下的阿尔法收益
资料来源：CSDN 网。

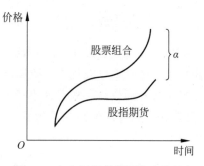

图 6-7　牛市周期下的阿尔法收益
资料来源：CSDN 网。

而除了熊市周期和牛市周期外，在震荡市中，股指期货对股票现货头寸的系统波动风险所能起到的保护作用相对有限，阿尔法对冲策略的实际收益，则主要看股票组合自身的价值体现。这与普通的股票型基金单边做多策略大致相同，区别主要在于阿尔法对冲策略一般自身并不进行择时和大规模的仓位增减操作。

4．策略的动态调整

构建好阿尔法策略组合后，需要密切跟踪检验组合的表现。即使历史时期具有非常稳定和出色的阿尔法收益，未来时段也可能发生改变。当某个资产表现不佳时，应及时调整资产组合，调出表现"差"的资产，调入表现"好"的资产，并重新计算资产组合的系统风险和相应地调整期货头寸。

另外值得注意的地方是，在动态调整之前，还应该充分考虑交易的费用和成本。频繁地调整必然增加交易成本，降低整体收益。而在期货头寸方面，除了需要关注系统风险 β 的变化之外，还应该留意期货行情的波动。当组合风险敞口达到一定阈值，应及时调整期货头寸，以匹配资产组合的系统风险。

6.3.3　策略代码

本策略利用掘金量化 3.0 平台使用 Python 语言进行编写，包括以下两个步骤。

第一步：制定一个选股策略（选取过去一天的 EV/EBITDA 值并选取 30 只 EV/EBITDA 值最小且大于零的股票），构建投资组合，使其同时拥有阿尔法收益和贝塔收益。

第二步：进行策略对冲，做空股指期货，将投资组合的贝塔抵消，只剩阿尔法部分。

其中，股票池选取沪深 300 指数，期货标的选取中国金融期货交易所沪深 300 股指期货合约，回测时间设为 2017-07-01 至 2017-10-01。

策略主要代码内容如下，完整代码详见附录 3。

1．选股

企业价值倍数（EV/EBITDA）这一指标能够较好地反映股票的投资价值，其中 EV

为企业价值，EBITDA 为息税折旧前利润，EV/EBITDA 则反映投资资本的市场价值和未来一年企业收益间的比例关系，该指标大于 0 说明股票对应的企业在正常运营时能够带来正的投资收益，但该指标不宜过大，否则可能会表现为企业价值与实际盈利能力不匹配，股价有较大的下跌风险。在构建该策略时，可以选取以下筛选方式：

```
1.   # 获取成分股 EV/EBITDA 大于 0 并为最小的 30 个
2.   fin = get_fundamentals(table = 'trading_derivative_indicator', symbols = not_suspended_symbols,
3.                          start_date = now, end_date = now, fields = 'EVEBITDA',
4.                          filter = 'EVEBITDA > 0', order_by = 'EVEBITDA', limit = 30, df = True)
5.   fin.index = fin.symbol
```

2. 对冲

在股票市场上做多头，在期货市场上做股指期货空头。当股票现货市场亏损时，可以通过期货市场弥补亏损；当期货市场亏损时，可以通过股票现货市场弥补亏损。

```
1.   # 获取当前仓位
2.   positions = context.account().positions()
3.
4.   # 平不在标的池或不为当前股指期货主力合约对应真实合约的标的
5.   for position in positions:
6.       symbol = position['symbol']
7.       sec_type = get_instrumentinfos(symbols = symbol)[0]['sec_type']
8.
9.       # 若类型为期货且不在标的池则平仓
10.      if sec_type == SEC_TYPE_FUTURE and symbol != index_futures:
11.          order_target_percent(symbol = symbol, percent = 0, order_type = OrderType_Market,
12.                               position_side = PositionSide_Short)
13.          print('市价单平不在标的池的', symbol)
14.      elif symbol not in fin.index:
15.          order_target_percent(symbol = symbol, percent = 0, order_type = OrderType_Market,
16.                               position_side = PositionSide_Long)
17.          print('市价单平不在标的池的', symbol)
18.
19.   # 获取股票的权重
20.   percent = context.percentage_stock / len(fin.index)
21.
22.   # 买在标的池中的股票
23.   for symbol in fin.index:
24.       order_target_percent(symbol = symbol, percent = percent, order_type = OrderType_Market,
25.                            position_side = PositionSide_Long)
26.       print(symbol, '以市价单调多仓到仓位', percent)
27.
28.   # 获取股指期货的保证金比率
```

```
29.    ratio = get_history_instruments(symbols = index_futures, start_date = last_day,
end_date = last_day)[0]['margin_ratio']
30.
31.    # 更新股指期货的权重
32.    percent = context.percentage_futures * ratio
33.
34.    # 买入股指期货对冲
35.    # 注意：股指期货的 percent 参数是按照期货的保证金来算比例,不是按照合约价值,比如说 0.1 就是用 0.1 的仓位的资金全部买入期货.
36.     order_target_percent(symbol = index_futures, percent = percent, order_type = OrderType_Market,
37.                          position_side = PositionSide_Short)
38.    print(index_futures, '以市价单调空仓到仓位', percent)
```

3．回测结果

回测结果显示，阿尔法对冲策略尽管累计收益不如直接持有沪深 300 指数，但有效降低了价格波动幅度，降低了最大回撤。其策略胜率约为 74.19％，在起初资金为 10 000 000 元的基础上，实现了 116 325.34 元的累计收益，累计收益率为 1.16％，其间最大回撤为 1.05％，卡玛比率为 4.52，夏普比率为 1.30，如图 6-8 所示。

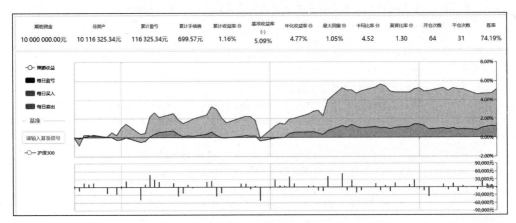

图 6-8　阿尔法对冲策略回测结果

资料来源：掘金量化 3.0。

案例讨论：1987 年"股灾"和量化投资策略

1987 年"股灾"是人类历史上最著名的"股灾"之一。1987 年 10 月 19 日，星期一，华尔街上的纽约股票市场爆发了历史上最大的一次崩盘事件。道琼斯指数一天之内重挫 22.6％，创下自 1941 年以来单日跌幅最高纪录。6.5 小时之内，纽约股指市值损失 5 000 亿美元，其价值相当于当时美国全年国内生产总值的 1/8。这次股市暴跌震惊了整个金融世界，并在全世界股票市场产生"多米诺骨牌"效应，全球市场股票跌幅多在 10％以上。这一天被金融界称为"黑色星期一"，《纽约时报》称其为"华尔街历史上最坏的日子"。

"股灾"产生的根本原因，可能有投资者的"羊群"效应，集体止损引起的"多杀多"，股市泡沫累积到一定程度后回归原本价值等。从量化投资相关角度看，主要有两种策略争议较大。

1. 投资组合保险技术是否引起下跌

投资组合保险技术是海恩·利兰德（Hayne Leland）、约翰·奥布莱恩（John O'Brien）和马克·鲁宾斯坦（Mark Rubinstein）于1981年2月创立的一种投资策略，核心思路是让投资组合在风险可控的前提下具有大幅上升潜力，具体方法是采用一部分资产做固定收益投资产生安全垫，以此来保护风险资产。如果对标的价格的随机性作出假设，那么就可以建立金融工程模型，根据资产价格的走势，使用股指期货动态复制一个看跌股指期权，保护投资组合的下行风险。实际上，复制看跌期权呈现的操作就是典型的"追涨杀跌"，价格下跌时要求以加速度的方式迅速减仓，获取头寸安全。

2. 程序化交易技术是否加剧下跌

这里所说的程序化交易主要是系统化交易，即趋势投机策略。当系统判定交易信号发生时，进行买卖操作，由于趋势投机的基本入场设定，策略必然跟随市场的上涨或下跌进行相应的做多或者做空。

虽然投资组合保险策略和程序化交易技术都是典型的"追涨杀跌"，但具体来看，它们绝非"股灾"元凶。投资组合保险技术需要动态复制期权，根据检查的频率动态调整仓位，在绝对连贯性下跌的情况下才会导致复制策略持续性卖空，如果下跌过程有反弹发生，复制策略同样会积极做多建仓，放大上涨。

程序化交易具有组合保险策略的类似功能，然而不同程序化交易者的策略差别非常大，区别在于K线周期、入场信号和出场信号等，除非在绝对连贯下跌中所有策略基本趋同，否则在稍微有波动的下跌中，策略就会大相径庭。

只要是符合交易所交易规则的程序化交易，不会涉及过多的法律问题。

本章术语

海龟交易策略，R-Breaker策略，阿尔法对冲策略，唐奇安通道

思考题

1. 海龟交易策略设置ATR的目的是什么？
2. R-Breaker策略的突破和反转策略如何实现？
3. 阿尔法对冲策略在牛市和熊市下应分别如何操作？

即测即练

第 7 章

简单量化交易模型的风险与监管

本章学习目标：
1. 明确各量化交易模型可能出现的风险及其特征；
2. 通过历史上各国家针对不同风险的监管策略，适当地提出针对我国未来发展量化交易所面临风险所作出的政策启示。

本章导读

量化交易通过智能且高效的方式能够持续且稳定地产生收益，并为市场提供大量的流动性。量化交易的出现改变了市场的结构，使原本按照天、小时来衡量的市场，提速到了秒、毫秒级别。量化交易在层出不穷的创新使以前无法实现的交易手段变为可能的同时，也不断制造着风险。面对量化交易的潜在风险，对于量化交易的监管就显得格外重要。每个发达国家的交易市场都对量化交易有所监管。在这一章中我们介绍量化交易的风险来源、现阶段市场上应对风险的监管办法，最后讲述 3 个与量化交易相关的经典案例。

知识结构图

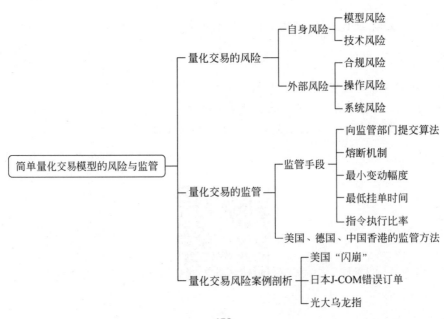

7.1　量化交易的风险

量化交易的风险按照来源可以分为自身风险与外部风险。自身风险,是由于量化交易模型的错误产生,通常有模型风险、技术风险,可以通过系统性的检查降低出现的概率。外部风险是指与量化交易模型本身无关的风险,通常是由外部因素决定、由市场变化产生的,通常有合规风险、操作风险、系统风险。

7.1.1　自身风险

1. 模型风险

量化交易模型是否准确反映并执行了交易信号关系到最终的成败。模型风险有几个来源,包括建模偏差、错误设置、执行风险。

建模偏差体现在两个方面:一是模型不完善,量化模型一般会经过海量数据进行仿真测试,但若其测试的历史数据不完整则可能导致模型对行情数据的不匹配。二是模型中存在错误,量化模型在建立过程中需要运用大量的数理知识及计算机技术,由于知识或技术能力限制,模型中可能存在错误,不能准确反映投资策略。通常我们可以通过样本外检验的方式尽早地发现建模偏差,从而避免存在偏差的量化交易模型上线。对于存在建模偏差的量化交易策略,通常在上线后的较短时间内可以被发现,因为明显的错误会不断带来损失。

错误设置并不会导致量化交易模型出现常态的偏差,通常情况下,模型大部分时间是可以正常运转的,但是某些特殊事件发生时就会出现差错。例如,一个交易模型的设置是每次买入 1 手橡胶期货合约,此时的标准合约是 5 吨/手。如果交易所将标准合约调整为 10 吨/手。那么如果不对模型进行修改,现在每次下单的使用资金会是原来的 2 倍,当出现下跌时会带来双倍的损失。

执行风险即系统编程或系统架构的错误导致的风险,会带来严重的风险。例如,一个交易模型本应在买入信号时进行买入操作,卖出信号时进行卖出操作。但是在模型最后上线前由于错误操作,将开仓的指令由"+1"写为"-1",这会导致所有交易信号反向交易,在本应该买入的价格进行卖出,在本应该卖出的价格进行买入。大部分量化模型的阿尔法模型和执行算法模型是相互独立的。执行算法模型是通过阿尔法模型的信号进行下单操作的。如果由于特殊情况,阿尔法模型的信号没有传递至执行算法模型,那么在阿尔法模型中会认为已经发出了卖出指令,但是执行模型没有收到,所以对于执行模型来说处于持仓状态。如果后续阿尔法模型不再发出卖出指令,将会导致持仓无法被平出的情况。

2. 技术风险

技术风险是指量化交易的信息系统存在缺陷或故障而导致的错误交易的风险。量化交易的实现既需要计算机程序的支持,也需要网络技术的支持。依赖的信息系统中可能存在的 bug、缺陷等带来了新的技术风险。网络连接的中断,可能导致持续输入模型的数据断档,使模型无法运行,也可能导致交易信号无法向场内传递,从而无法执行交易指令。

通常采取日常巡检的方式来监控数据的接受是否正常、量化交易模型算法是否成功执行，如果出现错误则进行报警，将交易系统停止或切换为人工操作。

光大证券"8·16"事件就充分暴露了这一点，公司外购的套利策略系统未经充分测试即上线运行，系统存在固有缺陷。2013年8月16日，系统在套利交易中出现运行故障，订单生成系统和执行系统均出现问题，导致瞬间生成巨量预期外的市价委托订单，造成市场异常波动。随着量化交易的发展，其对信息系统的依赖程度会越来越高，产生技术风险的概率也会越来越大。

7.1.2 外部风险

1. 合规风险

合规风险是指量化交易可能导致的内幕交易、操纵市场等违规行为的风险。利用技术优势，在相关信息到达市场所有投资者之前"抢先"交易，此类交易不仅有损公平交易，还可能涉嫌内幕交易，如"新闻聚合"的算法就涉嫌内幕交易，该算法通过互联网、新闻网站和社交媒体中检索关键词，并在几毫秒内抛出大量订单，交易的速度非常快，通常会在相关信息还没有广泛传播时已经完成。因此，国外监管当局正在讨论此类交易是否违反了内幕交易规则。此外，量化交易的一些交易策略可能涉嫌操纵市场，如高频交易中的幌骗交易（spoofer trading），高频交易者通过反复的申报和撤单，诱使其他投资者不断地抬高申报价格，从而在短时间内迅速推高股价并从中获利。

2. 操作风险

操作风险是指由于不完善或有问题的内部操作过程、人员、系统或外部事件而导致的直接或间接损失的风险。量化交易因追求交易速度，产生操作风险的概率更大。

据美国证监会报告，近年来因程序化交易误操作造成市场波动的事件频繁发生。据纳斯达克证券交易所统计，2008—2009年间其获准的4 000笔紧急交易中，有1 600笔为错误交易。同时，因使用批量交易、高频交易、算法交易、跨市场交易等量化交易模式，其操作风险的后果也更加严重。据美国证监会报告，当前市场因使用高速自动化算法交易每秒可发出1 222笔订单，假设一个算法交易每笔订单平均交易量为322股，平均交易价格为20美元，若该算法交易因发生故障而重复下单，2分钟就会发出14.7万笔、价值9.4亿美元的订单，给市场带来巨大冲击，可能造成严重后果。

3. 系统风险

量化交易改变了传统的交易方式，高频交易、算法交易等程序化交易方式在国外广泛应用。统计数据显示，当前程序化交易的成交量已占美国市场总成交量的70%以上，占主导地位。程序化交易在提升市场效率的同时，也隐含极大的伤害，使系统性风险发生的概率大大增加。从2010年5月6日的"闪电崩盘"到2012年8月1日骑士资本的"乌龙"交易，从2012年3月美国第三大交易所BATS在IPO（首次公开募股）时发生"闪电崩盘"到2012年5月18日FaceBook IPO在纳斯达克证券交易所遭遇技术故障等，无不与量化交易系统有关。

由于金融市场间的关联性和传导性,同质化的量化投资策略易加剧市场波动。如果量化投资同质化程度较高,同时发出同样的买入或卖出交易信号,在这一时间点成交量就会急剧放大,加剧市场的波动,对市场行情走势起到推波助澜的作用,诱发系统性风险。这种效应在出现"黑天鹅"事件时反映尤为明显,因为量化交易模型的入场方式千差万别,但是止损策略大致形同。

扩展阅读 7-1　我国量化交易的发展前景探讨

7.2　量化交易的监管

7.2.1　监管手段

如何有效在不抑制量化交易发展的情况下对其进行合理有效的监管,已成为当今金融市场监管的热点。目前金融市场量化交易相对发达国家通常采取以下监管手段。

1. 向监管部门提交算法

量化交易涉及广泛应用计算机程序在极短的时间内执行大量交易指令,通过捕捉瞬息万变的金融市场信息而获得丰厚的回报。然而,含有潜在缺陷的算法交易程序不但会给执行者带来经济上的损失,同时也给金融市场带来灾难性的后果。因而,从监管者的角度来考虑,要求从事量化交易的投资机构向监管部门提供其交易策略、交易参数的设定及限制、核心风险控制模块构成及交易系统测试结果。只有通过监管部门认证的交易策略才可以在市场上面运行。欧洲证券市场监管局即要求从事量化交易的投资机构每年向其报备上述信息。

提供算法一方面促使从事该项交易的投资机构更为审慎监控其应用的算法交易系统,从而有助于维系更为稳定的市场秩序;另一方面则有益于推动监管机构本身掌握更为复杂的技术能力来理解和评估这些算法交易系统,从而改善监管机构调查违规操作的能力。然而这种方式仍然无法杜绝全部风险,原因是按年报备与算法持续更新的冲突所带来的风险。

2. 熔断机制

熔断机制是指在证券交易中,当价格波幅触及预先设定的点数时,交易行为受到限制或交易随之停止一段时间的交易制度。设立熔断机制的目的在于降低因市场处于极端情况下一致行动交易指令所导致的市场崩溃。

熔断机制可采取多种形式:
(1) 单只证券或整个市场停止交易;
(2) 设定一定时间段内价格波幅区间;
(3) 单交易场所或多交易场所交易限制。例如,伦敦证券交易所执行逐只股票熔断机制,当触发时,其成交机制从连续交易模式自动转换为集中竞价模式。触发点的设定取决于股票市值、当前价格水平、最近交易记录及最新开盘价格。

熔断机制的益处主要体现在以下三个方面。

（1）冷静期：多数现代金融市场采取计算机化有限指令连续交易模式，即使市场容量足够大，极短时间内大量交易指令也足以耗尽市场流动性。熔断机制给市场提供暂时喘息的机会，允许投资者充分吸收市场信息，从而有助于缓解流动性暂时枯竭现象。

（2）不确定性沉淀：波动性是金融市场的一部分，但无法解释的波动性则会导致投资者恐惧情绪蔓延进而触发大规模卖出行为。由于高频交易市场变动极为迅速，投资者难以评估短时间内价格大幅波动的原因，因而避险心理会诱使持有证券投资者大量抛售并且很少有投资者此时进入市场接盘。上述任何一种情况都不是一个有效运行市场所期望的。熔断机制提供投资者解析价格大幅波动所需的时间，从而使市场无法解释的不确定性得以沉淀。

（3）投资者保护：在对市场信息的连续监控及把握上，一般投资者与机构投资者相比处于劣势。熔断机制允许一般投资者充分吸收公开市场信息以指导其下一步投资策略，从而增强一般投资者对市场的信心。

熔断机制的风险主要体现在延缓或终止市场价格发现进程有可能导致额外的不确定性，从而削弱市场信心。多市场联动熔断机制会因单只股票异常波动导致区域性甚至全球性市场交易暂停，事实上仅仅是正常的市场交易噪声而已。

3. 最小变动幅度

最小变动幅度是指在交易所的公开竞价过程中对每单位价格报价所允许的最小变动数值。最小变动幅度对投资者的交易成本及市场流动性有重要的影响：较大最小变动幅度一方面通过扩展买卖价差增加交易成本，另一方面使在执行标准价格/时间优先规则的市场上从事交易的投资者难以提供流动性。然而，较大最小变动幅度有助于投资者执行限价指令，进而增强市场深度及韧性。

美国和欧洲的证券市场监管机构对最小变动幅度有着不同的监管要求。

美国全国市场系统监管机构要求所有交易所执行最小1美分的变动幅度，所有低于1美分的变动幅度都予以禁止；欧洲不存在强制最小变动幅度要求，由各交易所自行拟定规则。然而，欧洲金融业界近来一直呼吁监管当局拟定统一的最小变动幅度。

审慎选择的最小变动幅度能够防止市场参与者，诸如交易所、做市商、高频交易商等，从一般投资者处攫取额外利润。然而，为了迎合高频交易商及做市商的定价机制而降低最小变动幅度的做法也是不足取的，其所带来的市场波动性的增加更应加以考虑。同时，降低最小变动幅度会导致大量指令取消和瞬时限价指令，不利于市场秩序的维护。

4. 最低挂单时间

最低挂单时间阐明限价指令在市场上活跃的最低时间。大量瞬时指令的取消会显著增加市场参与者的监控成本，从而降低交易商执行指令的质量：待交易商执行指令时，那些挂单指令已经被取消。一些研究表明，大量瞬时指令是通过高频交易产生的。因而，设定最低挂单时间将有助于抑制交易频繁生成然后撤销限价指令。

最低挂单时间可以采取多种形式。

（1）针对所有资产及市场类型的500毫秒限制。

(2) 由资产或市场类型决定的不同时间限制。
(3) 针对买入及卖出指令制定不同时间限制。
(4) 由市场波动性或其他情况决定的时间限制。

最低挂单时间能够增加报价执行的可能性、降低市场上的额外信息流量及缓解一般投资者对高频交易商垄断市场的顾虑。最低挂单时间的潜在风险主要体现在可能使限价指令提供商处于"不利选择"的困境,进而导致买卖价差的拓宽或市场深度的降低。这种情况在市场处于剧烈波动的情况下更为显著,进而显著降低市场流动性。此外,最低挂单时间限制了市场间无风险套利行为,从而一定程度上影响了市场价格决定进程及效率。

5. 指令执行比率

该项措施设定指令执行比率的上限,从而鼓励交易商克制指令取消和再提交,进而提供一种可预测的限价指令环境及改善投资者对市场的信心。伦敦证券交易所千年交易系统即设定了信息悸动阀门,限定单一投资者在 30 秒的时间框架内所能处理的信息总量及信息定价系统,惩罚那些执行过量指令策略的投资者。

随着更少的指令取消及再提交,市场指令簿就不会过于活跃,交易商就更为容易探知当前价格和市场深度。此外,设定指令执行比率的上限也有益于市场监管机构控制电子欺诈、信息通道堵塞、非对称分层等市场操控策略。这些市场操控策略在美国属于违法行为,但难以被监管机构侦测到。

7.2.2 各个国家和地区监管方法

对于量化交易暴露出来的风险,已经引起了各个国家和地区监管机构的关注,部分国家和地区也开始采取相应的监管措施。

1. 美国监管做法

2010 年 5 月闪电暴跌事件之后,美国证监会迅速协同市场自律组织和各大交易所联合制定并发布了一系列规定,包括熔断制度、个股涨跌限制机制、错误交易取消规则等。美国证监会和美国金融业监管局也考虑到了更多举措的辅助施行,包括:进一步澄清错误交易被取消的情况;采纳新规促使证券交易商建立更完善的风控体系;建立大额交易报告机制;建立各大交易所之间的审计追踪系统等。

此外,美国监管部门还加强了对量化交易的检查力度。2010 年以来,美国证监会、美国商品期货交易委员会曾展开多次对量化的检查行为。2013 年 3 月,美国证监会还和美国联邦调查局合作,一同调查有关量化交易技术有可能导致的市场操纵威胁。

2. 德国监管做法

德国政府提出了对高频交易活动的限制措施,交易员需要在德国联邦金融监管当局注册,大量使用高频交易的交易员需要缴纳一定的费用。同时,德国股市还被要求加入断路机制。此外,在德国股市进行交易的公司的交易细节,将有可能随时被德国的监管部门所检查。

3. 中国香港地区做法

2013年3月,香港证监会发布了关于电子交易的监管规则,其中对算法交易的相关行为作出了明确规定。该规定对算法交易设计者、使用者的资质、算法交易系统的测试及算法交易行为的风控提出了明确要求。此外,香港证监会还借鉴了美国证监会的做法,强化证券、期货经纪商的责任,要求他们建立风控系统,进行事前交易控制,防止超过客户预设的信用和资本阈值的订单、错误订单及不符合监管要求的订单发出,并进行事后交易监控,以及时发现可疑市场交易行为。

扩展阅读 7-2
我国量化交易的
监管建议

7.3 量化交易风险案例剖析

7.3.1 美国"闪崩"

美国东部时间2010年5月6日下午2点40分至2点45分的5分钟内,道琼斯、标普500等股票指数跌幅均超过5%,主要指数悉数暴跌至当日最低点。其中道琼斯指数盘中一度下跌998点(跌幅9.2%),创有史以来最大单日绝对跌幅。随后股指迅速回弹,道琼斯指数当日报收10 520.32点,跌幅3.2%,标普500指数当日报收1 128.15点,跌幅3.24%。标普500迷你期指主力合约(6月到期合约)暴跌58.52点至1 056点。大部分交易所基金,最低价较5日收盘价暴跌8%以上,约有160只ETF的最低价近乎为零。在2点40分至3点短短20分钟内,涉及300多种证券的20 000多次交易以偏离其2点40分时价值60%以上的幅度被执行。在当天的恐慌性交易中,一些股票成交价格严重偏离常态成交价甚至低至1美分或更少,或者高达10万美元。

针对"5·6"大跌,美国证监会与金融业监管局联合美国多家证券交易机构着手查阅、修正记录并取消无效交易。无效交易标准为所有在下午2点40分至3点之间交易价格低于2点40分或之前的最近交易价格的60%的交易。在"5·6"大跌中,共326只证券以及227只ETF被确认为无效交易。

美国证监会于9月10日宣布了新的认错单认定标准,并于2010年12月10日起执行。新标准包括:对于是用于"熔断机制"的股票,错单的认定标准依赖于其股价。股价低于25美元(含)的股票,成交价格低于熔断出发点5%的为错单,股价高于50美元的股票,成交价格低于熔断出发点3%的为错单;对于尚未适用熔断机制的股票,错单的认定标准依赖于所涉及股票范围及其参考股价。所涉股票范围为5~20只股票的事件,成交价格低于"参考股价"10%的为错单。所涉股票范围为20只以上股票的事件,成交价格低于"参考股价"30%的为错单,"参考股价"为价格异动前的最后成交价格。

导致美国金融市场"闪电崩盘"的正是高频量化交易。"闪电崩盘"事件出现后,曾一度引发金融市场理论研究者、市场参与者与市场监管者的高度关注。美国参议院甚至就高频交易所引发的一系列问题举行了听证会,足见"闪电崩盘"事件对美国金融界影响之大。之所以如此,是因为一段时期以来,高频交易在发达国家的金融市场上所占的比重呈迅速上升的态势。据统计，截至 2009 年，高频交易占美国股票市场成交量的 70% 左右。事实上，高频交易这种交易技术手段在计算机技术广泛应用于金融领域之后，一跃成为某些投资机构的"制胜法宝"。由于高频交易所占比重很大，因此也引发了金融市场交易制度、交易方式的改变。

根据有效市场假说，市场效率是指市场根据新的信息迅速调整价格，使证券价格与其内在价值保持一致的能力。在强有效市场中，证券价格与价值一旦偏离，市场参与者就会通过迅速的买卖行为将这种差异消除。从这一角度分析，高频交易无疑会提高市场效率。一旦市场出现微小的差价，给投资者以"无风险套利"的空间，市场参与者必然会利用"高频交易"的手段获取这种差价。结果导致微小的差价迅速消除。故高频交易是有助于提高市场有效性的，其逻辑过程是，高频交易增加了金融市场的流动性，高度竞争的流动性促使价格与价值趋于一致。而价格与价值快速趋于一致，就可以增加市场的有效性。有效市场能够提升金融市场配置资源的效率，因为在有效市场中，投资者所购买的证券，都是物有所值，任何金融资产都是以质论价的，不存在垃圾证券占据市场，而绩优股被排挤的情况。然而，这仅仅是有效市场假说纯理论推演，且这种推演是有严格约束前提的。实际情况是，高频交易促进市场流动被证实，但提高市场有效性却未能实现，否则就不应当出现"闪电崩盘"事件。进一步分析，其原因如下。

第一，高频交易带来的流动对市场产生巨大冲击力。由于高频交易在短时间内会产生惊人的换手率，以"5·6 闪电崩盘"事件为例，在当地时间下午 2 点 45 分 13 秒至 2 点 45 分 27 秒短短 15 秒之内，高频交易商交易了超过 27 000 份标普 500 迷你股指合约，占总交易量的 49%，其价值达到 41 亿美元。这样的交易行为通过"羊群效应"被放大之后，无疑会导致市场在短时间出现大幅度波动，从而危及整个市场稳定性。

第二，高频交易的自动买进或抛售指令导致"多米诺骨牌"效应。前面提到高频交易大多是基于算法交易的程序设计，而这个程序是由少数软件编程人员设计的，程序的内核有诸多相似之处，如在何种价位执行自动买入、在何种价位执行自动抛售、在何种情况下执行自动止损等。若某个交易策略触发了自动抛售的指令，这一指令又会触发同类证券持有者自动抛售的指令，如此循环形成一种很强的正面反馈效应，其结果将导致某类证券的价格在瞬间暴跌，甚至会通过"多米诺骨牌"效应导致整个市场崩盘。

第三，高频交易的跨市场联动操作容易引发系统性风险。由于高频交易是通过事先设计交易程序与组合交易策略进行交易的。为了利用微小的价格差异获得最大收益，高频交易者往往会制定跨市场交易策略。例如，2015 年 5 月 6 日，投机者在买入标普 500 迷你股指合约的同时卖出 ETF 以及标普 500 指数成分股进行套利，致使 ETF 市场和成分股瞬间暴跌。随后，投机者在 ETF 和标普 500 迷你股指之间进行跨市场组合操作，导致不同品种、不同市场的价格出现螺旋式下跌的现象。这种跨市场螺旋式下跌效应一旦持续下去，极易引发系统性风险。

第四，计算机系统的稳定性对市场稳定性将产生重大影响。由于高频交易是依托于高速计算机系统与海量数据存储系统进行的，因此对计算机系统、数据存储器的稳定性、安全性要求极高。目前虽尚未见到因为计算机系统崩溃导致市场全面崩溃的例子，但可以肯定地说，一旦支持高频交易的计算机系统与海量数据存储系统出现任何技术故障，其后果的严重性要远远超出"闪电崩盘"事件。

当然,高频交易刺激市场流动性增强,其结果也并非一无是处,这种高频率的交易方式以其极为迅速的换手率,能够在最大程度上向市场释放流动性,使金融市场的市值大幅度增加,从而提高市场的活跃程度,吸引更多的市场参与者加入竞价,强化市场的价格发现功能,也有利于金融市场更好地测试金融工具、金融资产的价值。但正如前面所指出的,这些功能的实现,具有严格的假定前提,诸如市场主体掌握完全信息、市场参与者的决策是充分理性的。然而这些约束条件在很多情况下并不具备或不完全具备。故高频交易提高市场效率的正面效应受到很大的掣肘,这也是"闪电崩盘"事件出现之后,高频交易屡遭批评与诟病的原因之一。特别是高频交易的高换手率,从宏观层面容易导致金融资本运动与实体经济运行脱节,从而助长金融虚假繁荣的金融泡沫,这更是值得市场建设者与监管者深思的。

"闪电崩盘"事件发生之后,美国的监管部门对此做了大量的调查与研究,从中吸取了教训,调整了对于高频交易的某些监管制度。例如,美国证监会于 2010 年 6 月 10 日和 9 月 10 日分别在原有的熔断机制上设置了新的标准,即对标普 500 指数成分股和罗素 1000 指数的成分股和某些 ETF 启用熔断机制。事实上,早在 1988 年,美国的资本市场就设立熔断制度,这一制度之所以未能在本次"闪电崩盘"过程中发挥应有作用,是因为原有的制度设置不够合理、不够科学,使之在市场价格超大幅度变动的情况下也未能触发熔断机制,从而没有启动这一市场保护措施。新修订的熔断机制规定,若某一证券价格变动超过 5 分钟之前价格的 10%,则该证券停止交易 5 分钟。这说明,即便是在金融市场最为自由化的发达国家,对高频交易也是采取较为审慎的监管态度与措施的。

制定高频交易技术规范,特别是要健全基于计算机网络与自动软件程序设计的交易方式的安全保障机制、风险监控机制、防火墙机制、重要数据多重备份制度以及紧急预案制度。从世界各国发展高频交易的过程看,上述制度要么不健全,要么处于空白。"闪电崩盘"事件已经表明,建立在现代计算技术、网络技术、远程通信技术、人工智能技术基础上的高频交易,一旦在任何技术环节出现小小的意外或差错,所造成的后果将是灾难性的。为此,应当组织金融市场专业人士、工程技术专家、法律专家共同参与专门机构对上述问题进行适度超前的研究探讨,并提出一揽子解决方案,同时组成技术攻关小组,在政府部门的资助下,对上述各个环节进行技术攻关。从美国"闪电崩盘"事件产生的一个原因看,是美国的市场监管部门在一段时间以来将重心放在了支持、鼓励金融创新方面,特别是 20 世纪末,《格拉斯-斯蒂格尔法》被废除,《金融服务现代化法案》取而代之以后,这一倾向更为明显。事实上,监管与创新永远都是一对矛盾,如果是因为创新引发了新的风险、新的问题,说明监管需要调整,需要补充与完善。这也是美国此次"闪电崩盘"事件给我们的教训,值得我们认真反思与警醒。

7.3.2 日本 J-COM 错误订单

2005 年 12 月 8 日,日本从事综合人才服务业务的公司 J-COM 在东京证券交易所上市,发行股本 14 500 股。12 月 8 日 9 点 27 分,日本瑞穗证券的员工错误地将"以 61 万日元卖出一股 J-COM 公司股票"的指令输入为"1 日元卖出 61 万股"。就在这时,"指令异常"的警告提示出现在计算机画面上,但该员工无视了该警告提示,坚持发出了同意下单的指令,这就是本次乌龙指事件的导火索。事件发生后,该员工辩称交易画面中经常出现"异常"的警告提示,故而自己无意识地忽略了此次警告,也未意识到问题的严重性。大量抛售指令一送达,短短3分钟时间里 J-COM 公司的股价从每股90万日元瞬间跌至57.2万日元。在乌龙指令发出1分25秒之后,瑞穗员工方才察觉到自己所犯下的重大失误,遂立即在同一台计算机上提交了3次取消交易的指令,但是该取消指令均未被东京证券交易所(下称"东交所")的终端识别;虽然紧接着其又在与东交所终端直接连接的计算机上发出取消交易的指令,还是没有能够被东交所的终端所接受。最后在毫无办法的情况下,该员工直接致电东交所,请他们代为取消错误指令,但得到的告知是东交所表示没有随意取消特定交易的权限。

2006年2月,经过各方协商,日本证券业协会出面对证券业协会下属的50个会员公司征收了2 092 355万日元,证券业协会利用该笔款项成立了一个旨在保护市场安定的基金,用这笔经费作为不当得利的公司返还利益给瑞穗证券。但后来,因为损失实在过大,又无法协商分摊解决,2006年10月27日,瑞穗证券向东京地方法院提起民事诉讼,向东交所主张415亿日元的损害赔偿责任。2009年12月4日,东京地方法院的一审判决结果是东交所虽然没有取消特定指令的义务,但东交所使用了无法撤销交易的缺陷交易系统,对于在价格和数量上均明显异常的交易没有进行停止交易的行为,具有重大过错。另外,瑞穗证券在下单的风险管理体制上存在缺陷,交易员无视系统的警告提示,初始下单行为存在错误,在此次事件中存在明显的过失责任,足以构成过失相抵的基础;从违反注意义务的程度而言,瑞穗证券的过失接近于故意,应视其为重大过失。本案中,东交所负主要责任,理由是其未能提供完善交易系统。原告瑞穗证券承担次要责任,责任分担比例为东交所七成、瑞穗证券三成。

7.3.3 光大乌龙指

2013年8月16日上午11点5分左右,上证综指突然直线拉升100点,暴涨5.96%,国内大型商业银行、中石油、中石化等排名靠前的权重股纷纷瞬间全部涨停。11点44分,上交所称系统运行正常。下午2点,光大证券公告称策略投资部门自营业务在使用其独立的套利系统时出现问题。此次事件被媒体称为"8·16光大证券乌龙指事件"。

让我们回顾下8·16光大乌龙指事件的发展。

2013年8月15日,上证指数收于2 081点。

2013年8月16日,上证指数以2 075点低开,到上午11点为止,上证指数一直在低位徘徊。

2013年8月16日11点05分,多只权重股瞬间出现巨额买单。大批权重股瞬间被一两个大单拉升之后,又跟着涌现出大批巨额买单,带动了整个股指和其他股票的上涨,以致多达59只权重股瞬间封涨停。指数的第一波拉升主要发生在11点05分到11点08分之间,然后出现阶段性的回落。

2013年8月16日11点15分起,上证指数开始第二波拉升,这一次最高摸到2 198点,在11点30分收盘时收于2 149点。

2013年8月16日11点29分,上午的A股暴涨,源于光大证券自营盘70亿元的乌龙指。

2013年8月16日13点,光大证券公告称因重要事项未公告,临时停牌。

2013年8月16日13点16分,光大证券董秘梅键表示,自营盘70亿元乌龙纯属子虚乌有。

2013年8月16日13点22分左右,有媒体连续拨打光大证券多名高管电话,均显示关机或未接通。

2013年8月16日14点23分左右,光大证券发布公告,承认套利系统出现问题,公司正在进行相关核查和处置工作。有传闻称光大证券方面,下单230亿元,成交72亿元,涉及150多只股票。

2013年8月16日14点55分,光大证券官网一度登录不能,或因短时间内浏览量过大以致崩溃。

2013年8月16日15点整,上交所官方微博称,今日交易系统运行正常,已达成交易将进入正常清算交收环节。

2013年8月16日16点27分左右,中国证监会表示,上证综指瞬间上涨5.96%,主要原因是光大证券自营账户大额买入,目前上交所和上海证监局正抓紧对光大证券异常交易的原因展开调查。

经初步核查,本次事件产生的原因主要是光大证券所使用的订单生成系统和执行系统存在缺陷,在11时05分至11时07分的短短2分钟时间内,光大证券竟生成了2.6万笔预期外的市价委托订单,由于光大证券在订单执行过程中的逻辑判断错误,加之证交所的内控系统不完善,巨量的委托订单被直接发送交易所进行撮合成交。在此次事件中,光大证券实际成交72.7亿元,成交金额远远大于光大证券的计划成交额。

当日下午,光大证券相关项目的负责人在知悉市场异动的真正原因后,着手进行反向交易,紧急对冲,在期货主力合约头寸上建立与巨量现货对应的空单,16日收盘后,股指期货主力合约IF1309合约持仓量为81 087手,而光大期货空单激增7 023手,较上一交易日增加两倍有余,空单持有量排名也从第6名跃居首位。此操作涉及价格操纵和内幕交易。因此,证监会对光大证券正式立案调查,并表示要严肃处理。

中国证监会在查明事实真相后,就光大证券异常交易和反手操作案的最终处置结果进行了公示,认定光大证券在此次事件中涉及内幕交易等多项违法违规行为,作出了没收违法所得8 721万元,并处以5倍罚款的决定,同时暂停了该公司的证券自营业务。光大证券乌龙指交易事件暴露了该公司在风险控制、合规经营、高管队伍建设方面存在极大的问题。乌龙指事件发生后,光大证券及其涉案的高管人员在使用对冲工具降低公司损失的过程中,采用了错误的处理方案,负责人在知悉市场异动的真正原因后,在公众投资者并不知情的情况下,着手进行反向交易,构成信息误导、内幕交易、违反证券公司内控管理规定等多项违法违规行为。

证监会就此次事件中的涉案主管人员徐浩明、杨赤忠、沈诗光、杨剑波分别给予警告,并处罚款60万元、终身禁入证券期货市场的处罚。休市期间,光大证券董事会秘书梅键对市场波动原因并不知情,但是,梅键未做任何核实即以个人猜测对外发表言论,其轻率言论加剧了市场波动。证监会对光大证券董秘梅键作出限期改正并处以20万元罚款的决定。此外,证监会作出了停止光大证券从事除固定收益证券外的一切证券自营业务、暂停开展新的证券业务并将有关责任人员的处理结果报证监会审阅的决定,此次对光大证券的处罚可谓是我国资本市场"史上最严罚单"。

光大证券乌龙指事件暴露了以下问题:光大券商内控存在缺陷、监管防范与应对措施不完善。

1. 交易系统核查存在缺陷

事后查明此事件是由于光大证券的策略投资部门进行 ETF50 套利操作时引起的。进行套利的标的证券是上证 50ETF 基金,根据 ETF 基金的特点,投资者并不能直接购买该基金,而要通过"一篮子股票"进行申购。ETF 基金有两个市场,即一级市场和二级市场,这就给投资者在两个市场利用不同价格进行套利提供了可能,如当 ETF 在一级市场的净值低于其在二级市场的价格时,就会有大批的投资者自发地在一级市场用"一篮子股票"申购 ETF 基金份额,再拿到二级市场卖出,赚取中间差价。ETF 基金的实物申购和赎回功能为套利的进行提供了较大的操作空间。ETF 的基金管理人的工作之一就是在每日开市前根据基金资产净值、投资组合和标的指数的成分股情况,公布"一篮子股票",也就是投资人进行实物申购和赎回的标的证券。投资人可依据公布的标的证券,将"一篮子股票"交付 ETF 基金管理人而取得申购 ETF 基金基数,以上操作会使 ETF 在外流通量增加,产生新的 ETF 基金份额,上述过程称为实物申购 ETF 基金。实物赎回则是与之相反的过程,投资者将 ETF 基金转换成"一篮子股票",这个过程将使 ETF 在外流通量减少。

光大证券的自营部门在当日对指数基金持续看多,认为 ETF 的净值和市场价格形成了套利空间,光大证券正是看到了这一点,根据上证 50ETF 基金公布的"一篮子股票"进行了买入,其目的是将买入的股票交付基金管理人兑换成上证 50ETF 基金进行套利,然而此次购买的上证 50ETF 基金标的的"一篮子股票"几乎全部是包括国内大型银行、央企、中石油、中石化在内的 71 只权重股,当光大证券交易系统出问题而生成大量订单时,这 71 只权重股在不到 2 分钟的时间内集体大涨,上证综指急剧拉伸,这就是出现在 8 月 16 日当天的 A 股市场暴涨。

光大证券策略投资部使用的套利策略系统是由公司自行研制的订单生成系统和从上海铭创软件技术有限公司购买的订单执行系统两部分组成。软件运行的原理是如果订单执行系统在 150 秒内没有反馈汇报给订单生成系统,订单生成系统就认为生成的"一篮子股票"没有被执行,订单生成系统此时就会把前面的代码再执行一遍。在 8·16 事件中,由于交易系统的逻辑判断出现了失误,150 秒内没有进行反馈,最终致使系统自动生成了大量的订单。在核查中还发现,光大证券的订单执行系统针对高频交易在市价委托时,对可以使用的资金额度并没有进行有效的验证,对高出实际能够支付的资金量没有进行合理的控制,这也在客观上为错误的订单生成以及执行埋下了隐患。

2. 内控机制较弱

8 月 16 日,自营部门的套利交易共动用了 234 亿元的巨额资金,这相当于光大证券净资产的 1.78 倍,营业务部门的操作员可以如此自如地调用这样庞大的资金,说明了光大证券缺乏必要的相互制衡的运作机制。

在没有通过董事会、监事会以及经理层商论的情况下,只在几个少数相关人员的讨论后就仓促作出通过期货空头进行对冲的决定,造成大量的订单对冲。在投资者完全不知情甚至光大董秘没有调查的情况下作出言论判断,缺乏对资本市场负责的态度。

3. 预警机制需要完善

此次恶性事件暴露出作为一线监管机构面对报价奇高或超低、数量过大的报单,交易所的预警机制存在问题,有待进一步完善。交易所生成系统对于特大单尤其像几百亿上千亿的大单,如果在生成时能够限制在一个相对合理的范围内,就可以有效地避免出现这样大的风险。

4. 错误报单的认定规则需要完善

交易所缺少处置错误交易的规则。对于错误交易的处置该采用何种规则,我国在这方面还是个空白。事实上,在美国、德国这种资本市场较发达的国家,已经有明确的法律法规可以遵循。当交易的构成条件中出现错误交易规定的条件,就可以走相关的绿色通道,投资者可以按照撤销交易的相关程序去操作,只要投资者提供的条件满足情况,以前的交易指令就可以被撤销。

本章术语

量化交易风险,风险监管,操作风险,系统风险

思考题

1. 阐述量化交易模型的内部风险及其有效降低风险的方法。
2. 阐述量化交易模型的外部风险。
3. 对于量化交易的监管有哪些常见方法?分别阐述。
4. 美国"闪崩"对市场产生的影响有哪些?
5. 光大"乌龙指"事件折射出我国当时市场存在哪些问题?
6. 从历次量化交易实战案例的经验教训中,得出了哪些对我国以后发展相关领域改革的有益启示?

即测即练

参 考 文 献

蔡军,2013.如何打造自己的量化交易系统[J].时代金融(11):324.
蔡志成,2013.基于协整分析的统计套利策略[D].杭州:杭州电子科技大学.
陈祥利,2011.统计套利理论及策略开发应用研究[D].济南:山东大学.
郭喜才,2014.量化投资的发展及其监管[J].江西社会科学,34(3):58-62.
郭燕,2012.程序化交易算法模型的研究[D].济南:山东大学.
胡天寒,2019.基于形态特征的量化交易系统研究[J].中国市场(1):19-21,26.
黄萍,2006.资本资产定价模型理论的研究[D].南宁:广西大学.
灰岩金融科技.一文深度了解CTA以及其套利策略[EB/OL].http://www.360doc.com/content/19/1010/21/31833_866001662.shtml.
焦鹏,2004.投资组合理论与应用的实证研究——对CAPM和APT模型的有效性检验[D].沈阳:沈阳工业大学.
金融界博客.期货高频交易和高频交易技术[EB/OL].http://m.jrj.com.cn/blog/2710454420,16309083a.html.
金业,2019.金融市场量化交易策略与风险研究[J].金融经济,16:124-125.
景泰然,2015.量化投资在期货交易中的应用[J].现代商业(18):152-153.
康瑞强,2009.基于高频数据的期货统计套利研究[D].镇江:江苏大学.
孔华强,2006.金融市场波动率模型及实证研究[D].北京:首都经济贸易大学.
蓝海平.高频交易的技术特征、发展趋势及挑战[EB/OL].https://wenku.baidu.com/view/f3eabb7ca55177232f60ddccda38376baf1fe086.html.
李艳,2013.基于GARCH模型的统计套利策略在期货中的应用[D].杭州:浙江工商大学.
李雁,刘金山,杨镇纲,等,2019.商品期货量化交易策略[J].中国商论(1):54-57.
李子睿,2013.量化投资交易策略研究[D].天津:天津大学.
刘白兰,朱臻,2012.双向交易背景下的指数基金量化投资研究[J].海南金融(5):4-7.
刘满在,2015.量化交易策略的研究[D].重庆:重庆大学.
刘伟,2005.信息技术与证券市场[M].上海:上海财经大学出版社.
刘小昊,2013.基于算法交易的机构投资策略研究分析[D].上海:复旦大学.
龙程楠,2020.全球商品期货量化交易策略应用现状分析[J].现代营销(经营版)(2):187.
墨菲,2008.期货市场技术分析[M].北京:地震出版社.
潘思迈,2014.统计套利策略在我国股票市场的实证分析[D].哈尔滨:哈尔滨工业大学.
彭志,2016.量化投资和高频交易:风险、挑战及监管[J].南方金融(10):84-89.
任吉卫,2012.基于协整的统计套利策略在股市的应用研究[D].北京:北京交通大学.
石川,刘洋溢,连祥斌,2020.因子投资:方法与实践[M].北京:电子工业出版社.
数汇财经.算法交易和订单执行政策中的VWAP[EB/OL].https://www.sohu.com/a/192810598_240534.
斯波朗迪,2010.专业投机原理[M].北京:机械工业出版社.
田明圣,胡雅梅,2003.论证券市场的报价驱动和指令驱动制度[J].金融教学与研究(1):34-40.
田园,2013.统计套利策略在我国股票市场上的实证分析[D].杭州:浙江大学.
屠光绍,2000.交易体制原理与变革[M].上海:上海人民出版社.
王琮,2020.量化交易中择时分析应用与研究[D].荆州:长江大学.
王珏,2006.我国商业银行不良资产证券化研究[D].武汉:武汉理工大学.
王鹏,2015.股指期货高频交易系统的设计与实现[D].大连:大连理工大学.

魏平,2020.金融市场量化交易策略与风险探讨[J].现代营销(下旬刊)(1):37-38.
文档网.算法交易[EB/OL].https://www.wendangwang.com/doc/1e31225ce332081555d3cb21/8.
吴轲,2016.股票量化投资策略在 DTS 平台的实现[D].长沙:湖南大学.
肖阳,2016.基于协整理论和人工神经网络的煤炭价格预测模型[D].西安:西安科技大学.
肖璋瑜,2017.基于隐马尔可夫模型的商品期货择时研究[D].重庆:重庆大学.
邢雪丹,2014.伊藤过程理论及其在金融中的应用[D].济南:山东大学.
徐玉莲,2005.基于统计套利的中国资本市场效率实证研究[D].大连:大连理工大学.
严雯雯,2019.动态 VWAP 算法交易策略研究[D].武汉:华中科技大学.
燕汝贞,2014.基于隐性交易成本的算法交易策略研究[D].成都:电子科技大学.
杨可乙,杨可要,2018.基于大数据技术的量化交易策略及金融监管研究[J].时代金融,30:210-211.
杨之曙,彭倩,2003.委托单类型及其对市场流动性的影响研究[J].证券市场导报(2):67-73.
虞雀,2018.量化交易的未来前景研究[J].经贸实践(12):68.
张福余,2014.基于状态空间模型的高频数据统计套利研究[D].桂林:广西师范大学.
赵海军,2017.量化投资交易系统的设计与开发[D].长春:吉林大学.
镇磊,2010.基于高频数据处理方法对 A 股算法交易优化决策的量化分析研究[D].合肥:中国科学技术大学.
祖克曼,2021.征服市场的人[M].天津:天津科学技术出版社.
左峰,2003.电子交易对证券市场的影响分析[D].上海:华东师范大学.

附 录

教师服务

感谢您选用清华大学出版社的教材！为了更好地服务教学，我们为授课教师提供本书的教学辅助资源，以及本学科重点教材信息。请您扫码获取。

▶ 教辅获取

本书教辅（课件、大纲、试卷，思政表），
授课教师扫码获取

▶ 样书赠送

财政与金融类重点教材，教师扫码获取样书

 清华大学出版社

E-mail：tupfuwu@163.com
电话：010-83470332 / 83470142
地址：北京市海淀区双清路学研大厦 B 座 509

网址：http://www.tup.com.cn/
传真：8610-83470107
邮编：100084